墙上春秋

大字报的兴衰

罗平汉 著

中共党史出版社

图书在版编目（CIP）数据

墙上春秋：大字报的兴衰 / 罗平汉著 .—北京：中共党史出版社，2015.7（2025.10 重印）

ISBN 978-7-5098-3096-3

Ⅰ．①墙… Ⅱ．①罗… Ⅲ．①政治运动—史料—中国—现代 Ⅳ．① D65

中国版本图书馆 CIP 数据核字（2015）第 103129 号

书　　名：墙上春秋——大字报的兴衰
作　　者：罗平汉

出版发行：中共党史出版社
责任编辑：李亚平
责任校对：龚秀华
责任印制：段文超
社　　址：北京市海淀区芙蓉里南街 6 号院 1 号楼　邮编：100080
网　　址：www.dscbs.com
经　　销：新华书店
印　　刷：北京汇林印务有限公司
开　　本：720mm × 1000mm　1/16
字　　数：230 千字
印　　张：17.25
版　　次：2015 年 7 月第 1 版
印　　次：2025 年 10 月第 4 次印刷
书　　号：ISBN 978-7-5098-3096-3
定　　价：38.00 元

此书如有印装质量问题，请联系中共党史出版社读者服务部 电话：010-83072535

目录

引　言

许多为人们所熟知的东西，如果要以定义的方式对其加以界定，却又是一件很难的事情。大字报便是其中的一例。

从20世纪50年代后期到80年代初这20余年的时间里，中华大地上共贴出了多少张大字报，恐怕是永远也无法统计出来了。遥想当年，稍微能识文断字的人，没写过大字报者，或许不会很多；没看过大字报者，更是寥若晨星。大字报成了这些年间中国政治生活中的一道独特的风景。

何谓大字报？《现代汉语词典》上没有条文，洋洋千万字的《汉语大词典》上没有解释，修订后的《辞海》《辞源》上也查不到。是这些著名辞典的编纂者们的无意疏忽，还是实在无法作出解释而弃之不录，不得而知。

余生也晚，稍认几个方块字的时候，大字报已是强弩之末，不过还是有幸赶上了批判“修正主义教育路线回潮”，懵懵懂懂地从老师那里知道北京有个和我们年龄差不多的小学生，在日记中对“师道尊严”进行“声讨”。老师号召我们向这位同学学习，批判“师道尊严”，还要求我们四年级的学生人人都写一张大字报。

我的家乡其实是一个十分闭塞的乡村，我们学校虽然有四个年级，却只有一个老师，后来才知道，这样的学校教育叫作复式教学。

老师虽然对我们提出了写大字报批“师道尊严”的要求，但我们在连报纸都难看到的地方，虽说斗争“地、富、反、坏、右”这“五类分子”的事也看到过，但“师道尊严”是什么意思却实在弄不懂，而且认识的几个有限的方块字连组合成句子写出来都颇感为难，更不要说给老师写大字报了。何况老师对我们一点也不严，在低年级的同学上课时，我们溜出教室玩耍，老师也只是把我们喊回来了事，实在想不出老师哪些地方可以批判。村子就那么大，同学和老师差不多都沾亲带故。好在老师提出要求之后，很长时间没有催问我们，大概他心里明白，自己的学生确实还没有写大字报的水平，无法与北京那位小学生相比，事情也就这么不了了之了。

过了一两年，“四人帮”垮了台，“文化大革命”宣告结束。又过了几年，听说取消宪法中的“四大”（大鸣、大放、大辩论、大字报）。这几年，虽然有些地方有人偶尔还在贴大字报，但在我们那块经济、文化都落后，又远离政治中心的地方，大字报却没有见到。

等到我研究当代中国史时，才从旧日的报刊上对当年那些名噪一时的大字报有了一些了解，于是萌生出对这20余年大字报的历史作个简单勾勒的想法。

可是，究竟什么叫大字报却使我犯了难。既然从词典中没有现成的解释可以照搬，按理，有必要自己对此作出一番概括。无奈有此心却无此才，而且转念一想，有些东西越解释越说不清楚，当年人们把自己想说的话写在一张大白纸（也可以是红纸、黄纸）上，贴出去，就成了大字报，对什么样才称得上大字报并没有具体的标准，今天又何必非要对其作个定义呢？

不用说，大字报滥觞于1957年那场被严重扩大化了的反右派运动。

1957年5月19日，富有民主传统的北京大学贴出了这场运动中的第一张大字报。有了第一张，便有第二张、第三张，于是乎，北大校园里一张又一张的大字报相继贴了出来。

北大不仅是中国最知名的学府，也是中国政治的晴雨表。北大出现大字报之后，北京的其他高校也相继出现了大字报。紧接着，全国各地高校中大字报也就接二连三地贴了出来，很快出现了大字报史上的第一个高潮。

反右派运动的暴风雨来临之前，由于允许“大鸣大放”，“香花”和“毒草”也就不免随着鸣放而共生，这原本是很正常的现象。但是，由于中共主要领导人对当时的形势作了过于严重的估计，又采用了“引蛇出洞”的“阳谋”，不少人怀着忠诚的进谏之心，利用大字报提意见、谈看法，结果，等到“这是为什么？”的一声怒吼发出，相当多的大字报作者接二连三地成了“右派分子”。

具有讽刺意味的是，作为右派分子“向党进攻工具”的大字报，在反右派运动中却成了反击右派“进攻”的武器，并且得到了最高领导人的一再肯定，甚至被赞扬为是“一种极其有用的新式武器”。此后，在整改、“双反”（反浪费、反保守）、“大跃进”运动中，大字报得到了广泛使用。当时的宣传舆论工具也对大字报的功效一再推崇，大字报的作用被吹得神乎其神、玄而又玄，在那个创造神话的年代制造出一件又一件滑稽的事情来。

“大跃进”运动之后，大字报曾一度沉寂了好几年时间。然而，“文化大革命”之后，自北京大学的聂元梓等人贴出所谓的“第一张马列主义大字报”开始，大字报的狂飙再次席卷中国。在“文化大革命”那个大动乱的年代里，大字报制造出了一个又一个悲剧，一桩又一桩冤案。个别人因为写了一张“革命”大字报而飞黄腾达、青云直上，而包括国家主席在内的许多人则被大字报诬陷为“叛徒”、“特务”、“走资派”、“反动学术权威”等被打倒在地，并踏上一只脚，弄得妻离子散，家破人亡。

诚然，“文化大革命”期间也出现过反对林彪、江青集团倒行逆施的大字报，但这种反抗往往是无力的，而且这些大字报的作者几乎都受到了林彪、江青集团的残酷迫害，从而也证明了这种所谓的“大民主”实际上是对民主的大反动。

大字报在中国折腾20余年之后，人们对其危害的认识也就逐渐深刻。1980年9月五届全国人大三次会议作出决定，取消了宪法中关于公民“有运用大鸣、大放、大辩论、大字报的权利”的规定，大字报从此失去了存在的合法性，成为历史的陈迹。

大字报作为一种独特的政治现象和文化现象，曾经盛行一时，对当代中国的政治生活产生了巨大的影响，大字报也改变了许多人的人生命运。虽然大字报已成了过眼烟云，但是，对其由盛而衰的过程作简单的回顾，应该说是有助于我们对新中国成立以来的曲折发展道路进行认真反思的。反思历史，是为了减少未来道路的曲折，这正是本书的希望所在。

一、“钓大鱼”钓出了大字报

1.短暂的春天

要追溯大字报的历史，不能不回顾1957年那个不平常的春天。

这本是一个春光明媚、百花齐放、令人舒坦的春天。可惜，春光虽然好，酷暑却早来。

这年开春不久，中国共产党就大张旗鼓地号召党外人士帮助自己改进作风，以整顿思想上的主观主义、工作上的官僚主义和组织上的宗派主义，也就是帮助党整顿“三风”。

在此之前，中国共产党就有过好几次整风。

第一次在延安时期。这次整风时间很长，从1942年春至1945年中共六届七中全会召开。在整风运动中，王明的“左”倾教条主义错误被彻底清算，主观主义、宗派主义、党八股受到了沉重打击，树立了毛泽东在党内的绝对权威，毛泽东思想成为党的指导思想。

第二次整风在1948年前后。这次是各解放区党组织结合当时轰轰烈烈的土地改革进行的。这次整风，声势虽没有延安整风大，但对纯洁党的组织，保证解放战争的胜利起了重要作用。

第三次整风则发生在新中国成立之初。通过这次整风，中国共产党积累了在执政条件下加强自身建设的初步经验，保证了由新民主主义革命向社会主义革命转变的顺利实现。

毛泽东和中共中央之所以要在1957年春天开始发动一场新的整风运动，也是事出有因。

1956年9月，毛泽东在中共八大开幕词中有这么一段话：

> 许多年来，特别是从一九四二年整风运动以来，我们在加强党内的马克思列宁主义的教育方面，做了许多工作。现在，比起整风运动以前，我们党的马克思列宁主义的思想水平，已经提高了一步。但是我们还有严重的缺点。在我们的许多同志中间，仍然存在着违反马克思列宁主义的观点和作风，这就是：思想上的主观主义、工作上的官僚主义和组织上的宗派主义。这些观点和作风都是脱离群众、脱离实际的，是不利于党内和党外的团结的，是阻碍我们事业进步、阻碍我们同志进步的，必须用加强党内的思想教育的方法，大力克服我们队伍中的这些严重的缺点。①

既然要用“党内的思想教育的方法”去克服这些“严重的缺点”，自然要采用整风的办法。

于是，在1956年11月的中共八届二中全会上，毛泽东代表中共中央明确

◇ 中共八大会场。

① 《建国以来毛泽东文稿》第6册，中央文献出版社1992年版，第203页。

宣布：“我们准备在明年开展整风运动。整顿三风：一整主观主义，二整宗派主义，三整官僚主义。”①

为什么要采取整风的办法去整顿三风？毛泽东在讲话中解释说：

> 整风是在我们历史上行之有效的方法。以后凡是人民内部的事情，党内的事情，都要用整风的方法，用批评和自我批评的方法来解决，而不是用武力来解决。我们主张和风细雨，当然，这中间个别的人也难免稍微激烈一点，但总的倾向是要把病治好，把人救了，真正要达到治病救人的目的，不是讲讲而已。②

毛泽东和中共中央决定整风，还有另外一个原因。

1956年秋冬，国内出现了一些不安定因素。由于受国际上“波匈事件”③的影响，加上国内经济建设中的冒进和社会改造的急促进行，使国内政治和经济生活中出现了某些紧张因素。少数学生、工人和复员转业军人在升学、就业和安置上遇到不少困难，发生了少数人闹事的现象。1956年9月到1957年3月，全国约有1万多工人罢工，1万多学生罢课请愿。在农村，夏收以来不少地区连续发生农民闹退社、闹缺粮的风潮。由于中共鼓励“百家争鸣”，对时局十分敏感的知识分子一时显得特别活跃，他们在文化、教育、科学等问题上发表不同意见，有些人甚至对党和政府工作上的缺点错误和干部作风问题提出公开批评。面对这种新的形势，许多干部要么束手无策，要么以阶级斗争的老眼光对待新问题，采取简单粗暴的压制办法。

正是在这种背景下，1957年2月毛泽东在最高国务会议第十一次（扩大）会议上作了《关于正确处理人民内部矛盾的问题》的讲话，认为在这种情况下必须正确区分和对待敌我矛盾与人民内部矛盾这两种不同性质的矛盾，对人民内部矛盾只能用民主的、说服教育的、团结——批评——团结的方法去解决，以便团结全国各族人民，巩固社会主义新制度，发展社会主义的经济和文化。

---

① 毛泽东：《在中国共产党第八届中央委员会第二次全体会议上的讲话》（1956年11月15日）。

② 毛泽东：《在中国共产党第八届中央委员会第二次全体会议上的讲话》（1956年11月15日）。

③ 1956年6月在波兰的波兹南发生罢工、游行示威和骚乱。同年10月至11月在匈牙利的布达佩斯等地发生罢工、游行示威和骚乱。

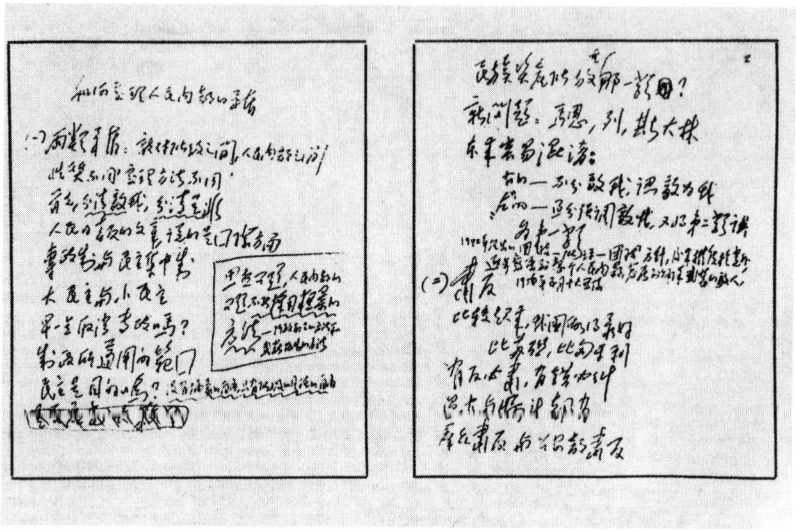

◇ 毛泽东《关于正确处理人民内部矛盾的问题》讲话提纲的手迹。

尽管当时出现了学生闹事、工人罢工，还有一些教授的“各种怪议论”，不要共产党呀，共产党领导不了他呀，社会主义不好呀，如此等等，但毛泽东并没有把形势看得很严重。他认为闹事的原因，除了有反革命分子和坏分子存在的因素外，主要还是领导上存在着官僚主义和主观主义，在政治或经济上犯了错误，或者是工作方法不对。至于民主人士，毛泽东说，“要让他们唱对台戏，放手让他们批评”，如果不这样，就有点像国民党了，只有国民党才害怕批评。

正因为如此，毛泽东决定按照既定的方针把整风运动发动起来，以克服党内存在的“三风”。

1957年3月6日至13日，中共中央在北京召开有党外人士参加的全国宣传工作会议。3月12日，毛泽东在会上发表讲话：“百花齐放，百家争鸣，这是一个基本性的同时也是长期性的方针，不是一个暂时性的方针。”他甚至表示，领导我们国家的应该是采取“放”的方针，就是放手让大家提意见，使人敢于讲话，敢于批评，敢于争论。

4月27日，中共中央正式发出了《关于整风运动的指示》。四天后，这个指示在《人民日报》上公开发表。指示说：

现在，我们的国家已经从革命的时期进入了社会主义建设的时期，但是，党内有许多同志，并不了解或者不很了解这种新情况和党的新任务。同时，又因为党已经在全国范围内处在执政的地位，得到了广大群众的拥护，有许多同志就容易采取单纯的行政命令的办法去处理问题，而有一部分立场不坚定的分子，就容易沾染旧社会国民党作风的残余，形成一种特权思想，甚至用打击压迫的方法对待群众。几年以来，在我们党内，脱离群众和脱离实际的官僚主义、宗派主义和主观主义，有了新的滋长。因此，中央认为有必要按照“从团结的愿望出发，经过批评和自我批评，在新的基础上达到新的团结”的方针，在全党重新进行一次普遍的、深入的反官僚主义、反宗派主义、反主观主义的整风运动，提高全党的马克思主义的思想水平，改进作风，以适应社会主义改造和社会主义建设的需要。①

《关于整风运动的指示》的发表，标志着整风运动的正式启动。

人民日報

中共中央举行第三次全会

毛澤东同志在会上講了話，邓小平同志作整風运动的报告，陈云同志作改进国家行政管理体制和农業增产的报告，周恩来同志作劳动工資和劳保福利的报告，会議基本通过了全国农業發展綱要修正草案

統計工作是計划工作的基础

在第二个五年計划期間要把統計工作大大提高一步

全国統計工作会議結束 李富春薄一波作了指示

武侯梨坚持参加田間劳动

社主任只有参加生产才能领导好全社生产 劳动模范不能脱离劳动如同鱼不能离开水

社論

統計工作应

◇ 1957年4月27日，中共中央作出《关于整风运动的指示》。5月1日，该指示在《人民日报》上公开发表。

① 《建国以来重要文献选编》第10册，中央文献出版社1995年版，第222—223页。

为了深入开展整风运动，中共中央发动、鼓励党外人士帮助中共整风。5月4日，毛泽东为中共中央起草了《关于组织党外人士对党政所犯错误缺点展开批评的指示》，其中说：

> 最近两个月以来，在各种有党外人士参加的会议上和报纸刊物上所展开的，关于人民内部矛盾的分析和对于党政所犯错误缺点的批评，对于党与人民政府改正错误，提高威信，极为有益，应当继续展开，深入批判，不要停顿或间断。[①]

中共中央还明确指示："党外人士参加我党整风座谈会和整风小组，是请他们向我们提意见，作批评，而不是要他们批评他们自己。"

为了贯彻这个指示，各地各系统都相继举行座谈会。上海最先行动，这份指示发出的第四天，《解放日报》就邀请22位中小学教师举行座谈，请他们谈工作中遇到的各种问题。

旧时代，人们总以"两耳不闻窗外事，一心只读圣贤书"来形容中国的读书人即知识分子。其实，这并非是中国知识分子的传统性格，"家事、国事、天下事，事事关心"才是知识分子的本性。现在党鼓励党外人士（这些党外人士基本上都是知识分子）向自己提意见，党外人士们也就不客气，他们畅所欲言，对党的工作中的种种问题作了大量的批评。《解放日报》在5月10日的第2版上，以《大胆揭露矛盾，帮助党内整风》为题，用整版的篇幅刊登了这次座谈会的发言摘要。

毛泽东看到这些发言的内容后，对座谈会上揭露出来的种种问题很重视，他在这份报纸的边上批示道："少奇、恩来、陈云、小平、彭真同志阅，这一整版值得过细看一下，不整风党就会毁了。"写完这段话，毛泽东意犹未尽，又在旁边加写道："请你们注意上海解放日报，南京新华日报，上海文汇报，北京日报，光明日报，集中看人民内部矛盾和我党整风消息，这是天下第一大事。"

这个批示说明，毛泽东对这些批评意见是何等重视！

为了发动党外人士帮助党整风，中共中央统战部邀请各民主党派负责

---

① 《建国以来重要文献选编》第10册，中央文献出版社1995年版，第246页。

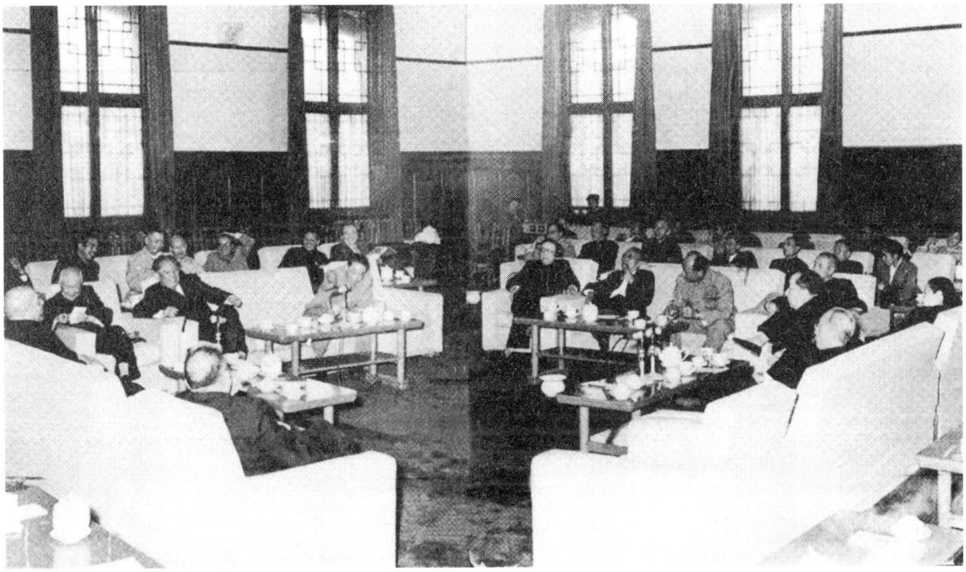

◇ 中共中央统战部召集的第四次党外人士座谈会会场。

人和无党派民主人士举行座谈会。随后又召开了工商界人士座谈会。对这些座谈会的发言，《人民日报》都及时作了报道。

这两次座谈会从5月1日一直开到5月中旬。各民主党派负责人和无党派民主人士座谈会开了13次，70多人次发言；工商界人士座谈会开了25次，108人次发言。在此期间，国务院各部门的党组，各省、市委和一些高等学校党委，也相继召开党外人士座谈会，请他们帮助党整风。这些座谈会的发言，也分别登载在各地的报纸上和高校的校报上。有"知识分子喉舌"之称的《光明日报》，先后在上海、天津等全国九城市，邀请部分民主人士和高级知识分子"鸣放"，并作了详尽的报道。

在"鸣放"过程中，党外人士对党和政府提出了大量的批评、意见和建议。据当时担任中共中央统战部部长的李维汉后来回忆，党外人士提出的批评、意见和建议，"其中大部分是正确的、很好的意见，有的批评可以说是切中时弊"①。

然而，就在这个时候，也有一些对共产党领导和社会主义制度不满的

① 李维汉：《回忆与研究》下册，中共党史资料出版社1986年版，第829页。

人，对形势作了错误的估计，利用共产党鼓励党外人士提意见的机会，发表了一些攻击性的言论。

有人说，在全国范围内，不论大小单位，“都要安排一个党员作头儿，事无巨细，都要看党员的眼色行事”。“党这样做，是不是‘莫非王土’那样的思想，从而形成了现在这样一个一家天下的清一色局面”。“这个‘党天下’的思想是一切宗派主义现象的最终根源，是党和非党之间矛盾的根本所在。”

有人认为要改变这种一党天下的局面，就必须由共产党和各民主党派“轮流坐庄”、“轮流执政”，说“一党执政有害处”，“如果不要共产党一党执政，而要共产党和各民主党派通过竞选来轮流执政，由各党各派提出不同的纲领来，由群众自由地选择，这样好得多”。

也有人甚至有趁机推翻社会主义制度之意。他们说“现在政治黑暗，道德败坏，各机关都是官僚机构，比国民党还坏。人民生活降低，处于半饥饿状态”。“根本的办法是改变社会主义制度”，“请共产党下台”。“中共组织退出机关、学校”。

还有人怀疑共产党这次整风运动的动机，用煽动的语气说，“过去几次大运动，都是共产党整人”，“肃反是对人类道德的进攻，对人类心灵的摧残”。

更有人把矛头对向了毛泽东，说官僚主义、主观主义、宗派主义这“三害”，“应向党中央和毛主席那里挖”；“最近大家对小和尚提了不少意见，但对老和尚没有人提意见”，“已经天下大乱了，毛主席他们混不下去了，该下台了”。如此等等。

在要不要共产党领导和要不要坚持社会主义制度的问题上，毛泽东的警惕性一直很高。为了防止“波匈事件”在中国重演，他始终密切注视着整个形势的变化与发展。

那时，李维汉时常向毛泽东汇报中央统战部召开的座谈会的情况，各地整风的动态和党外人士的各种言论也源源不断地送到毛泽东的案头。当毛泽东看到上面这些言论的时候，很快就敏锐地觉察到“事情正在起变化”。

5月中旬，“党天下”、“轮流坐庄”、“海德公园”等言论“放”了出来。毛泽东在听李维汉汇报时，开始皱眉头了，并且说：“他们这样搞，将来会整到他们自己头上的。”毛泽东还指示：要硬着头皮听，不要反驳，让他们放。

在汇报中，李维汉提及一位高级民主人士称，党外有些人对共产党的尖锐批评是“姑嫂吵架”，毛泽东立即回答说：“不对，这不是姑嫂，是敌我。”

5月15日，毛泽东写了《事情正在起变化》一文，并立即发给党内干部阅读，使他们早点心中有数。文章以严肃的语气告诫道：

“最近这个时期，在民主党派中和高等学校中，右派表现得最坚决最猖狂。他们以为中间派是他们的人，不会跟共产党走了，其实是做梦。”“现在右派的进攻还没有达到顶点，他们正在兴高采烈。党内党外的右派都不懂辩证法：物极必反。我们还要让他们猖狂一个时期，让他们走到顶点。他们越猖狂，对于我们越有利益。人们说：怕钓鱼，或者说：诱敌深入，聚而歼之。现在大批的鱼自己浮到水面上来了，并不要钓。”①

文章中，毛泽东还给右派分子划定了两条出路：“一条，夹紧尾巴，改邪归正。一条，继续胡闹，自取灭亡。”他还用调侃的语气说：“右派先生们，何去何从，主动权（一个短期内）在你们手里。”②

文章写好之后，毛泽东先是批给了刘少奇、周恩来、朱德、陈云和彭真阅看，然后让中央办公厅主任杨尚昆将文章印发“中央一级若干同志并印送各省市委、内蒙党委”。在文章印好之后，他又特地提醒：“不登报纸，不让新闻记者知道，不给党内不可靠的人，大概要待半年或一年之后，才考虑在中国报纸上发表。”结果，这篇文章在当时和第二年都未发表，直到毛泽东逝世后才编入《毛泽东选集》第5卷，于1977年4月公开发表。

正因为这篇文章只有党内的高级干部知道，所以党外人士，包括右派分子并不知道“事情正在起变化”，而且《人民日报》等主要报刊按照毛泽东的指示，继续把“大量的反动的乌烟瘴气的言论”登在报刊上。

---

① 《建国以来毛泽东文稿》第6册，中央文献出版社1992年版，第470　471、474页。

② 《建国以来毛泽东文稿》第6册，中央文献出版社1992年版，第470—471、474页。

至于为何要继续把那些“右派言论”登在报上，毛泽东的策略是，“这是为了让人民见识这些毒草、毒气，以便锄掉它，灭掉它”。

后来，毛泽东进一步解释说：

> 报纸在一个期间内，不登或少登正面意见，对资产阶级反动右派的猖狂进攻不予回击，一切整风的机关学校的党组织，对于这种猖狂进攻在一个时期内也一概不予回击，使群众看得清清楚楚，什么人的批评是善意的，什么人的批评是恶意的，从而聚集力量，等待时机成熟，实行反击。有人说，这是阴谋。我们说，这是阳谋。因为事先告诉了敌人：牛鬼蛇神只有让它们出笼，才好歼灭它们，毒草只有让它们出土，才便于锄掉。[①]

于是乎，在此后20天的时间，各种座谈会照样开，“右派言论”照常登报。一时间，各种言论都放出来了，当时的中国政治舞台颇为热闹。

在“鸣放”的过程中，能参加各级党组织召开的座谈会，或能在报刊上发表自己言论的党外人士，毕竟只是少数人，鼓励“鸣放”的政策和“引蛇出洞”的策略，又极大地激发了知识分子们的政治热情。尤其是在知识分子集中的高等学校，年轻的学子们政治热情空前高涨，学校组织的座谈会，他们有幸参加者不会很多；在报刊上发表自己的言论，学校里有校报的不多，一般是周刊，也登不了几篇文章。不过，这一切都没有使他们的政治热情消退，他们很快找到了一个发表自己言论的方式——写贴大字报。

2.“忽如一夜春风来，千树万树梨花开”

从目前看到的材料上分析，最早出现大字报的高校是北京大学。

1957年5月27日《文汇报》（上海）登载了驻京记者刘光华发回的报道——《北京大学的民主墙》，虽然后来反右派的时候这篇报道受到了猛烈的抨击，《文汇报》也为此一再做检讨，记者刘光华本人也被揭发是“右派分子”，但这篇报道还是为我们提供了北大第一批大字报的情况。

这篇报道后来之所以受到指责，是因为报道的头两段便对北大党委的

---

① 《建国以来毛泽东文稿》第6册，中央文献出版社1992年版，第531—532页。

整风颇含微词，报道称：

> 前不久，未名湖滨的政治气候，还是春寒乍敛、轻雷隐隐的惊蛰时分。可是，不到几天工夫，百花一夜齐放，而动力的源泉却是我们生气勃勃的年轻学生。
>
> 自党号召整风以来，北大同学都时时刻刻在关心这个运动的开展。因为他们热爱自己的党，热爱伟大的社会主义事业，希望帮助党来洗涤尘垢。同学们都希望北大党委能大胆地放手，让大家来参加整风运动。起初，党委对同学们的要求似乎估计不足，一直慢条斯理地按照既定的步骤进行，即首先只在党内的负责干部中进行整风，学生和一般教员中的党员的整风则推迟到暑假中再进行，以免耽误同学们的学业。但是，年轻的小伙子和姑娘们却自动积极起来参加北大的整风运动。

这些“小伙子和姑娘们”当然看不到只有高级干部们才能看到的机密文件，无从知晓“引蛇出洞”的策略，在5月19日贴出了北大的第一张大字报。

并不是每个人都能准确地把握住历史发展的轨迹，历史的进程总是给人们留下无数的遗憾和无限的感叹。也正是这些遗憾和感叹，才使历史变得丰富多彩。北大的那帮“小伙子和姑娘们”，如果真按照北大党委“慢条斯理”的既定整风步骤，等到暑假开始后再去参加整风，也许北大后来划定的五百余名学生“右派”中要少列上一些人的名字。可惜，他们的积极性太高，政治热情太炽，终于按捺不住。

5月19日清晨，第一张大字报出现在北大大饭厅灰色的墙壁上，内容是质问北大团委出席共青团三大的北大代表是如何产生的。可惜，这张大字报在当时的报刊书籍中都没有登录下来，使我们今天无法知晓它的全文。接着，哲学系的龙英华也贴出了一张大字报，建议在墙上开辟一个民主园地来展开争鸣，协助整风。看来这个建议得到了不少人的拥护，北大的“民主墙”很快就诞生了。

随之，一张一张的大字报相继贴了出来。这一天，后来被北大的学子们称为“五一九运动”。

在当晚的全校团员大会上，有人问起“民主墙”问题，北大党委副书记崔雄昆当众说：大字报不是最好的方式，我们不提倡也不反对。崔雄昆这个表态，用记者刘光华的话说，“激起了许多人的不满”。

次日清晨，北大大饭厅附近的墙壁已被五颜六色的大字报布满。刘光华在他那篇惹祸的报道中，用了唐朝诗人岑参的两句诗“忽如一夜春风来，千树万树梨花开”，来形容大字报之多。

大字报不仅颜色是五颜六色，有红的、绿的，也有用旧报纸写的；形式也五花八门，短文、杂文、口号、对联、漫画，不一而足。北大是个人才济济的地方，大学生们写张大字报自然不费劲，内容则大多是对学校及党的工作提出尖锐的批评与建议，也有不少是对崔雄昆的话提出批评，说他实际上是压制大字报，阻止同学“鸣放”。

在头两天的大字报中，内容主要集中这几个问题：团委会无权向学生发号召；政治课教学中存在严重的教条主义，应该取消或改为选修；彻底开放一切禁书；言论集会结社绝对自由；党委不能以教育者自居；开辟自由论坛；对肃反被错斗者要道歉；加强校务委员会，甚至有人主张取消党委负责制等等。这些言论，后来被一律斥为“右派言论”。

5月20日这一天的大字报出现了两个高潮，一是沈泽宜、张元勋写了一首题为《是时候了》的大字报诗。他们在诗中写道：

青年人放开嗓子唱，
把我们的痛苦和爱情一齐写在纸上。
不要背地里不平，
背地里愤慨，
背地里忧伤。
心中的酸甜苦辣都兜出来，
看一看天光。
批评和指责，
急雨般落到头上，
新生的草木从不怕太阳照耀。
我的诗是一支火炬，
烧毁人世的樊篱。

它的光芒无法遮拦，
因为它的火光来自"五四"。
昨天我还不敢弹响沉重的琴弦，
我只能用软和的调子唱和风和花瓣。
今天我要唱起心里的歌，
作为一支巨鞭，
鞭笞阳光中的一切黑暗。
为什么有人说集体没有温暖？
为什么有无数墙壁隔在我们中间？
为什么你和我不能坦率地交谈？
为什么？……
为什么？……
我含着愤怒的泪向我辈呼唤：
歌唱真理的兄弟们，
快将火炬举起，
火葬阳光下的一切黑暗。①

这首诗刚一贴出，便招致了一些人的反对。反对的人说，"五四"的火炬是对向敌人的，对人民内部就不应该再举起，并指责作者的情调简直像是白毛女申冤。也有人为这首大字报诗大为叫好，说是唱出了青年人心底的声音。一个叫刘奇弟的学生还当场咏和了一首题为《白毛女申冤》的诗，诗中说："我的冤屈像白毛女。"诗作者后来的命运就不用说了，沈泽宜、张元勋、刘奇弟都上了"右派分子"的名单，成了北大赫赫有名的大"右派"。

5月20日这天大字报的另一个焦点，是自称为"一个强壮而又怀有恶意的小伙子"的物理系学生谭天荣的大字报《一株毒草》。就凭这个标题，谭天荣也就够"右派"资格了。这到底是一株怎样的"毒草"？谭天荣在大字报中说：

到现在为止，百家争鸣、百花齐放离我们无知的青年还有十万八千里，

① 迟蓼洲编：《1957年的春天》，学习出版社1958年版，第36—37页。

我们国家没有检查制度，可是一切报刊（例如《人民日报》《中国青年》和《物理学报》）的编辑们对马克思主义的绝对无知，对辩证法的一窍不通和他们形而上学的脑袋中装着的无限愚蠢，就是一道封锁真理的万里“长城”。比方说吧：

1895年以后，马克思主义按照铁的必然性转化为自身的反面（第一次否定），与此相适应的是国际共产主义运动中形成相互渗透的修正主义与教条主义，六十二年的绝对统治，而“再论”（指中共中央以《人民日报》编辑部名义发表的《再论无产阶级专政的历史经验》一文——引者）却把它归结为“人们的思想情况”，这不是赤裸裸的唯心主义又是什么？

魏巍写的《春天漫笔》不仅空空洞洞的自相矛盾，而且简直是神经错乱，语无伦次，却被采纳为关于“徐进问题”讨论的最后批判书。

充满了极端盲从迷信诡辩，谬误牵强附会弥缝手段（或者叫作新颖观念）的物理学已经面临毁灭，无耻的李政道杨振宁剥夺了物理学的最后一点光彩，可是《物理学报》还在搞什么薄板和圆柱，再不就是什么耗损。

这一切已经完全不堪忍受。①

谭天荣写了这《一株毒草》还觉得不过瘾，又连续写了《第二株毒草》《第三株毒草》《第四株毒草》《再谈人性与阶级性》《教条主义产生的历史必然性》《几句人情话》《救救心灵》等大字报，有的甚至是在报刊上对他进行公开批判后写的。正因为有这些“毒草”，谭天荣成了北大最有名的“右派”。

就在谭天荣贴出《一株毒草》这张大字报的当天下午5时20分，北大宿舍和饭厅的墙壁上贴出了162张大字报。当然，这些大字报中，并不全是后来被划为“右派分子”的人写的，不少大字报是与之展开辩论的。

21日，前面说及的刘奇弟，贴出了足以使所有北大人都惊骇的大字报《胡风绝不是反革命》。大字报说：

反胡风运动已过三年了，胡风及其“集团”被当作反革命分子遭到镇压，今天旧案重翻，我要为胡风说话，更精确地说，我要为真理说话。胡风

① 牛汉、邓九平主编：《原上草——记忆中的反右派运动》，经济日报出版社1998年版，第28—29页。

绝不是反革命，我要求政府释放胡风。

作为一个公民，我来过问法律，这是正常。我的行动有宪法支持。

胡风是怎么一个人？

凡是正视事实的人都会清楚，在解放前胡风是一位进步的作家，是民主战士。他辛勤地追随着鲁迅；在那万恶的社会里，他向人们揭露黑暗指出光明，他为青年所爱戴，尊敬。正因为这样，正凭着这点，在解放后他才被选为人民代表。解放后他更不懈惰，带着高龄跑这跑那去乡下参加土地改革；在朝鲜抗美援朝，勤勤恳恳体验生活，从事创作。他们（胡风分子）写的作品有血有肉，最为读者所喜爱。这类人不是为人民服务，是为什么？世上还会找到这样一种逻辑，把他们说成反革命。

看！这种控告和判决到底有没有理？

关于对于控告胡风的内容，不外就是那三次反胡风文件，大家都很熟悉。今天我们再来看一看，它到底有没有理由？回答是：“关于胡风反革命集团的材料”完全是一本断章取义、牵强附会、毫无法律根据的书。反把闲人聊天、侯宝林说相声的逻辑和推理搬进了法庭。像这样的办法，只要他说过话写过东西，都可以按这种断章取义牵强附会的办法，用说相声的逻辑推演成反革命。

请问，这能当作控告吗？

因此，自勉为要作个正义的维护真理的人的我是不能不大声疾呼！

胡风不是反革命，我要求（政府）释放胡风！

同学们，你们认为怎样？让我们彻底搞清楚吧，假如你们也认为胡风被冤枉，那么让我们一道来要求释放胡风吧！

要知道救人命不但胜造七级浮屠，而更是为了支持正义，维护真理。[①]

这张大字报公开为两年前被打成“反革命集团”的胡风等人鸣冤叫屈，这确是冒天下之大不韪，刘奇弟的结局也就可想而知了。

刘奇弟写的别的大字报的内容暂且不论，当我们读到这张大字报时，

---

① 牛汉、邓九平主编：《原上草——记忆中的反右派运动》，经济日报出版社1998年版，第113—114页。

不能不佩服他的胆量和勇气。在这份大字报贴出整整三十年后，中共中央为胡风平反，推翻了过去强加在他身上的一切不实之词。

到5月22日，北大已经贴出了500余张大字报。到6月中旬正式公开反击右派时，北大的大字报一天比一天增多。这些大字报中不少被当作“右派”大字报被抄录下来，供批判使用，使我们今天能窥知这些大字报到底说了些什么。

北大一名学生在《谈“党的领导”》的大字报中说：

我不止一次听人说过“一定要承认党的领导”。但“党的领导是什么”？为什么“一定要承认”？

（1）有两种性质不同的领导，一种是“行政性”的，不仅进行实际的领导，而且确有领导权，如高教部领导各大学；另一种是“教育性”的，如宣传鼓动，发号召，拟草案……后一种领导没有强制性，这种领导是靠“领导的正确”来保证的。

（2）全国人民代表大会没有把第一种领导给予共产党，实际上共产党不论多么先进也没有这种领导的权利。有行政职务的共产党员，在进行行政工作时，应以国家法律和人民群众的愿望为依据。也不需要强迫每一个公民承认，共产党只能争取人民群众接受它的领导，但不能要求人民群众对它的领导一定要服从。党领导得好，人民群众自动会接受，领导得不好，人民群众要起来反对也难免的，这里不存在是不是“一定要承认党的领导”的问题，谁正确，谁得到人民群众的支持谁就是领导者。

（3）共产党给人民作了许多好事，也有不少错误和缺点，事实证明党员作风上的主观主义、官僚主义和宗派主义已经泛滥得很厉害，造成了许多不良后果，为什么共产党会出这许多毛病呢？问题的关键在于：共产党员进行工作时是非法的，由第二种领导（教育性的）跨进了第一种领导（行政性的）。由于现有政权是在共产党控制之下建立起来的，共产党一贯地以领导者自居，不肯充分发扬民主，以致共产党作了好多好事的同时也犯了好多不应有的错误。①

① 《批判右派分子谭天荣等论文集》，中国青年出版社1957年版，第89—90页。

另一个自称"疯子"的北大学生，写了一篇题为《"疯子"的话》的大字报，内称：

前几年的错误绝不是个别的偏差，它是一次根本的路线的错误，其严重性和几次"左"倾的错误是不相上下的，为了威信不必害怕承认错误吧！用纸包火总是十分危险的，斯大林的错误总有一天被揭发出来的。党中央也该整风，难道掩饰错误、喜欢斯大林的威信对革命会有好处吗？

再说几年来学校里人与人的关系方面也是恶劣到极点了。一方面是民主、自由、友爱等口号的积累；另一方面是人们实际上不自由、不平等、苦闷的积累。自下而上的官僚主义、教条主义、宗派主义形成一座大山，沉重的压迫着人们的心情。可是现在人们愤怒的火炬已从每个裂缝中迸发出来，"五四"的火已将重新燃烧起来。

老爷们，公子们，尽管你们道貌岸然，一本镇静（正经），但是掩饰不了你们的罪行，历史是不容抹杀的。让你们发抖吧！让你们从宝座上滚下来吧！社会主义基础只会因为清洗掉少数混蛋、寄生虫，而更加巩固起来。是谁在人民中筑起千万条鸿沟，是谁在人们中传播彼此不信任的气氛，是谁使人失去独立思考的能力……现在该是人民向你们清算的时候了吧！这些坏人坏事的存在发展，一定有领导上的支持，我想这和党委制不是没有联系的。取消党委制！一切权力归于校行政、学生会、班会。我要求政治上及其他方面扩大民主，哪些东西已是党内"英雄"们可以知道的，哪些东西还可以让非党的"群氓"知道，也应有明确规定。可惜不知共产主义者对"人民是历史的创造者"这个论点是否有最正确的理解！可是不要忘记人民在必要时一向会给那些自命为"英雄"的人以严厉教训的。为了反对个人崇拜，我想将赫鲁晓夫秘密报告公布出来是会有好处的，可惜前几天报上还说，这是美国间谍制造的，这怎么能不降低报纸的威信呢？

我建议学校中开设唯心主义课程，应当和唯物主义课程处于某种均势，这样才有可能批判唯心主义。

将香花和毒草明确分开只会影响百家争鸣，因为讨厌毒草必然从而讨厌传播毒草的人，谁愿自命为毒草的传播者呢？

监视人的言行、调查人的历史，只应是公安机关对待反革命分子的工作，不允许以任何借口扩大这种工作范围。[①]

另一学生写了一张《有头脑的人，不要这样想》的大字报：

有头脑的人，不要那样想，以为如今的民主是给你的恩赐，不！不是的，这民主是我们自己争来的——里面，还搅和着匈牙利人流的血液。

我们盛赞共产党毛主席，因为它（他）能“顺其时”。要不然匈牙利的火焰也会在这里燃起，反革命乘机浑水摸鱼，我们社会主义事业将受多大损失！

有头脑的人，也不要那样想，以为整掉某个共产党员的三个主义，就会万事如意，不，不会的，如果缺点只是个别人造成的，为什么全国普遍各地都如此。关键是社会主义制度本身缺陷的问题。

社会主义的灵魂是平等民主自由，没有这社会主义就会枯萎，要保卫社会主义就必须给人民权力，让我们在精神上，正如在经济上一样得到平等自由。如果人民的义务只是“服从领导”体会领导意图，那么“三个主义”在运动中被整掉，还会再起。

也许一位“无头脑的人”来一个条件反射，大呼曰：“怎么！你说社会主义不民主，就是要资产阶级民主。”你否认集中……否认无产阶级专政……就是要反社会主义本身……

天哪！别激动，你的思维失掉了联系，要知道，“要民主”不等于“说社会主义没有民主”，不等于“要资产阶级民主”，“否认无产阶级专政”不等于“否认集中”，不等于“反社会主义”。我说我反对资产阶级的民主自由，因为它没有使人民免于贫困的自由，我要集中，也要无产阶级专政，因为这是社会主义存在的根据。但是我要说：如果只集中，没民主（我国只是民主不够）就会变成秦始皇或法西斯；专政是对敌人，如果对人民，人民就会打倒你。

社会主义的经济制度，是最优越的，因为它铲除了剥削——（我宣誓：我要用我的生命我的血保卫它）。但是不合理的政治制度、领导方法和精神生活，都远不是我们的理想，而且它反转过来破坏经济制度优越性的发挥。

---

① 《批判右派分子谭天荣等论文集》，中国青年出版社1957年版，第117—118页。

有头脑的人，我们当前的任务正是要为改善社会主义政治制度而斗争。首先就是争取真正的人民民主自由。人民没有权力什么事也办不好，社会主义也会瓦解或出现“斯大林”。

我认为民主不仅是一种手段，而且也是目的，它是共产主义必不可少的组成部分。如果只是方法，那么建成社会主义后，就不再要民主了。——这多荒谬！

要民主，不能只是文字的空头支票，必须有法律的保障，而如今，我国尚未颁布民法、刑法等必要法律。人民的民主只是领导者的意志、恩赐——怎么会没有三大主义。

我们要求健全社会主义法制，争取民主，保障人权和精神人格的独立——这就是我们斗争的目的。

我们要作国家和自己的主人！

社会主义民主精神万岁！①

上面这些大字报，基本上写于5月19日以后最初的一个星期。这些后来被称为“右派言论”的大字报之所以能一张一张地贴出来，或许正是执行“引蛇出洞”策略的结果。北大党委书记江隆基事隔两个多月后，在北大全体师生员工大会上，对北大的反右派斗争作了初步总结。他在谈到这一情况时说：“在战斗的初期，党组织为了让牛鬼蛇神都登上舞台，好让同学们见识见识，所以有意识地采取放任态度，并一再地号召党团干部沉着忍耐，不得轻易还手。”②等到6月8日《人民日报》发表《这是为什么？》的社论，正式下达反击的动员令时，这些张贴大字报的“右派”学生才大呼“上当”。可是江隆基回答说，“右派”上当，咎由自取，因为党的态度早就是很明确的：毒草必须铲除，牛鬼蛇神必须消灭。“右派”们只好自认倒霉。

---

① 牛汉、邓九平主编：《原上草——记忆中的反右派运动》，经济日报出版社1998年版，第149—150页。

② 《首都高等学校反右派斗争的巨大胜利》，北京出版社1957年版，第10页。

3.大字报“大吐毒素”

北京大学的大字报贴出来之后，北京的其他高校也出现了大字报。当时，中共中央对此采取什么样的态度呢？胡绳主编的《中国共产党的七十年》在谈及这一问题时说：“中央当时认为大字报可以揭露问题，暴露右派，锻炼群众，利多害少。”这实际对大字报这种形式持赞同态度，这与后来毛泽东对大字报作用的肯定是一致的。

北大的大字报如火如荼之际，北京的党报党刊竟一直采取缄默不语的态度，没有加以报道。5月26日，中国民主同盟中央机关报《光明日报》作了简单的报道。5月27日，《文汇报》作了详细报道，这便是前文提及的该报记者刘光华的《北京大学的民主墙》一文。

这篇报道的倾向性是十分明显的，对北大的大字报持的是赞赏态度。文章中说，历史系教授翦伯赞和老校长马寅初，一个表示“大字报就像是一家里面的人所说话，没有什么可怕的，应该大放大鸣”；一个则认为“大家在大字报上畅所欲言是好现象”。报道中还说，党委书记江隆基表示大字报是提意见的有效方式，“党委完全加以支持”，至于记者本人则更是为大字报而欢呼。①

实际上，当时北大党委也罢，中共中央也罢，对高校中出现的大字报并没有加以制止，相反，是把大字报作为一种“战斗武器”来看待的。事实上，不久大字报便作为反右派斗争的重要武器而广泛使用。

刘光华那篇报道出了问题，不在于宣传了大字报这种方式，而在于报道中提及的大字报的内容。在《文汇报》的这篇报道刊出之后，全国其他高校的学生受北大学生贴大字报的启发和感染，也纷纷贴出了大字报。在这些大字报里，用后来党报党刊的话说，出现了“大量侮辱党和党员的东西，出现了大量反党反社会主义的言论”。

反右派斗争全面发动后，《文汇报》受到了批判，在接受批判的同时，刊登了部分高校读者批评关于北大“民主墙”报道文章，从中可以看到这篇报道对各校学生仿效北大大字报所产生的影响不小。

---

① 《北京大学的民主墙》，《文汇报》1957年5月27日。

南京大学的学生看到27日《文汇报》的报道后，在“右派分子”的煽动下，跑到《新华日报》门口去贴大字报。据称，这30多个学生“在大字报上强硬地质问《新华日报》，为什么不登他们校内‘民主墙’的消息，说《文汇报》报道了北大的‘民主墙’，《新华日报》为什么不报道南大的‘民主墙’，并谩骂、讽刺报社记者和编者”①。

《文汇报》的那篇报道刊出后，仅一夜之隔，上海第一师范学院就完全变了样：“院内到处是黑板报、大字报、横幅。此后一周，全院处于混乱的状态，大字报贴了数千张，广播站‘独立’地加班广播鸣放稿件，学生自己组织自由讲坛，大‘放’大‘鸣’，并曾在讲坛上向一个党委书记开火，有的人甚至不要党的领导，要自己组织‘鸣放委员会’，发动向党委、教育局去请愿……”

华东师范大学中文系的学生看到《文汇报》的报道后，用红笔把标题圈起来，画了两个惊叹号，并在旁边用红笔批注：“我们要向北大同学学习。”于是一部分学生立即行动起来，要学习北大的做法，要求党委放手让学生大鸣大放，说党委有顾虑，不相信学生。有的学生说，“我们应学习北大同学的主动精神，党委不动，我们来推一下”。结果真的“推”起来了。当天晚上，中文系三年级的部分学生自动召开会议，会上选出了工作机构，决定与报社联系，争取社会上的支持，并决定出黑板报、大字报，要求利用学校的广播站。火就这样烧起来了。29日的上午，出现了题为《千年冰河要解冻》的第一张大字报，接着大字报纷纷出现。不几日，墙上到处是大字报。

远在广州的华南师范学院也受到了《文汇报》那篇报道的影响。华南师院的“大鸣大放”虽然直到6月上旬才开始，但一开始就以煽动性的大字报形式出现，这主要是受了该报关于北大“民主墙”报道的鼓动。随后，华南师院出现了大量的标语和大字报，有的要求减少某些学科的内容，有的批评学生会是团委会的“奴隶”，还有不少内容是反党反社会主义的，以致一时在华南师院形成了这样一种气氛：好像只有大字报才是“鸣放”的唯一

① 《人民日报》1957年7月6日。

方式。政治系的大字报出得少一些，便被骂为“教条主义烂粪坑”[①]。

上海外国语学院在《文汇报》关于北大“民主墙”的报道后，“右派分子乘机活动”，甚至说过去受“三大敌人”压迫，今天受“三大主义”统治，要诉苦水。“还有右派分子竟嚣张地把大字报贴到党委办公室门口，要党委立刻交出广播室，否则将采取措施。”[②]

一篇报道产生这么大的影响，恐怕连记者刘光华本人也始料不及。据后来揭发，刘光华的第一篇北大“民主墙”报道被编辑部压下未发。于是在《文汇报》副总编辑浦熙修的直接指示下，又写出了第二篇关于北大“民主墙”的报道。编辑部接到这篇稿件后，仍有人提出异议，但在总编辑徐铸成的干预下，最终还是刊发了。6月14日，《人民日报》发表了《文汇报在一个时期内的资产阶级方向》，对《文汇报》进行了公开批评，《文汇报》开始作检讨。7月1日，毛泽东亲自为《人民日报》写的社论《文汇报的资产阶级方向应当批判》发表。社论说：“严重的是文汇报编辑部，这个编辑部是该报闹资产阶级方向期间挂帅印的，包袱沉重，不易解脱。帅上有帅，攻之者说有，辩之者说无；并且指名道姓，说是章罗同盟中的罗隆基。两帅之间还有一帅，就是文汇报驻京办事处负责人浦熙修，是一位能干的女将。人们说：罗隆基——浦熙修——文汇报编辑部，就是文汇报的这样一个民盟右派系统。”[③]这样，徐铸成、浦熙修成了全国知名的“大右派”，刘光华也被《文汇报》北京办事处职工揭发，获得了“罗隆基的马前卒”称号。罗隆基与章伯钧是当年家喻户晓的“章罗联盟”两大主帅，刘光华的“右派”也就当定了。

当年被划为“右派”的人，总的特征是“反党反社会主义”，而大字报也就成了“右派分子”“向党进攻”的武器之一。反右派斗争结束之后，中共中国人民大学委员会社会主义思想教育办公室汇编了一本《高等学校右派言论选编》，其中收集了不少大字报中的“右派言论”。正是这本《选编》，才使我们事隔多年还多少能从中得知“右派分子”们到底在大字报上

---

① 《文汇报》1957年7月16日。

② 《文汇报》1957年7月9日。

③ 《建国以来毛泽东文稿》第6册，中央文献出版社1992年版，第530页。

说了些什么。这里选录一些中国人民大学的"右派大字报"：

（1）"鼓吹新闻自由"

报纸上只有共产党的消息，没有美国等资本主义国家的消息……说是防止我们的思想混乱，会闹事。限制新闻自由是国家的制度问题……参考资料我们看不到，据说没有纸，这不成理由……报纸上报道得相当片面……刚解放时苏联把东北的一些发电厂机器搬走了，如何报上不报道？[①]

我认为美国比我们新闻自由，美国也登我国的好现象，而美国有好的地方，如生活水平高不能不承认，不登载也是片面宣传。如说我国地大物博，不说贫穷落后，只宣传农民生活好，丰收，而不说灾区情况……新闻自由与党的独揽大权有关，《人民日报》不一定是党的机关报，可以各民主党派联合办。[②]

（2）"诬蔑中国共产党"

共产党取得了经验的财富后，就不想什么新的办法了，也就不动脑筋了，成天只是玩着什么经验，根本就不注意具体情况，坐在人上不去的高楼上，竟闭着两眼说瞎话。

共产党一贯是很敏感的，可是现在我认为有点相反了，现在只维持自尊了，感到这种样式很多只听歌功颂德的响亮名词，只说自己是完全正确，自己是一色红，别人总都是一色白，例如：外界人批评我们党说："经是正确的，就是叫小和尚念糟了。"我们党究竟承认不承认人家的批评，真是太武断了，只是自己坐在高高的漂亮的办公厅（室）内认为自己正确，而不和外界联系联系，结果啥也不知。做点啥就会套公式——结果是一摊糟。

党在过去一贯的很有预见性：但现在却不同了，就说咱们党吧，现在完全限于教条主义和经验主义的圈子内，结果对客观的预见性很差，在这方面党已落后于客观的发展规律，被客观规律推得东摆西晃的，事情发展到眼前竟是随机应变。[③]

---

① 中共中国人民大学委员会社会主义思想教育办公室编：《高等学校右派言论选编》，第101页。

② 中共中国人民大学委员会社会主义思想教育办公室编：《高等学校右派言论选编》，第101页。

③ 中共中国人民大学委员会社会主义思想教育办公室编：《高等学校右派言论选编》，第185、228—230、338页。

（3）“反对党的领导”

我赞成共产党为我国的执政党，但政府是由各党派建立统一战线组织来的，许多民主人士担任国家重要职务，实际上是有职无权，连我校及小小的班级，共产党也包办一切，请问这实质上与国民党一党专政政府有什么不同。[①]

（4）“攻击、歪曲、诬蔑党的发展组织工作”

我有一个哥哥在国民党国防部，一碰到运动，总要一再交代，一再认识，试想我当时是个十一二岁的孩子，怎么可能了解他的全部历史呢？但是党员就说：“你考虑考虑。”这意味着你不老实，想隐瞒。

弭秀玲在原单位由于哥哥在台湾而未被吸收入党，他气愤地说：“台湾没解放，除非我到台湾去做地下工作，就不能入党！”由此推论：有社会关系在帝国主义国家的，那大概要等到共产主义在全世界彻底胜利时，才能参加党！恐怕就要“三”投凡胎了。[②]

只因我父亲是一个被镇压的历史反革命分子，虽然我只同他生活一年半，而且关系并不好，但这就决定了我一生的命运，永远受歧视，永远不是党的自己人，更使我伤心的是我这一生只能向“党外布尔什维克”的目标迈进。

我对党的这种规定抗议！打倒唯成分论，应该具体分析家庭对一个人的影响，根据他本人所表现出来的对党的忠诚吸收党员，不要把表现并不好，而成分好的同志硬拉进党里来，而把表现好成分不好的同志永远排斥在党外。[③]

（5）“反对统购统销政策”

统购统销存在严重命令主义，干部强迫农民卖粮，某些农民卖完粮后没饭吃逼得自杀。粮食和棉布供应问题到底是怎么回事？为什么一面宣传粮食和棉布增产了，一面又说棉布和粮食不够用，这里是否有虚假情况。[④]

---

① 中共中国人民大学委员会社会主义思想教育办公室编：《高等学校右派言论选编》，第185、228—230、338页。

② 中共中国人民大学委员会社会主义思想教育办公室编：《高等学校右派言论选编》，第185、228—230、338页。

③ 中共中国人民大学委员会社会主义思想教育办公室编：《高等学校右派言论选编》，第338、637页。

④ 中共中国人民大学委员会社会主义思想教育办公室编：《高等学校右派言论选编》，第338、637页。

（6）“诬蔑工农生活苦”

农村的现象：

一、种田人吃不饱，有饿肚的，吃泥土的，吃蕨苞的，耕田插秧站不稳，跌倒在地里的也不少，割去青苗的也不少。

为什么？可食之物，逼上交（政府购买）。

为什么？干部说：超额完成任务，光荣加光荣。

二、养猪人，无肉吃。

农民养猪，政府定，不养也得养，农民为何不养猪？猪子贵，大猪贱，粮食是前提。农民有病想吃点菜肉，半斤四两几次请政府，（乡干部打证条）区里干部碗上肉块，满桌面，干部、军人买肉任意要……

三、小株密植是好法。

农民不要逼去种，生硬搬来又强种，良田减了产，农民保守落后一切都封建，过去做法都不行，强种者，种田不和农民来商量，他是谁？干部为什么争先进。

四、农民辛苦谁知道：迎太阳送太阳，两头黑，男的女的老的少的坛坛罐罐都搬上，妇女挺着大肚子，一上一下把地锄，汗流满身全身湿，咳！咳！咳！……地上躺，农民无节年无节日，正月取消了三百六十天全用够，结果怎样？生活并不好。农民比历史上任何一个年代都要辛苦，但是有些汗是白流的，例如：几十亩田挖成塘，塘刚成，今下填平种上秧，积肥肥堆成山，质不好数量多也光荣，用不完堆起来，更光荣，“石头”种荞麦完成任务要当先。①

（7）“诬蔑苏联”

对苏联不应当看他的脸色行事，应该完全平等，我不同意以苏联为首的社会主义阵营的提法，应改为以苏联为前驱……

对南斯拉夫应该更接近些，他们有好多独到的见解，敢于独立思考，应该向他们学习，不要认为他们就是修正主义。

对美国要积极些再积极些，只要不损害国家尊严，可以多作些让步，和美国闹对立没有什么好处。

① 中共中国人民大学委员会社会主义思想教育办公室编：《高等学校右派言论选编》，第649页。

（8）“反对向苏联学习”

日伪时期学日文，蒋光头时期学英文，而现在共产党把天下，便来转向学俄文，是否现在英文不顶用？是否俄文百神通？莫不是现在政治一边倒，科学外文也来倒一旁。若不是，为什么许多大学外文就仅仅一门，为什么不让同学选修其他国外文，多少人，中学念六年英文，进人大后却来改行学俄文，其结果俄文没学会，英文也没学通，一点外文都不懂。

（9）“挑拨中苏关系”

黑龙江以北等地及海参崴为什么苏联还不还给我们呢？大家知道海参崴等地是过去帝俄用强力侵占的，这种不合法的强占作为一个有民族感的中国人是不能容忍的，耻辱，但是很遗憾，具有民族平等的苏联为什么现在还不还给我们呢？我们不能不感到怀疑！

当然有人会说“这是为了国防安全，为了苏联和中国的共同安全，这是对大家都有利的”，这理由多么充分似乎是理所当然！（？）那么我们要问：中国的海防线难道只因海参崴有了保障就全都安全吗？中国的东海、南海一些港口难道不是国防前线吗？（谁都知道美帝在台湾威胁着我国安全，那么照以上这种人说法苏联还应为了它的好心来占领我国其他海港了）这难道是个理由？并且我国的国防力量已不再是以前那么软弱无力了，我们能在朝鲜把最凶恶的美帝赶出北朝鲜，难道我们自己国家的国防就不能保卫？这是不能说服人的！又有人会说，如我们的马列主义×运老师就这样说：“苏联比我们先走一步，那里的人民（指占领地）生活比我们好。我们假定××回来那不是等于把已经先进的人民政治……等拉回来吗？”这是多么荒谬的论点！我们认为我们收回来并不是要把先进的既得的成就拉回来，我们能把这些先进的成就作为我们全国学习的榜样，这不是更好吗？

更有人说：也许是很多人会那么说：这是符合无产阶级利益的，将来共产主义社会国界也要消除呢？不合情理啊？不不！我们反对这种说法，我们认为在阶级国家还没有消除以前在人的思想上还明显地存在着“祖国”这两个字眼以前，这种提法似乎犯了主观、片面、教条主义的毛病，假定照这种人说法的话那么请问：为什么现在在订立协定——贸易、经济……等要按等价交换的原则进行呢？我们要求收回祖国的领土——在国家没消除以前。[①]

5月19日至6月上旬这段时间里，各地各高校一时冒出大批的五花八门的大字报。这20余天的时间是1957年大字报的第一个高潮。由于党内早已有指示，为了尽量地暴露出“毒草”和“牛鬼蛇神”，以便日后更好地将之锄掉和消灭掉，所以对那些“煽动性的言论”“放手让他们发表，并且暂时（几个星期内）不要批驳，使右翼分子在人民面前暴露其反动面目”。按照这个策略，中共中央在5月20日的一份指示中说：“左翼分子前一时期不宜多讲话，共产党员则采取暂不讲的方针。”因而这一时期的大字报中，“反党反社会主义”的“毒草”不少，不少人因写大字报“放毒”而随之获得了“右派分子”的称号。

这时写大字报的主要是高校的学生，至于那些稍有地位的党外人士，包括大学里的教授、副教授，他们“鸣放”的方式一般是在座谈会上发言，而年轻学子们自然很难享受参加座谈会的待遇。在全国一片大鸣大放声中，他们已不可能静下心来待在书斋里了，于是大字报就成了他们参与整风，进行“鸣放”的方式。他们始料未及的是，满怀热情地参与“鸣放”，却落了一个“放毒”的罪名。

4.一个有利于无产阶级的“斗争形式”

1957年5月15日毛泽东写出《事情正在起变化》一文，标志着党中央的指导思想开始发生变化，整风运动的主题开始由正确处理人民内部矛盾转向敌对斗争，由党内整风转向反击右派。6月8日，中共中央发出了毛泽东起草的党内指示：《组织力量反击右派分子的猖狂进攻》。同日，《人民日报》发表了一篇与平时语调截然不同的社论——《这是为什么？》。社论说：

在“帮助共产党整风”的名义之下，少数的右派分子正在向共产党和工人阶级的领导权挑战，甚至公然叫嚣要共产党“下台”。他们企图乘此时机把共产党和工人阶级打翻，把社会主义的伟大事业打翻，拉着历史向后倒退，退到

① 中共中国人民大学委员会社会主义思想教育办公室编：《高等学校右派言论选编》，第784—785页。

资产阶级专政，实际是退到革命胜利以前的半殖民地地位，把中国人民重新放在帝国主义及其走狗的反动统治之下。可是他们忘记了，今天的中国已经不是以前的中国，要想使历史倒退，最广大的人民是决不许可的。[1]

一场全国规模的群众性的急风暴雨式的反右派运动的号角吹响了。

指示的第一段是讲省市级机关和高等学校如何反右。其中说，这些单位的大鸣大放时间，大约15天左右即足，不要为一时好似天昏地暗而被吓倒。对反动分子到外单位去串联活动，要预作布置，实行挡驾。工厂要召集老工人和主要干部开会，说明形势，不要上右派分子的当。街上贴反动标语，要动员群众撕毁，要求工人看清大局，在此期间不要提出福利工资等问题，一致对付反动派。指示还特地提出要以大字报为战斗武器。

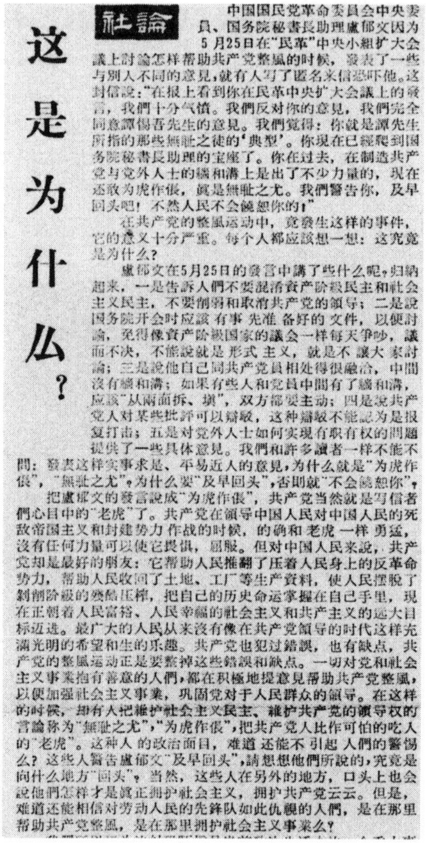
社論

这是为什么？

中国国民党革命委员会中央委員、国务院秘書長助理盧郁文因为5月25日在"民革"中央小組扩大会議上討論怎样帮助共产党整風的时候，發表了一些与别人不同的意見，就有人写了匿名来信恐吓他。这封信說："在报上看到你在民革中央扩大会議上的發言，我們十分气憤。我們反对你的意見，我們完全同意譚惕吾先生的意見。我們覺得：你就是譚先生所指的那些無耻之徒的'典型'。你現在已經爬到国务院秘書長助理的宝座了。你在过去，在制造共产党与党外人士的牆和溝上是出了不少力量的，現在还敢为虎作倀，眞是無耻之尤。我們警告你，及早回头吧！不然人民不会饒恕你的！"

在共产党的整風运动中，竟發生这样的事件，它的意义十分严重。每个人都应該想一想：这究竟是为什么？

盧郁文在5月25日的發言中講了些什么呢？归納起来，一是告訴人們不要混淆資产阶級民主和社会主义民主，不要削弱和取消共产党的領导；二是說国务院开会时应該有事先准备好的文件，以便討論，免得像資产阶級国家的議会一样每天爭吵，議而不决，不能說就是形式主义，就是不讓大家討論；三是說他自己同共产党員相处得很融洽，中間沒有牆和溝；如果有些人和党員中間有了牆和溝，应該"从兩面拆、填"，双方都要主动；四是說共产党人对某些批評可以辯駁，这种辯駁不能認为是报复打击；五是对党外人士如何实現有职有权的問題提供了一些具体意見。我們和許多讀者一样不能不問：發表这样实事求是、平易近人的意見，为什么就是"为虎作倀"，"無耻之尤"，为什么要"及早回头"，否則就"不会饒恕你"，

把盧郁文的發言說成"为虎作倀"，共产党当然就是写信者們心目中的"老虎"了。共产党在領导中国人民对中国人民的死敌帝国主义和封建势力作战的时候，的确和老虎一样勇猛，沒有任何力量可以使它畏惧，屈服。但对中国人民来說，共产党却是最好的朋友：它帮助人民推翻了压着人民身上的反革命势力，帮助人民收回了土地、工厂等生产資料，使人民摆脫了剝削階級的殘酷压榨，把自己的历史命运掌握在自己手里，現在正朝着人民富裕、人民幸福的社会主义和共产主义的远大目标迈进。最广大的人民从来沒有像在共产党領导的时代这样充滿光明的希望和生的乐趣。共产党也犯过錯誤，也有缺点，共产党的整風运动正是要整掉这些錯誤和缺点。一切对党和社会主义事業抱有善意的人們，都在积極地提意見帮助共产党整風，以便加强社会主义事業，巩固党对于人民群众的領导。在这样的时候，却有人把維护社会主义民主、維护共产党的領导权的言論称为"無耻之尤"，"为虎作倀"，把共产党人比作可怕的吃人的"老虎"。这种人的政治面目，难道还能不引起人們的警惕么？这些人警告盧郁文"及早回头"，請想想他們所說的，究竟是向什么地方"回头"，当然，这些人在另外的地方，口头上也会說他們怎样才是眞正拥护社会主义，拥护共产党云云。但是，难道还能相信对劳动人民的先鋒队如此仇視的人們，是在那里帮助共产党整風，是在那里拥护社会主义事業么？

◇ 1957年6月8日，《人民日报》发表题为《这是为什么？》的社论，揭开了反右派斗争的序幕。

指示的第二段是讲在民主党派中如何反右。要求组织每个党派自己开座谈会，左中右的人都参加，正反两面意见都让其暴露，派记者予以报道，推动左、中分子发言，反击右派。每个党报均要准备几十篇文章，从当地高潮跌落时起，即陆续发表，要注意组织左、中派写文章。指示还强调：大字报必须要让群众反驳。

从这时开始，曾一度被视为是“右派”“向党向社会主义进攻武器”的大字报，被左派运用作为反击右派的武器了。

在这份指示发出的前两天，中共中央发出了一份《关于加紧进行整风的指示》，其中特地提到了如何对待大字报

① 《人民日报》1957年6月8日。

的问题。指示说：

> 根据北京的经验，在机关及高等学校内部出大字报，一可以揭露官僚主义等错误缺点，二可以暴露一部分有反动思想和错误思想的人的面貌，三可以锻炼党团员及中间派群众（他们应当在大字报上批评错误思想和反动思想），故利多害少，毫不足怕。①

指示还告诫各省市委，如果阻止出大字报，就会陷于被动，但是，机关学校出大字报的消息，报纸不应登载，以免影响中等学校及工厂的整风。至于个别的党外报纸登此类消息，可以听之任之。

这个指示是毛泽东亲自起草的，因而也反映出毛泽东对大字报的态度。自此之后，毛泽东对大字报这种方式，一直是赞赏和支持的。

1957年7月，中共中央在青岛召开省市委书记会议，着重讨论反右派斗争问题。会议期间，毛泽东写了《一九五七年夏季的形势》一文，印发给与会者阅读。文中他再次对大字报这种方式作了肯定：

> 大字报，除商店的门市部、农村（区乡）、小学、军队的营和连队以外，都可以用。在我国条件下，这是一个有利于无产阶级而不利于资产阶级的斗争形式。怕大字报，是没有根据的。在高等学校，在中央、省市、地、县的机关和城市的大企业，大字报、座谈会和辩论会，是揭露和克服矛盾、推动人们进步的三种很好的形式。②

本来，在"右派"贴出大字报的时候，就有人贴出大字报展开争鸣与辩论，只是由于上面要求左派暂时不要多讲话，"在一个短时期内，党员仍以暂不发言为好"，所以左派大字报才很少，形成了"右派"大字报一个时期颇占优势的局面。在"硬着头皮顶住"这20多天后，左派便用大字报大张旗鼓地反击"右派"，"右派分子"在强大的反击攻势面前，招架不住，纷纷落下马来。

曾一度热闹非凡的北大"民主墙"，这时已成了"揭发右派分子丑恶面目"的场所。"民主墙"上开辟了批判谭天荣、龙英华、刘奇弟等"右派分子"的专栏，"上面详细地叙述了这些右派分子的反对党的领导、反对社会主义

---

① 《建国以来毛泽东文稿》第6册，中央文献出版社1992年版，第491页。

② 《建国以来毛泽东文稿》第6册，中央文献出版社1992年版，第551—552页。

的言论和行动”。这些大字报文章体裁不一，据称，有专栏、短诗、杂文、漫画，甚至还有章回小说。“这里的章回小说，逐章描写右派分子的出身、经历和活动，在‘民主墙’上，也有学生们写自己思想认识的转变过程或表示对右派分子斗争决心的大字报，更多的是对右派分子的揭露和批驳。”①

在中国人民大学，大字报的矛头对向了林希翎、葛佩琦这两个在人民大学乃至在全国都叫得响的“大右派”。也有不少大字报对《光明日报》、《文汇报》提出抗议。因为在“大鸣大放”期间，这两份报纸报道的“右派言论”中，有人民大学是“大蜂窝”、“四不像”的内容。

在清华大学的大字报中，黄万里成了揭批的重点。

黄万里是著名民主人士黄炎培先生的儿子，水利系教授，曾留学美国。黄万里成为大字报轰击的重点目标，是因为他写的一篇小说《花丛小语》被揭发为“否定社会主义的一切成就”。

小说并没有否定社会主义的一切成就，只是其中批评了北京新修的一条公路，在原始的土路基上不铺大碎石的路床，却直接铺石油碎石路面。当年春雪特别多，天暖雪化后路面下的积水不及宣泄，因而路面受到载重后就破碎，到处翻浆，以至汽车无法通行。文章借小说主人公田方生的好友甄无忌的口发了一点议论：“尽管美帝政治腐败，那里要真有这样事，纳税人民就要起来叫喊，局长总工程师就当不成，市长下度竞选就有困难！我国人民总是最好说话的。你想：沿途到处翻浆，损失多么大，交通已停止了好久，倒霉的总是人民！”除此之外，小说对人民代表大会只歌功颂德，不提缺点意见发了一点议论，说“不相信一个政府会绝无缺点与错误，竟不需人民的监督而企图掩盖一切，但求表面统一，就是现政制的特点”②。

《花丛小语》发表之时，黄万里特地表明这是小说。照说里面就修路的问题发发议论也就行了，可他偏偏要把人民政府去同美帝做比较，对政治问题发议论。虽然小说中也说，“我们党和政府是在不断地纠正缺点和错误中进步的”，但这也无法扭转小说“否定社会主义成就”的主题。在大字

① 《文汇报》1957年7月22日。

② 《新清华》第183期。

报的轰击下，不仅《花丛小语》变成了“大毒草”，黄万里也就成了清华园里知名的“右派分子”。

如果说，6月8日前的大字报主要是自发张贴的话，那么，这一天后的反击右派的大字报，就是有组织的行动了。6月8日之后，按照中共中央的部署，各地开展了有组织有准备的反右派斗争，因而学校的各级党组织有计划地组织了各种各样的大字报，投入反右派斗争之中。

当时，为了便于驳斥“右派”的言论，不少单位，尤其是“右派分子”较多的高等学校，都收集了大量的“右派言论”，其中包括大字报。但是，对反击右派的大字报则很难见到《汇编》之类。1957年7月3日的《中国青年报》上，登载了几首反右派的大字报诗，其中一首也以《是时候了》为题的大字报诗写道：

雾，
遮不住我们的眼睛；
反动的言论，
迷惑不了我们。

他们反对社会主义，
说这是“五四精神”；
他们反对党的领导，
还说是帮助党整风。

最漂亮的纸，
也遮不住脏物的毒气；
最伪善的面孔，
也会露出那恶毒的心。

雾天出了太阳，
毛主席给我们指出了战斗的方向。

同志们，
清醒清醒吧！
是时候了，
是战斗的时候了！！

让我们一齐动手，
撕下他们的假面目。
让我们用锋利的笔，
戳死社会主义的叛徒。

大字报在反右派斗争中似乎威力不小。森林工业部在斗争“右派分子”张楚宝的过程中大字报所发挥的作用，或许能说明这一点。

森林工业部部长是罗隆基。罗隆基在“章罗联盟”中仅次于章伯钧，可以说是全国的第二号“右派”。作为部长的罗隆基是这么一个响当当的“右派”，森工部必然会揪出“右派集团”。果然，反右派斗争开始后不久，这样的“右派集团”便被揪出来了。

在这个“右派集团”中，有一个重要成员叫张楚宝，此人是森林工业部林产局副局长，林业、森工两部九三学社支委的主委。在“大鸣大放”的时候，张楚宝“打着帮助共产党整风的招牌，曾经发表不少反共反人民反社会主义的谬论”。

反右派斗争开始后，张楚宝“不但不老老实实检查他的反动言行，相反还玩弄各种花招，企图蒙混过关，抗拒改造”。

起初，张楚宝所在的林产局的一名技术员写了一张题为《赵文璧的阴谋企图》（赵文璧是森工部揭露出的另一名“右派”）的大字报，里面提到张楚宝曾通知这位技术员去参加由赵文璧召集的“向党进攻”的会。这位技术员写好这张大字报，还没贴出去，就被张楚宝发觉了。张楚宝问这位技术员：“你这里揭发谁？”并威胁他说：在“大鸣大放”期间，赵文璧要找森工部的民主党派密谋联合行动，向党进攻，你虽没同意，但也没反对。张楚宝还叫这位技术员在大字报中不要提自己通知这位技术员参加赵文璧会议的过程。

这位技术员没有答应张楚宝的要求，只对大字报的个别措辞做了修改，然后贴了出去。

张楚宝看到大字报后，“到处活动，企图解脱”。据后来有人揭发，他还对别人说：“局里的做法不对，问题不在局里谈，动辄就拿出去。”但没人听他的话。紧接着，又有人贴出大字报，质问张楚宝：“这是为什么？”

张楚宝看到这张大字报后，不但没有正面答夏，“相反暗中活动，企图把大字报撕下来”。但张楚宝最终还是没敢撕。

不久，同一院子里的林业部经营局（张楚宝在森工部工作前曾在林业部经营局当过副局长）有人把张楚宝说的一些“反动论点”排了队，在大字报上一一驳斥，其中揭发出张楚宝说过“肃反违反宪法”的话。

当时，不少人因为在肃反问题上发表议论而被划为“右派”，这年7月18日的《人民日报》还特地发表了《在肃反问题驳斥右派》的社论，强调说“肃反运动的巨大成绩，都是不容抹煞的”。

张楚宝见此，赶快写出了一张检讨的大字报，说自己所谓的“肃反违反宪法”的观点是在参加九三学社北京分社的基层汇报会时，听了发言，受了影响。

这时，张楚宝去上海出差，但林业和森工两部的人并未就此罢休，继续写出了各种形式的大字报对张楚宝进行揭发和批判。

20天后，张楚宝出差回来，本以为风浪已经过去，可等他到森工部上班时一看，揭发、批判他的大字报不但不见减少，反而接二连三地不断有人贴出来，要他低头认罪，彻底交代。于是，“右派分子”的名单里，又添上了张楚宝的名字。①

大字报在反右派斗争中的威力到底有多大？当时曾有人在报上发表文章称，“右派分子”说：“什么都不怕，就怕大字报。”

这句话，出自新疆八一农学院。

八一农学院虽然远在新疆，远离政治中心，但这里的反右斗争似乎一点也不比内地逊色。从这年8月4日到9月初，这个学院共贴出了610份大字

① 《人民日报》1957年9月13日。

报，每份平均3大张，其中属于揭发的有290份，属于批判的有180份，在大字报上签名的有1900多人，占全院参加反右斗争人数的99%，另外还有漫画340余幅。畜牧兽医系副教授王东英被划定为“右派”后，人们两天之内就给他贴出了110份大字报。

其实，不要说被划为“右派”的人害怕大字报，就是左派、中间派对大字报的威力也没有不惧怕的。大字报不仅体裁可以随心所欲，诗歌、杂文、议论、漫画都可任意为之，而且内容上也没有什么限制，署名匿名均可。大字报最厉害的一手是揭发，既可揭发他人的言论、行为，也可揭发他人的所思所想；既可断章取义，也可罗织罪名；既可揭发隐私，也可传播流言。在当年全国被划为“右派分子”的50多万人中，真正的右派分子并不多，绝大多数是属于错划，不然，反右派斗争也就不会称为“严重扩大化”了。

在这些被划为“右派分子”的人中，相当一部分是被大字报揭发出来的。

在1957年那个炽热的夏天里，有人因写大字报而成了“右派”，也有人因别人大字报的揭发、批判而成“右派”。大字报作为一种武器，实际上既不利于资产阶级，也不利于无产阶级。表面上看来，利用大字报加上别的武器，取得了反右派斗争的胜利。但是，这个“胜利”付出的代价却是十分惨重的。不要说那50余万被错划为“右派”的人的悲惨遭遇，就对我们年轻的共和国而言，这些人中，不少是有才华的知识分子，他们被划为“右派”后遭到了各种各样的处分，使他们难以献出自己的宝贵才智。更重要的，这场严重扩大化了的斗争，使中共对我国阶级斗争的形势作了严重脱离实际的估计，给知识分子重新戴上了“资产阶级知识分子”的帽子，造成了指导思想上的“左”的错误。

在反右派斗争中，伴随大字报的广泛使用而产生的是大辩论；在大辩论中，大字报又常常被用来作为辩论的手段。加上在此之前出现的大鸣、大放，于是，大鸣、大放、大辩论、大字报这“四大”，在高等学校和党政机关中被广泛使用。这样，人为地造成了全国性的政治紧张和不稳定状态。反右派斗争的扩大化有多方面的原因，而大鸣、大放、大辩论、大字报在运动中的广泛使用，是反右派斗争严重扩大化的一个重要因素。

二、大字报高潮再起

1.“大字报是个好东西”

按照毛泽东的设想，整个整风过程并不只是反右派斗争，而是包括四个阶段，这便是大鸣大放阶段，反击右派阶段，着重整改阶段，每人研究文件、批评反省、提高自己阶段。应该说，毛泽东和中共中央在发动整风运动之初，并没有想到整风中会有一个大反右派的过程。让“毒草”长出来也好，“引蛇出洞”也好，这都是在鸣放过程中出现了各种“反党反社会主义言论”之后，才决定采用的策略。等到反击右派取得决定性的胜利，毛泽东和中共中央决定再回过头来继续进行整风，并将反击右派也作为整风的一个阶段。

反击右派被纳入整风的范围之后，整风运动实际上已背离了它的初衷，也超出了原定的党内整风范围。随后，在工矿企业和各民主党派也开始了整风，在广大农村进行了两条道路的大辩论，而反右派运动的主战场学校、机关则转入整改阶段。于是，这场整风运动实际上已由党内整风转变为全民性的大整风。

既然如此，中共中央领导人也就必然要考虑这场全民整风采取什么样的方式问题。

在反右派运动之前，按照中共中央文件的规定是“既要严肃认真、又要和风细雨”，“不要开批判大会或者斗争大会”，也就是说要采取“和风细雨”而非暴风骤雨的方式。可是，整风开始后，社会上有人认为和风细雨不过瘾，提出要“大鸣大放”，党中央领导人接受了这一建议。结果放出了各式各样的“毒草”，也放出了大字报。

大字报这种方式作为“大鸣大放”的手段被采用后，毛泽东立即意识到了大字报的作用，看到了这种武器的威力，提出资产阶级可以利用它，无产阶级也可以利用它，大字报也就成了反击右派的有利工具，成了“有利于无产阶级的斗争形式”。既然如此，在即将开展的全民大整风中，毛泽东作为一位善于调动群众积极性的大师，也就自然对这种形式大加倡导。

还在1957年7月9日的上海干部会议上，毛泽东在谈及大字报问题时，对上海的干部们说：

> 大字报是个好东西，我看要传下去。孔夫子的《论语》传下来了，“五经”、“十三经”传下来了，“二十四史”都传下来了。这个大字报不传下去呀？我看一定要传下去。比如将来工厂里头整风要不要大字报呀？我看用大字报好，越多越好。大字报是没有阶级性的，等于语言没有阶级性一样。白话没有阶级性，我们这些人演说讲白话，蒋介石也讲白话。现在都不讲文言了，不是讲“学而时习之，不亦说乎”，“有朋远方来，不亦乐乎”。无产阶级讲白话，资产阶级也讲白话。无产阶级可以用大字报，资产阶级也可以用大字报。我们相信，多数人是站在无产阶级这一边的。①

3个月之后，即10月9日，毛泽东在中国共产党第八届中央委员会扩大的第三次全体会议上，作了《做革命的促进派》的讲话。讲话中，他多次提到如何运用大字报这种武器的问题：

> 今年这一年，群众创造了一种革命形式，群众斗争的形式，就是大鸣，大放，大辩论，大字报。现在我们革命的内容找到了它的很适合的形式。这种形式，在过去是不能出现的。因为过去是打仗，五大运动，三大改造，这样从容辩论的形式不能产生。那个时候，从容辩论，摆事实，讲道理，搞它

① 毛泽东：《打退资产阶级右派的进攻》（1957年7月9日）。

一年，不许可。现在许可了。我们找到了这个形式，适合现在这个群众斗争的内容，适合现在阶级斗争的内容，适合正确处理人民内部矛盾的问题。抓住了这个形式，今后的事情好办得多了……这种大鸣、大放、大辩论、大字报的形式，最适合发挥群众的主动性，提高群众的责任心。

我们的民主传统今年是一个很大的发展，以后要把大鸣、大放、大辩论、大字报这种形式传下去。这种形式充分发挥了社会主义民主。这种民主，只有社会主义国家才能有，资本主义国家不可能有。①

几天后，毛泽东在最高国务会议第十三次会议的讲话中，又说：

现在整风找出了一种形式，就是大鸣，大放，大辩论，大字报。这是群众创造的一种新形式，跟我们党历史上采取过的形式是有区别的。延安那一次整风，也出了一点大字报，但是那个时候我们没有提倡。后来"三查三整"，也没有采取这种形式。在革命战争时期，没有人给我们发饷，没有制造枪炮的工厂，我们的党和军队就是依靠战士，依靠当地人民，依靠群众。所以，长期以来，形成了一种民主作风。但是，那个时候，就没有现在这样的大鸣，大放，大辩论，大字报。这是什么理由？就是那个时候金鼓齐鸣，在打仗，阶级斗争那么尖锐，如果内部这么大闹，那就不好了。现在不同了，战争结束了，全国除台湾省外都解放了。所以，就出现了这种新形式。新的革命内容，它要找到新的形式。现在的革命是社会主义革命，是为了建设社会主义国家，它找到了这种新形式。这种形式，可以很快普及，很快学会，几个月就可以学会。②

在毛泽东看来，对待大鸣、大放、大辩论、大字报，主要有两怕，一是怕乱，二是怕下不得台。那些当厂长的，当合作社主任的，当学校校长的，当党委书记的，怕一放出来，火一烧，下不了台。而要解决问题，还是要大鸣大放。不要怕这"四大"，在多数人拥护社会主义这个基础上，大鸣、大放、大辩论、大字报这种形式，很有益处。"大字报"是右派的发明，但它对无

① 毛泽东：《做革命的促进派》（1957年10月9日）。

② 毛泽东：《坚定地相信群众的大多数》（1957年10月13日）。

产阶级有利，对资产阶级不利。

毛泽东对一些机关、学校反右派高潮过后风平浪静的局面不甚满意，认为对鸣放中提出来的许多正确意见不能不接受，他用带着幽默的语气批评道：

> 现在有些机关、学校，反过右派之后，风平浪静，他就舒舒服服，对提出来的许多正确意见就不肯改了。北京的一些机关、学校就发生这个问题。我看，这个整改又要来一个鸣放高潮。把大字报一贴，你为什么不改？将一军。这个将军很有作用。①

毛泽东不仅认为将来工厂整风时大字报贴得越多越好，机关、学校的整改要用贴大字报的形式去“将军”，就是消灭老鼠、麻雀、苍蝇、蚊子这“除四害”的工作，也要用大鸣、大放、大辩论、大字报的形式去搞。因为要把这几样东西搞掉不容易，必须动员全体人民来搞。而要发动人民，就得用大字报等方式，并以此去改变人们的心理状态，振作我们的民族精神。

由于党的领袖对大字报作用的一再推介，在反右派运动高潮过后的工矿企业整风，机关、学校的整改过程中，大字报再次被广泛使用。

2.工厂整风大字报“越多越好”

1957年9月12日，中共中央发出了《关于在企业中进行整风和社会主义教育运动的指示》。《指示》要求各企业的领导，要用大字报、辩论会、批评与自我批评的方式，进行整风和社会主义教育运动，放手发动工人群众提意见，边整边改。

中共中央一声令下，全国各地的工矿企业立即开展了大规模的整风和社会主义教育运动。

既然毛泽东早已说了工厂整风时大字报越多越好，加之中央的文件中又明确提出大字报是整风的重要方式之一，于是，工厂整风过程中大字报便蜂拥而起。

① 毛泽东：《坚定地相信群众的大多数》（1957年10月13日）。

首都无疑具有得风气之先的便利，所以最早开展工厂整风的是北京的工矿企业。

北京工厂的整风实际上在9月12日的中共中央指示发出前就开始了。从8月中旬起，北京市主要工厂、矿山和交通运输企业先后全面展开整风运动。开展整风，当然少不了要鸣放。那么，用什么方式鸣放？大字报无疑成了首选对象。仅两周的时间，北京40多个国营厂矿企业的11.7万多职工中，便贴出了11万多张大字报，差不多人均贴了1张。

◇ 北京机床厂工人在写大字报。

尽管当时文件规定大字报、辩论会、批评和自我批评是整风的三种主要方式，但实际上，所谓工厂整风，主要体现在贴大字报上。整风开始不久，北京就涌现了一批贴大字报大户。

京西矿务局有近2万名职工，该局所属各矿在两周的时间内贴出了1.5万张大字报，其中琉璃河水泥厂平均每个职工贴了1.3张。

石景山钢铁厂从8月23日至9月6日的十多天中，全厂共有2700多人贴出了4300多张大字报，提出了4800多条意见。

这么多的大字报把工厂的墙壁都贴满了，很多厂矿只好利用废旧芦苇席、木板搭成长龙式的大字报棚，作为“鸣放园地”。

石景山钢铁厂还创造出了鼓励工人用大字报的形式鸣放的经验。

整风运动开始时，许多工人，包括一部分党团员，对大字报这种形式尚不习惯，觉得这个办法太激烈。有的工人说：“都是自己人，有意见在小组会上说说就算了，何必贴出去呢？”

这时，厂党委便通过各支部，号召党员、团员、工会积极分子，带头给领导提意见。党委还特地指示各支部、各单位的负责人，为工人提供一切鸣放的条件。一方面继续动员，发给各种文具，在大小会上宣传大字报的作用，给写大字报的人以鼓励；另一方面，由于有许多人不会写字，于是也采取座谈会和访问等形式，给这些人提意见的机会，让他们把心里话鸣放出来。从此，大字报一天比一天多起来。

如果当时的报道属实的话，工人们写的大字报还真起作用。

8月24日，石景山钢铁厂装卸三区一位工人贴出了一张大字报，说工厂小北门到洋灰洞的道路，上下班不好走，下雨晚上更难走，希望领导解决，不要贼走了再关门。只过了三天，厂领导便带领一些干部在这条道上修了一条小马路，安了五个电灯。于是工人们说：“还是大字报起作用。”

工矿企业整风中贴出的大字报，也确实反映出企业管理中存在的问题。

石景山钢铁厂劳动组织科的几位干部在一张题为《为啥招这么多人》的大字报中说：去年第二季度末本厂得到扩建的消息后，厂领导就主观地向冶金部钢铁局提出要招收1100人的报告。钢铁局接到这个报告，没有很好审批，就官僚主义地大笔一挥“批准”了。实际上，根据当时的设计方案，根本找不出要培养1100人的根据。幸亏当时社会上劳动力的需求情况紧张，只招收了500多人，否则将给国家和企业带来更大的浪费。仅工资一项，一年就要支出66万元。

武汉裕华纱厂在8月20日开始整风到9月20日的一个月时间里，共贴了2020张大字报，《人民日报》还特地刊登了几张。其中一张题为《一年死多少人也要订计划》的大字报说：“1956年上级单位要求各企业单位订一年的死人计划，冯国辉主委（劳动保险委员会）无可奈何地问我怎么办？我活了五十年，还是第一次听到要订死人计划。当时，我说：‘没办法，就只好订死两个，我一个，你一个。’结果去年死亡共计是四人，超额百分之百完成了‘死人计划’。真是：官僚主义逞强，下级干部遭殃。”

北京石景山发电厂的一位老工人在一张大字报中，对工厂的奖励不合理提出意见，指出在大水池旁拔草也给安全奖不妥当。他质问厂领导，为什么口头上老说奖励冒进了，实际上却为什么坚决不改。

◇ 北京石景山钢铁厂的大字报。

北京公私合营建筑公司在大字报中对公司秘书科人浮于事提出批评说："秘书科，秘书科，事情不多人倒多，一事本可一天完，只好磨蹭两天多。有事无事想学习，又怕大家意见多，你说干部难过不难过。"

北京市第四建筑工程公司加工厂的一位工人则在大字报中对厂小干部多的现象作了一番抨击。大字报中说："厂子虽然小，干部真不少。闲来无事做，室内把天聊。不是说笑话，就是看书报。学习少发言，闲话一大套。不是谈电影，就夸戏剧好。"

工厂的大字报虽然以批评、揭露问题的居多，但也有表扬的大字报。

北京京西矿务局土建队有人写了一张大字报，批评一些人把公家的东西拿回自己家中。财务科科长看了大字报后，很快把自己占有的一张床和两条凳子交了出来。于是提意见的人又写了张大字报，题目叫作《公私要分明，×科长把床送回来》，对该科长进行了一通表扬。

上海火车站的服务态度不错，于是有旅客贴大字报表扬说："上海车站服务，照顾旅客真周全。恐怕旅客口里渴，提壶送水不嫌烦，又怕旅客未洗脸，脸水毛巾送面前……"

这类大字报，实际上就是表扬信。

也有写自己的缺点错误，进行自我批评的大字报。上海某设计院的一位干部对自己"消极的人生观"作了一通自我批评。大字报里说："我长时期抱着消极的人生观。从十数岁，我母亲去世以后，即有如此思想。以后我虽知道这种思想不对，但不能自拔，日复一日，有增无已。'浮生如梦'、'与世无争'、'淡泊'等等字句足以说明我的消极看法。平时看到书中感叹悲歌的词汇，深深欣赏，看到野外荒冢也会俯首黯然。这样的情绪，时常挫伤了我的生活勇气。虽然也知道有重如泰山轻如鸿毛的区别，但从不想到如何把生命献给革命事业，献给党和人民。"

福利待遇本是工厂工人十分关心的问题，如果用我们现在的眼光衡量的话，自然是福利待遇好、奖金高的企业有吸引力。然而，当时一些福利待遇好的企业的工人，却写大字报，质问厂领导："我厂的福利待遇为什么要特别高？"

北京石景山发电厂一名工人就写过这样一张大字报。大字报中说，厂里的某些奖励没有按照电力部的规定执行，但厂里的奖金率比部定标准要高。大字报质问道：“为什么我们厂的工资、奖励都高于北京市的其他各企业，也高于北京地区的电业部门，电力部有明文规定而不进行调整呢？”大字报中还对工厂没有按照国家规定收取房租、水电费，加班费超过电力部的规定，医疗待遇超过劳动保险条例进行批评，要求厂领导解决这些问题。

从这张大字报中，反映出当时的工厂工人，的确有自己是企业主人翁的责任感。如果换到今日，即使允许贴大字报，恐怕也不会出现这样的大字报了。应该说，那个时代的人们，对社会主义、对集体，是怀有深厚感情的。可惜这种纯朴的感情，被后来一个接一个的政治运动冲淡了。

城子煤矿在大字报上开展的关于福利待遇的讨论，同样能使我们从一个侧面看到当时工人群众的思想觉悟。

一名工人写了一张大字报，认为应当增加福利。这名工人说，开会老说矿山是工人的家，可是，现在工人住房要房钱，喝水要水钱，住店要店钱，吃饭要饭钱，哪样没有钱也不行。向社会主义迈进应该增加福利，现在却是增加负担。还说，家属看病也要花起钱来了，用电也要花钱。这是什么道理？

这张大字报一贴出，立即遭到许多大字报的反驳。有的大字报批评他说，难道工人当家做主，就应该把所有的生活问题都由公家包下来吗？以前谁管你这些事呀，别说住房子，就是吃不上饭也没人管。现在分配房子以及生产上的事，哪样不是按照职工代表会决议办事？这不是当家做主是什么？另一张大字报说，目前我国正在进行社会主义建设，需要大量资金，如果把资金全部放到生活福利上，就会影响国家建设。新中国成立前的工人，别说住新房，就是住破房每月还要两袋面粉，现在你住新房还不满足，太不应该了。还有一张大字报则要这名工人记住旧社会资本家说过的话：“要三条腿的蛤蟆没有，要两条腿的人有的是。”资本家根本不把工人当人看，现在工人翻了身，但是不能忘本。

在反右派运动之后工厂企业之所以在整风过程中贴出成千上万的大字报，一则是中共中央在关于工厂整风运动的指示中，明确规定大字报是整风的主要形式之一，工厂党组织自然必须将这一指示贯彻落实，鼓励和动员工人多写大字报；二则是当时舆论对工厂大字报的宣传。1957年9月15日

◇ 天津第二棉纺织厂的工人在向领导提意见。

《北京日报》发表了一篇题为《大字报——推动整风的良好形式》的社论，对大字报大加赞扬。社论说：

在本市厂矿企业当前的大鸣大放中，大字报被证明是推动整风运动的一种良好形式。

广大职工对大字报这种形式感到极大兴趣。无论走进哪个工厂，你都会立刻被色彩缤纷、图文并茂、热闹非常的大字报墙或大字报棚吸引住。五颜六色的大字报，一批又一批，一天一换甚至一天几换；大字报前的读者更是密密层层、川流不息。十几天的工夫，仅据四十个厂矿企业的统计，贴出的大字报就有十四万张之多。通过大字报，职工们就企业的生产管理、干部作风、生活福利、党群关系以及国家的重大问题等各方面提出了总数不下十六万条的批评和意见。这真是一次空前广泛而深刻，有声又有色的发扬民主的运动。

社论举例说，大字报有力地推动整风运动的事例到处都可以听到、看到。石景山钢铁厂一号焦炉北头的熄焦水管早在1953年发生了故障，工人只好都用南头的水管，这样，不仅操作上很不方便，而且还影响到焦炭的质量。过去几年里，工人们不断地提出修好北头水管的要求，前后不下百余次，但厂领导一直对问题的严重性认识不足，强调困难，不下决心解决。这次一个工人为这事写了一张大字报批评厂领导，立刻又有十几张大字报表示赞同和支持。厂领导这回可真下了决心，看到大字报之后马上派人修理，只用了半天就解决了。在国棉一厂也有许多与此类似的事例。这个厂有个车间的空气不好，影响工人的健康，这个问题早就提出过，领导方面总觉得问题并不那么严重，迟迟没有去解决。这次该车间的工人用大字报又一次尖锐地批评了这件事，保全工们看到之后也出了大字报证实这个车间的空气确实不好，必须改善。这回厂领导很快就动了起来，派人把空气调节器检修了一下，问题终于解决了。北京农业机械厂加工车间的工人以“救火”为题，出了一张大字报，提出：他们车间九月份加工订货所需的工具迟迟没有准备好，马上就要有四十多人窝工，要求厂长、党委书记、总工程师赶快“下楼救火”。大字报贴出刚一个钟头，党委书记和厂长便召集了有关科室和车间的干部开会研究解决了这个急迫的问题。

社论接着说：

大字报为什么会有这样大的效力呢？这主要是因为它可以把批评和意见公布出来，使各级领导直接听到群众的呼声，更重要的是使大家都能知道，这样便可以动员起舆论的力量，促使和监督被批评的人或单位迅速地、彻底地加以解决，或是给予圆满的答复。而过去，以口头或以意见书的形式提出的批评和意见，则往往因为层层传达而削弱了甚至下落不明，也往往因为没有群众的监督，迟迟不见下文，甚至被“锁进抽屉”、“判处无期徒刑”，用大字报便可以避免或减少这种可能。因此可以说：大字报是在一个单位内部的一种最有效的、最锐利的批评的武器。

大字报的好处还不止于此，譬如：这种形式还可以起到互相启发、互相推动的作用，造成一种气氛，吸引和鼓动更多的人踊跃地、大胆地提出自己的批评和意见。又譬如：这种形式还比较生动、活泼，大字报上可以有短文，有诗歌，有漫画，还有相声和鼓词，这不但为群众所喜闻乐见，也可以更深刻地反映出群众的想法和看法。它还有另一个好处，那就是当某个问题在群众中存在不同甚至相反的看法时，用大字报公开地提出来，也便于在群众中展开讨论和辩论。许多厂矿的工人提出，大字报的办法真是太好了，最好以后每年来一次。也有人提出，最好经常设立贴大字报的“鸣放园地”。可见大字报这一方式，是多么受工人群众的欢迎。

在高等学校开始整风的时候，一些人因为写大字报，被认为是“向党、向社会主义猖狂进攻”，成了“右派分子”。因为这个缘故，工厂整风开始时，一些人对写大字报还存在戒心。社论解释说，这种戒心是完全不必要的，右派分子已被打得丢盔弃甲，土崩瓦解，而且大字报已不再是右派的武器，而是被拿了过来，成了对右派分子进行揭露和驳斥、说理斗争的犀利武器了，因此没有什么可怕，对采用大字报这种形式不应有什么顾虑。

不只是《北京日报》对大字报大加推介，作为中共中央机关报的《人民日报》也连篇累牍地报道工矿企业用大字报整风的消息。10月21日，《人民日报》在《大胆地改，坚决地改，彻底地改》的社论中，专门谈到了大字报的作用，称之为“运用群众的力量，推动我们改进工作的好办法，这正是社会主义民主的最好的形式之一”，并号召“一切领导人员都应当重视大字报”。

《人民日报》还在副刊上发表过一首赞美大字报的诗，诗曰：“像孔雀展屏，像百花齐放，红红绿绿的大字报啊，贴满路旁的墙。精粹的语言，明确的思想，我在大字报前观看行走，像游泳在智慧的海洋。”诗谈不上有什么艺术性，但它反映出了宣传舆论对大字报的态度。

工厂整风出现大批的大字报，还有另外一个原因。自中国共产党执政以来，就一再强调工人阶级是领导阶级，必须全心全意依靠工人阶级。新中国成立之后，知识分子经历了一次又一次的运动，进行了多年的思想改造，虽然在1956年的时候曾一度宣布知识分子改造好了，成为工人阶级的一部分，但实际上并未真正把知识分子当作工人阶级。所以1957年春夏间，在“大鸣大放”的时候，知识分子真以为百花争艳、百花齐放的春天来了，以为用不着夹着尾巴做人了，于是“鸣放”一番。结果一声“这是为什么”的当头棒喝，依旧被戴上“资产阶级知识分子”这顶帽子。相对而言，工人没有像知识分子那样经历一个又一个的运动，而且反右派斗争之后，中共中央曾明确指示在工人中不划右派。在工厂整风中工人即使鸣放出一些不正确的东西，也不会视为“右派言论”，没有被打成“右派分子”的后顾之忧。所以尽管在工厂整风之初，职工对写大字报有一些戒心，然而随着动员组织工作的深入、政策的明朗，工厂的大字报也就不断增多。

工厂整风过程中涌现出大量的大字报，也与毛泽东和其他中央领导人亲自去企业观看大字报有关。

1957年9月，毛泽东前往上海视察，虽然此前他就说过工厂整风，大字报越多越好，而且他也通过各种渠道了解到了工厂整风过程中使用大字报的情况，但工厂的大字报到底写得怎么样，是否和各种材料上说的相符，他心里还有点不踏实，于是决定亲自前往工厂去看看。

◇ 上海国棉二厂三纺工厂的现场整改小组正在研究处理群众意见。

9月18日，毛泽东来到了上海国营第一纺织厂看大字报，《人民日报》记者季音、习平在他们的报道中说：

18日上午，几辆小汽车驶进了上海国营第一棉纺织厂的大门，在办公楼前的小广场上咔的一声停下了。车门开处，穿着灰色制服、身体健壮的毛主席，和一群客人一齐走了下来，他们是特地到这里来看大字报的。

毛主席一下车，迎面看到的就是贴满在走道两旁的大字报。看来大字报至少有两三千张，从厂门口到南纺工厂几十米长的走道两边，都被贴得密密层层，走道的边上，还支架着许多临时用来张贴大字报的木板。从这一片热闹的景象中，一眼就可以看出，这个工厂的整风运动正开展得挺热火。毛主席环顾周围的情景，脸上泛起了愉快的笑容，随即由两个主人——国棉一厂的党委书记和厂长陪着，走到了大字报的前面，一张张地看了起来。

展开在毛主席面前的一大片大字报，真像是一座百花盛开的花圃，那样的生气蓬勃。这里有对党的工作和一些党员干部思想作风的批评，有对国家政治生活中肯的论述，有对各种工作的建议，也有对各种错误意见的尖锐的论争。大字报的形式更是活泼多样，图文并茂。有幽默的漫画，辛辣的讽刺诗，有顺口溜和快板，有短小的论文，有专对某一问题的调查报告，还有有趣的短剧和对话……这几千张琳琅满目的大字报，是上海国棉一厂几千个工人的集体创作，它不只是充分地表露着工人们的才华，并且充分地表现了工人们高度的政治积极性。

毛泽东看到的第一张大字报是一群老工人写的。这是一个老工人座谈会上的发言。大字报中对工厂党委和行政提了不少意见，同时表示他们不同意有些大字报上的错误言论，如有人说现在是“国富民穷”，有人说“拍马屁的人都得到了提拔”，“农民生活太苦”等等，认为这是大是大非问题，一定要争个明白。毛泽东对这张大字报看得很仔细，但没有发表什么意见。

倒是大字报上的一幅漫画引起了毛泽东的兴趣。这幅画画的是一个人穿着一条其长无比的裤子。原来是有人对工资太少提意见，说一个月的工资只够买一只裤脚管，而实际上此人的工资是每月五十六元，足足可以买几匹布。于是有人画了这幅漫画讽刺他，并在大字报上问他：“你的裤脚管到底有多长呢？”毛泽东笑着对身边的该厂党委书记夏正言说：“这幅画画得好，很有意思。”

大字报中有不少是批评厂里领导干部的思想和作风的。毛泽东指着一张指名批评厂长和党委书记的大字报说：“这张大字报写得很好。”可能他担心陪同的厂长和书记难堪，又问他们，“受到批评的干部现在是不是已抬起头来？”厂长和书记答称，厂里的绝大多数干部都能正确地对待，虚心听取群众意见，积极地边整边改。

工厂的工人知道毛泽东来看大字报了，又正值工人下班，工人们争先恐后地来看毛泽东，大字报也就看不成了。

毛泽东到工厂去观看大字报后，中央其他领导人也先后下到工矿企业看大字报。

刘少奇曾先后去了石景山钢铁厂、石景山发电厂、华北无线电器材厂看大字报。

周恩来去了石景山钢铁厂、北京第二棉纺厂。

朱德去了华北无线电器材厂。

陈云去了北京电子管厂。

在京的中共中央委员、候补中央委员共72人分别去了北京的40多个国营工矿企业看了大字报。去看大字报者几乎占了全体中央委员与候补中央委员的一半。

中央领导人亲自去工矿企业看大字报，等于是对大字报这种整风方式的公开支持。可以想象，此后的大字报只会是越来越多，全国各地的工矿企业里，一批又一批的大字报相继贴了出来。

此时，各种报纸上刊登了大量的各地企业“大鸣大放”的消息。所谓“大鸣大放”，就是写大字报。北京石景山钢铁厂因为整风时间早，大字报多，屡屡为《北京日报》《人民日报》所报道，作为整风典型加以介绍。也有人因为阻止工人写大字报而受到处分。天津一家企业的副厂长，因为阻止工人贴大字报，被处以停职检讨，《人民日报》还特地刊登了这条消息，以警示那些阻止工人贴大字报的领导干部。

这样一来，形成了1957年大字报的第二个高潮。据当时的《人民日报》说，北京长辛店铁路工厂为了贴大字报，仅糨糊就用了几大锅，可见大字报之多。

3.机关、高校贴满了大字报

几乎在工厂开展大规模的整风的同时，中央国家机关的整风进入了整改阶段。整改过程中要求继续组织“鸣放”。所谓整改，写贴大字报实际上是其主要内容。夸张一点说，整改活动就是写贴大字报的活动。从10月中旬到11月15日，在短短20余天的时间里，中央国家机关61个部一级的单位中，已贴出的大字报就达22万张。

交通部的领导几乎人人都受到了大字报的批评。一张大字报上写道：“将相不和，三害增多”。批评这个部的一些副部长之间以及司局长之间的不团结现象。另一张大字报则批评一位分管法律室的副部长的官僚主义作风。这位副部长分管法律室已有一年零两个月，大字报的作者给这位副部长出了三个“业务考试”题，要求任选两题作答：一是你到过法律室没有？二是你叫我们汇报过几次工作？三是法律室正在草拟哪个法律？

煤炭工业部从这年11月1日转入整改阶段。在这个部及所属各局各院原来贴批驳右派大字报的地方，整改之后贴满了揭批官僚主义、主观主义、宗派主义这“三个主义”的大字报，从1日至14日这14天的鸣放时间里，煤炭部共贴出了14687张大字报。好在煤炭部是个大部，人数多，平均下来人均大字报的数量不是很大，但也有人均4张之多，且有83%的人贴了大字报。

人均有4张大字报，这就意味着有人会大大超过平均数。事实也是如此，矿井设计院的一个工程师，先后贴出了33张大字报。另一个工程师与别人一起，先后贴出了20张大字报。

这些大字报中，倒也反映出煤炭部存在的各种问题。

干部教育司有人写了一张有3000字的大字报，用了7张大纸，详细地谈到了机构改革的问题。大字报里说，煤炭部现有的15个司处可以合并为8

个司，人员可以减少35%。技术司在一张大字报中，只是简单地开列了4个图书馆的名字和每个图书馆的工作人员人数。原来这4个图书馆同在一个大楼里，分属4个单位。大字报的作者问：为什么这4个单位要各弄1个图书馆呢？

技术安全监督局有一个副局长，是1927年入党的老同志，看来此人政治上和工作作风上都有问题，群众贴了96张大字报批评他。

森林工业部的大字报也不少。

这个部在10月20日召开整改的动员大会，会议刚开完，就有人贴大字报。当天，大字报就达数百张之多。森林调查设计局是个小单位，却贴出了94张大字报。到11月12日，也就是十来天的工夫，森工部的大字报就达6968张。供销局的64名人员中，除了1人未表态外，平均每人写了5张。

森工部是1956年从林业部划出一部分业务单独成立的，据说这是为了安排罗隆基而特地成立的一个部。因为与罗隆基影响和地位差不多的党外人士都安排了部长级以上职务，只有罗隆基在较长时间没有安排位子。罗隆基成了“大右派”，部长是当不成了，而且林业、森工分家的问题，也就成了森工部众多大字报批评的一个焦点。

水产部10月15日开始整改，一个星期内就贴出了340张大字报。水产部还特地对那里的大字报作了分类，其中有关方针、政策、机构设置、人员编制方面的100张，有关领导作风和个人生活作风的63张，有关水产业务的81张。相当多的大字报批评部里机构庞大，人浮于事。在全部的几百人编制中，真正与水产有关的海洋渔业司、淡水渔业司和渔政司实际人数只有62人，而行政事务方面的人员太多，仅办公厅就有70多人。

其他中央国家机关的大字报也不少。

化工部从10月14日至23日，10天贴出大字报1026张。

铁道部基本建设局只有70人，但从10月14日至21日一个星期贴大字报560张，单是21日这一天，就贴出了170张。

在中央国家机关整改大贴大字报的同时，地方省市级机关也在整改，大字报也贴了很多。杭州市劳动局、教育局和建设局等40个单位，在整改后不长的时间里，就贴出5000张大字报；文化局是个小局，但也贴出了230张大字报。

整改开始时，杭州市房地产管理处只贴出了1张大字报，而这个处有140多人。看到这种局面，这个单位的领导急了。要知道，当时是把大字报的多少作为是否积极整改的一条重要标准的。为了让群众多贴大字报，处整风领导小组便把前几次座谈会上群众提出的有关工作的意见，归纳整理为70条，对其中可以改进的56条，立即向群众宣布改进的办法。这样一来，群众看到了领导整改的决心，贴大字报的积极性也就调动起来了。不几天工夫，这个处便贴出了700多张大字报，最多的一个人前后共贴了26张。

湖南省供销社湘潭办事处是个人数不多的单位，但整改开始后，这个办事处机关的会议厅、走廊和各科室门前的墙壁都贴满了红红绿绿的大字报，仅从9月16日至10月6日，办事处就共贴出大字报166张，提了726条意见，外加94幅漫画。

从当时的情况看，大字报倒也暴露出了不少问题。至于这些大字报是否如宣传报道中所说的那样落到了实处，问题是否得到了解决就不得而知了。倒是有一点可以肯定，森工部关于与林业部分合问题的大字报有了结果，不久，森工部撤销，有关业务仍旧合并到林业部。不过，这里面更主要的原因也许还是罗隆基不再需要有一个部长的职位安置。

国家机关的整改，主要内容是鸣放，而大字报则被明确规定为鸣放的主要方式。国务院秘书长习仲勋在国务院直属机关及国务院各办公室的干部大会上作整风动员报告时，就明确指出："鸣放的主要形式是大字报，座谈会、辩论会只能是鸣放的辅助形式。"[①]鸣放高潮是否到来，要看大字报贴的多少，问题提的多少。

尽管当时也说，大字报不一定要数量，要重在质量，但因为客观上是以大字报数量的多寡，作为一个单位整改是否深入的尺度的，因而才出现了机关整风大字报遍地开花、触目皆是的现象。

与国家机关整改活动进行的同时，各高等学校和科研单位也开始了以

① 《人民日报》1957年11月26日。

贴大字报为特征的整改。

北京高校中较早鸣放的是北京地质勘探学院，从10月4日至9日的6天时间，这个学院贴出了1127张大字报；至14日，则增至2218张，共提出意见5547条。

10月初至10月14日，北京对外贸易学院贴出大字报3000余张。

贴出1957年反右派运动中第一张大字报的北大，从10月21日举行全校鸣放动员会到10月29日，贴出大字报2000多份，而且一向不写大字报的教授也开始贴出大字报。

外地的高校，整改中贴的大字报数量也颇为可观。自反右派运动转入整改以来，华中工学院两周内贴出了6000多张，中南政法学院和武汉测量制图学院贴出了四五千张。武汉大学从11月9日至19日，全校10天贴出大字报4500张。

长春拖拉机学院从10月26日到11月4日贴出4000多张大字报。

成都工学院10月下旬至11月中旬贴了大字报5000张。

上海第二医学院两周内贴了2000多张。

第二军医大学不到一个月已贴出3000多张。

在高校的大字报中，举凡领导作风、“右派言论”、教学方法、思想错误等等，都在鸣放之列。

北大哲学系的讲师、助教、进修生和研究生31人签名的一份题为《惨痛的教训》的大字报，在列举哲学系教师、学生中“右派分子”占较大比例后说：马克思主义的领导地位，是哲学全部教学活动的根本原则，教师的思想改造工作和马列主义学习必须继续深入，使知识分子在世界观上完成彻底的改造。

北大物理系的几个党员和团员在一份题为“物理系走向何方？”的大字报中提出：

> 物理系存在着下列严重问题：严重的个人主义。有不少人在向科学进军的幌子之下，在“向名利进军”，其中不少人已堕落成为右派分子；有不少人还在主张“先专后红”，不少人对政治不闻不问，抱着一种旁观的态度；有些人对祖国的利益和前途并不关怀，他们一天到晚想的是个人的前途，

个人的幸福。其次，存在着严重的政治上的自满情绪。不少人目空一切，夜郎自大，不尊重党团、行政及老师的教导。狂妄地脱离一切正确原则，进行“独立思考”。而且，广大同学出身非无产阶级，大学又像“世外桃源”，严重地脱离了社会生活和工农群众。

大字报建议：(1)加强政治思想教育工作，彻底批判资产阶级个人主义思想，粉碎“先专后红”的论调。(2)加强党团组织的战斗作用，健全党团组织生活。(3)组织同学假期下乡、下厂与工农同劳动。(4)应当在同学中形成敢于暴露思想的风气，形成批评与自我批评的风气。

北京地质勘探学院的学生在大字报上开展要不要交膳费的讨论；北京铁道学院则围绕“政治与技术的关系”在大字报上开展辩论；勤工俭学是北京石油学院大字报的一个中心；北京师范大学生物系教授陈昭熙在大字报上建议，教职工开展义务劳动清理积压的标本；北京外贸学院的大字报中要求多放映外文影片，举办外文晚会以使外贸干部学会流利的外国语……除了与“右派”有关的“反党反社会主义”言论之外，什么意见、建议、批评、表扬都可以写在大字报上。

这些花花绿绿、各式各样的大字报再次出现在知识分子成堆的高等学校里，使人们不禁要问，刚刚经历反右派运动暴风骤雨吹打的教师和学生们，难道不对几个月前因有人写大字报而成为“右派”心有余悸？难道他们不担心在大字报上的言论如有不慎，会被扣上反党反社会主义的帽子？为何他们在反右派斗争的惊雷还隐隐约约能听到的时候，又投身到一场新的政治运动中去？

没有经历过这段历史的人们，是无法对此作出解释的，就是那些亲历者们，恐怕也难以清楚地说出其中的原委。

也许可以这样解释，“右派”们被打得丢盔弃甲、落荒而逃，反右派斗争获得决定性胜利后，大字报这种曾被“右派”使用过的武器，已经不为“右派”所有，“右派”投降之后，也把手中的武器交过来，大字报也就成了无产阶级的战斗武器。还有，反右派运动虽然给广大知识分子以难以愈合的心灵创伤，但他们中的绝大多数人，对社会主义、对党仍抱着诚挚热爱和信仰，既然党（当然是通过党的各级组织）再次号召大家拿起大字报这个

◇ 1957年6月26日至7月15日，全国人大一届四次会议在北京举行。图为人大代表在小组讨论会上批判右派言论。

武器，向官僚主义、主观主义、宗派主义这“三害”开火，人们也就自觉或不自觉地投入写贴大字报的行列。

这仅仅只是事后的猜测。

值得一提的是，科学家也开始用他们写学术报告、学术论文的笔，写起大字报来了。到1957年11月中旬，中国科学院北京地区的52个单位，已有40多个单位陆续“鸣放”。仅据31个单位的统计，就有大字报5100多张。而中科院在上海的11个单位中，在两个星期内贴出了5000多张大字报。这些大字报中，有批判“右派分子”的，有提出要加强知识分子政治学习的，也有对中科院的组织机构、学术活动上的欠缺提出批评的。这是一个政治高于一切的时代，科学家们又何尝能远离政治！

写大字报的又何止工人、师生、科学家。在反右派斗争后转入的整改活动中，连解放军的各领导机关也出现了“鸣放”高潮。进入整改不久，解放军各总部、各军兵种机关的办公楼里、走廊上、墙壁上，贴满了几万张大字报。

三、大字报与“大跃进”

1.大字报上展开红专辩论

在反右派斗争接近尾声，整改大鸣大放尚在热火朝天的时候，“大跃进”的战鼓擂响了。

1957年9月至10月间召开的中共八届三中全会，除了讨论整风反右派外，农村工作是另一个重要议题。会上，有的地方领导人重提“多快好省”的方针，毛泽东听了很兴奋，因为他是赞同“多快好省”的。在会上的讲话中，他不仅改变了中共八大关于我国国内社会主要矛盾的判断，而且也改变了中共八大确认的在经济建设中既反保守又反冒进的正确方针，还指责1956年的反冒进扫掉了多快好省和农业发展纲要四十条，来了一个“右倾”，给右派进攻以口实。会议通过并公布了农业发展纲要四十条的修正草案，决定以讨论纲要为中心，在全国农村开展一次关于农业生产建设的大辩论，以推动农业的迅速发展。

1957年11月13日，《人民日报》发表了《发动全民，讨论四十条纲要，掀起农业生产的新高潮》的社论。社论对右倾保守作了严厉批评，并且说：

有些人害了右倾保守的毛病，像蜗牛一样爬行得很慢，他们不了解在农业合作化以后，我们就有条件也有必要在生产战线上来一个大跃进。这是符合规律的。1956年的成绩充分反映了这种跃进式发展的正确性。有保守思想的人，因为不懂得这个道理，不了解合作化以后人民群众的伟大的创造性，所以他们认为农业发展纲要草案是"冒进了"。他们把正确的跃进看成了"冒进"。

这篇社论用了"大跃进"一词，毛泽东对此非常欣赏。他说，这是个伟大的发明，这个口号剥夺了反冒进的口号。后来他在社论的批语中写道："如果要颁发博士头衔的话，建议第一号博士赠予发明这个伟大口号（即'跃进'）的那一位（或者几位）科学家。"

1957年11月，毛泽东率中共代表团参加在莫斯科举行的各国共产党和工人党代表会议。此间，苏联发射了世界上第一颗人造地球卫星，这给全世界的共产党人和社会主义者以巨大的鼓舞。乘此东风，赫鲁晓夫豪迈地宣布：苏联15年赶上和超过美国。毛泽东也在会上提出，中国15年钢产量赶上或者超过英国。

12月，刘少奇在中国工会八大上，代表中共中央正式宣布：中国15年在钢铁和其他重要工业产品的产量方面赶上或超过英国。

为了掀起一个大规模的工农业生产高潮，在1957年11月至12月，各省、市、自治区相继召开党的代表大会，以大鸣、大放、大辩论、大字报的形式批判"右倾保守"思想，同时组织和发动广大农民日夜奋战，掀起农业生产的热潮，揭开了"大跃进"的序幕。

1958年1月和3月，中共中央先后在南宁和成都召开有部分中央和地方领导人参加的工作会议。毛泽东在会上更加严厉地批评反冒进，批评周恩来、陈云等人，说反冒进泄了6亿人民的气，犯了政治方向错误。并且说，冒进是马克思主义的，反冒进是非马克思主义的。会议确定把"鼓足干劲，力争上游，多快好省"的口号，作为党建设社会主义总路线的基本内容。

南宁会议和成都会议标志着"大跃进"在全国范围内的全面启动。

为了配合工农业生产的"大跃进"，1958年3月3日，中共中央发出了《关于开展反浪费、反保守运动的指示》。指示指出，反浪费、反保守的群众运动，是一个社会主义的生产大跃进和文化大跃进的运动，是在全民整风运

人民日報

1957年10月
10

中共中央举行第三次全会

毛澤东同志在会上講了話，邓小平同志作整风运动的报告，陈云同志作改进国家行政管理体制和农業增产的报告，周恩来同志作劳动工資和劳保福利的报告，会議基本通过了全国农業發展綱要修正草案

武侯梨坚持参加田間劳动

社論 統計工作应

統計工作是計划工作的基础

在第二个五年計划期間要把統計工作大大提高一步

全国統計工作会議結束 李富春薄一波作了指示

◇ 1957年9月20日至10月9日，中共八届三中全会在北京举行。图为《人民日报》有关全会的报道。

人民日報

1957年11月
13

社論 發动全民，討論四十条綱要，掀起农業生产的新高潮

坚决实現农业斗争綱領

毛澤东同志赫魯曉夫同志会談

◇ 1957年11月13日，《人民日报》发表题为《发动全民，讨论四十条纲要，掀起农业生产的新高潮》的社论，号召批判右倾保守思想，第一次公开提出了“大跃进”口号。

动中改进整个国家工作和促进全民大干劲的一个带有决定性的运动。中央决定在两三个月的时间里，在全国进一步普遍地开展反浪费、反保守、比先进、比多快好省地建设社会主义的运动。当时，反浪费、反保守运动又叫“双反”运动。

高校的“双反”运动是伴随红与专问题的辩论进行的。

“大跃进”全面启动时，正值高校新学期。“双反”运动开始后，于是高校再次迅速卷起了一股大字报的狂潮。

大学本来是清水衙门，虽然也有浪费现象存在，但毕竟在物质上可反之处不多，所以“双反”运动的重点是放在红与专关系的辩论上。其理由是，高校培养的学生必须是又红又专，而且首先必须是红，如果只专不红，那么培养出来的学生对社会主义事业就无用，就是“废品”。高校在反右派运动中揭发出了那么多的“右派”，说明高校生产出来的“废品”何其多，这就是最大的浪费。

既然要进行红与专的大辩论，大字报也就再次成为主要的武器。

中共中央关于开展“双反”运动的指示一下达，北京大学就召开了万人师生大会进行动员。北大党委书记、副校长陆平在动员报告中说，北京大学目前还存在着两条道路的斗争和多快好省与少慢差费的矛盾，反浪费、反保守运动就是要解决两条道路和这对矛盾，要兴“无”灭“资”，改造思想，向着又红又专的道路“大跃进”。陆平还说，北大的浪费现象很严重，财力浪费尚有可靠数字，在人力浪费上，现在教授、副教授尚有20%不教书，培养出来的干部“废品”不少，仅拿“右派分子”来说，学生当中就出了514名，这是一笔巨大的浪费。

动员会一结束，不少人连饭都顾不上吃，立即张贴早已写好的大字报。结果仅一天的时间，北大贴出大字报近9万张，人均达9张之多。

随后不久，北大党委召开全校党员大会，党员干部以念大字报的形式，展开公开批评与自我批评。会上，陆平在作了讲话之后，朗读了自己的“和同志们携手并进”的大字报，其他党委委员也朗读了自己的一张或多张大字报。

这一次，一向不写大字报的教授们也充分发动起来了。副校长周培源教授白天工作很忙，就利用晚上的时间写大字报，“双反”开始后只有几天的时间，就写了30多张大字报，对一些教授的资产阶级思想提出批评。中文系教授魏建功亲笔写了10张大字报。北大在“双反”动员会后三天的时间里，共贴出了大字报16万张，200名教授、副教授共贴了2400多张大字报。

在“双反”运动中，“西瓜园”遍及校园是北大的又一特色。“西瓜园”也可以说是北大师生创造的一种展览大字报的方法。质量较高的大字报被称作“西瓜”，经过群众评选，把它送到“西瓜园”来展览。到1958年3月中旬，北大各系都建立了自己的“西瓜园”。化学系的一部分学生用28张大字报专门为老教授傅鹰组成了一个专栏——“请傅鹰教授吃西瓜”。中文系的“西瓜园”对教师的教学态度、教学内容、教学方法提出批评。法律系的“西瓜园”集中批判某些教授的旧法学观点。哲学系的“西瓜园”揭发了某些老教师的骄气和暮气。不仅学生给教师建立了“西瓜园”，许多教师也建立了“西瓜园”。为了使北大的“西瓜园”遍地开花，陆平为此在全校师生大会上发出号召：“大家动手建‘西瓜园’，大家去逛‘西瓜园’。”①

北京地质勘探学院的大字报也蔚然壮观，这个学校6000多名师生在一天内贴了4万张大字报。这些大字报的一个中心内容是响应院党委的号召，苦干3年，实现学校经费全部自给。

北京地质勘探学院有个班的29个学生，为了响应院党委的号召，决心在开学第一天就贴出150张大字报。普通地质教研室的马杏垣教授，一人就张贴了20多张大字报，连党委书记们在开“双反”动员会后，也顾不得休息，立即写起大字报来。

只过了一天，北京地质勘探学院的大字报就翻了一番。传达室的人告诉前去采访的记者：“昨天下午拉来的一车糨糊不够用，半夜又去拉了两吉普车来，大字报都没地方贴啦。”

看来北京地质勘探学院的大字报确实不少：马路两旁，房屋墙壁，席棚上，篱笆上，都贴满了大字报。就连唯一剩下的一条人行小道上，也摆着一本本用旧报纸订成的“大字报书”，这是因为实在找不出贴大字报的地方

---

① 《光明日报》1958年3月14日。

才想出的如此“窍门”。

北京农业大学在3月3日举行“双反”动员大会，仅在会前一小时就贴出了100多张大字报。

中央民族学院至3月3日，已贴出用汉、维、蒙、藏等文字书写的大字报10.2万张。

在上海，复旦大学在开学第一天便出现了2万张大字报。上海交通大学在“双反”运动开始后，贴出了40万张大字报，打掉“大交大”思想。华东政法学院在此间贴出了大字报20万张，华东师范大学贴出17万张。

在广州，中山大学在3月18日晚举行“双反”暨向又红又专大跃进“誓师大会”，3月20日，贴出的大字报即达7万张。

西安交通大学在3月5日召开“双反”动员报告会后，只过了两昼夜的时间，全校8000名师生共贴出大字报40万张，“集中对学校的浪费现象及阔气、骄气、娇气展开激烈的攻势”（《光明日报》语）。

重庆的西南政法学院和武汉的中南政法学院的大字报之多，更是令人咋舌。西南政法学院当时仅有1000多名师生，可是在两天之内贴出了12万张大字报（见1958年4月8日《光明日报》），人均达100张。如果说，不是记者的笔误和编辑的疏忽，这12万张之巨，确实在写大字报上放了一颗“卫星”，而当时的钢铁、粮食“卫星”还没有施放呢！

不过，比起兄弟院校中南政法学院，西南政法学院的大字报也就不足为奇了。据《长江日报》消息，中南政法学院在“双反”运动中大整大改，不到一个月，全院师生贴出40万张大字报，“猛烧”教学中严重存在着的教条主义、修正主义和旧法学观点。

中南政法学院的规模应该与西南政法学院差不多，这40万张大字报平均到每个人身上，真是一个不小的数字。人均几百张大字报，不用说糨糊要用车拉，大字报用纸至少也要40万张。保守倒是反了，然而浪费呢？“双反”运动的初衷之一是要反浪费，这么多大字报贴出去，就连纸张笔墨的浪费也不小啊。

不过，西南政法学院也罢，中南政法学院也罢，虽然它们的大字报够得上“卫星”级水平，但与清华园的大字报相比，那才真正叫“小巫见大巫”。

3月21日上午，清华大学召开全校师生“双反”动员大会。会上，各单位纷纷上台表决心。机械制造系主任李西山教授代表全系表示，机械系到中午要贴出12万张大字报。动力系技工李永禄代表工人表示了“在运动中不仅要很好地烧别人，还要勇敢地烧自己，人人作促进派，人人写大字报，人人不落后，今天贴出一万张大字报”的决心。会后，清华万余名师生“立即以雷霆万钧之势，掀起了规模空前的大字报高潮”，仅动员会的当天，清华园“已贴出一百万余张大字报”①。

好在这是一个只算政治账、不算经济账的时代，也是一个创造神话的时代。

在各学校铺天盖地的大字报中，到底辩论了些什么？请看《文汇报》1958年2月23日的一篇报道《复旦卷起革命旋风》：

> 一个群众性的反浪费、反保守、挖潜力、订规划的整改新高潮，正在复旦大学形成。昨天，是学校开学的第一天，师生员工就投入了这个运动，截至发消息为止一天就贴出了2万张大字报。这些大字报如浪潮般猛烈地冲击了学校的思想、政治、经济各方面的落后现象。
>
> 不少大字报批评学校里前一阶段的反浪费运动，只算了经济账，根本没有算思想账和政治账；即使经济账也没有算彻底。认为这是领导思想太保守的反映。这些大字报指出学校里最大的浪费是培养的人才不符合国家要求。学生中出现了不少右派分子，更多的学生在反右派斗争中有着严重的右倾情绪。这就给国家造成了无法估计的浪费，这笔政治账应该清算。大字报还指出，学生淘汰率高也是重大的浪费。化学系有张大字报揭发该系1958年在招生时共有280人，估计能毕业的只有210人左右。其中不少因身体不好或学习成绩不好而留级或退学的。大字报认为造成浪费的原因很多：主要是没有贯彻阶级路线，招生时审查不严，政治思想教育工作没有做好。教师对基础差的学生辅导不够等也是重要原因。群众建议招生应认真贯彻阶级路线，应允许工农速成中学优秀毕业生免试入学；在教学中应加强对工农成分学生和基础差的学生的辅导。

---

① 《光明日报》1958年3月22日。

人力浪费也是大字报揭露的内容之一。不少大字报指出各系教师都存在着程度不同的任务不足现象。有人指出：中文系有16个教授，但开的课不多，系里大部分教师工作量不足。有的老教师长期在家休养，也不分配轻微工作，潜力没有发挥。有一张大字报批评历史系教授、讲师任课时数实在太少，不少教师上课一学期，休息一学期。历史系陈守实、田汝康两人合写了一张大字报说："我们教授、讲师四人共同担任一门亚洲史课程，而兄弟学校则缺乏师资，我们愿意发挥潜力，支援他校。"谭其骧、耿淡如、蔡尚思等的大字报揭发了系里有些教授长期不开课也不做其他工作和有些不适宜教学工作的教师也不分配其他合适工作的不合理现象。他们认为，应该充分发挥潜力。

很多大字报批评了领导作风不深入、拖拉。群众对开展勤工俭学热情很高，干劲十足。但领导上还没有拿出具体办法，把群众组织起来，因此有张大字报的作者说他们是勤工俭学中的失业者，认为领导上在开展勤工俭学活动上是雷声大、雨点小。有好多张大字报批评学校领导上的拖拉作风。早已揭发的积压在各系的仪器、物资尚未处理，学生要求降低伙食费和补助费标准，领导上迟迟不作决定。他们说领导上这种保守思想，是在慷国家之慨。群众要求领导同志深入群众种"试验田"。新闻系三年级部分学生要求党和行政工作人员人人都钻一门科学，在短期内成为内行。他们具体要求党委书记杨西光提早实现规划，在一年内在课堂上听到他的"新闻学概论"课。

还有很多大字报上反映了师生自觉地要求改造和锻炼自己早日成为又红又专的工人阶级知识分子的奋发精神。贴出了成千张又红又专的个人规划。外文系全体团员教师贴出了他们又红又专的规划：要求有82%的人在今年内成为左派；俄文组全体团员教师三年内达到讲师水平；英文组团员教师两年内全部达到讲师水平。他们以此向全校团员教师挑战。不少教师检查了自己的又红又专规划太保守了，表示要重新拟订，跃进一步。中文系吴孝朗在大字报上检查道："我原来订的规划，内容是教条主义的抄袭，有应付'差事'的现象，原因是强调困难多，对工作信心不足，缺乏乘风破浪的革命干劲，保守思想严重。"他表示要迎头赶上。

在运动热火朝天开展之前，复旦大学党委会曾连续开了五次扩大会，检查了领导上的保守思想，不善于抓住萌芽状态的先进事物，对群众的积极因素估计不足，在工作中不善于抓住纲来带动全面。学校整风学委会和行政负责干部也开了联席会议，大家自我批评了各自的保守思想，讨论了发动群众开展反浪费、反保守运动的问题，这些情况在学校中传开后，群众的积极性大为高涨，成千成万张的大字报就贴出来了。

北京大学副校长、哲学家汤用彤先生用大字报写过一份决心书。决心书中说：

1. 坚决地争取做一个真正的又红又专的工人阶级知识分子。为着达到这个目的，我从现在起就下决心，不再以为思想改造是长期的，因而有所期待；更不再怕痛而躲躲闪闪，忸忸怩怩。“不破不立，不止不行”，因此我下决心把自己身上存在的白、灰、黑等腐朽思想，从现在起开始挖去，无论在工作中、生活中都向我那些长期存在的个人主义、保守思想、自高自大、以专家自居等资产阶级思想展开斗争。

2. 忠诚地服从党的领导，虚心接受群众意见。向党交心，向群众交心。我绝不是口头上说好听的话，而是坚决地毫不含糊地这样做。因此，在运动中欢迎全校师生给我个人提意见，我决心在行动上改进。

3. 在身体健康的情况许可下，我决心破除情面，打消顾虑，有话必说，决心做一个“双反”运动的促进派。①

如果说，汤用彤先生的大字报还仅是表示自己要积极参加“双反”运动的话，那么，北京农业大学兽医系主任熊大任先生则是用大字报进行自我暴露、自我谴责了。他在自己写的《不闻不问，官气十足》的大字报中说：

我系的浪费是惊人的，仅一个生理教研组就揭露出价值近八千元的器械。这些器械可以装备一个新的生理教研组。还有比生理教研组更阔气的教研组，浪费还要多。这些浪费现象很多是我不知道的……这些都证明了我在系里有着十足的官气。倘若能好好领导的话，浪费是可以避免的。

我自己有了摆阔气思想以后，就影响全系的同志们也有了比阔气比排

① 《光明日报》1958年3月12日。

场的思想。这都是拿劳动人民的血汗积累的资金大肆挥霍，证明自己对于劳动人民没有感情，我们身上还存在资产阶级思想。

有了上面“二气”之后，我系的设备的确是很阔气的。我还沾沾自喜地和其他兄弟院校比阔气、比骄傲自大，不以浪费国家资金为可耻。细想一下，倘若大家都像我一样把人民的财产浪费掉，我们的社会主义建设，哪一天可以建成！这种官气、阔气和骄气是同建设社会主义的思想背道而驰的，是资产阶级的腐朽思想。我已经下定了决心，要反掉我的官气、阔气和骄气，请同志们多多批评。①

这张大字报，其实就是一张自我“上纲上线”的检讨书。教研室的设备有些没有使用，造成了资金的浪费，也够不上是“大肆挥霍”劳动人民“血汗积累”的资金，而且也难以用这么一件事就证明“对劳动人民没有感情”。

这样的大字报，是发自内心的自愿，还是迫于形势的无奈，已经难以考证了。在有些人看来，中国的知识分子是“不听话”、“有反骨”的，从这张大字报上，能找到半点“不听话”和“有反骨”的影子吗？反右派斗争的时候，著名的“左”派人物、时任中共上海市委书记的柯庆施对“右派”、《文汇报》总编辑徐铸成讲过一段令知识分子们心惊肉跳的话。柯庆施说：“中国的知识分子用两个字可以概括，一是懒，平时不肯作自我检查，还常常翘尾巴；二是贱，三天不打屁股，就自以为了不起。”如果只有这么一个柯庆施也就罢了，问题是柯庆施不过是一个代表而已。

所谓教授们也起来写大字报了，不过是让教授们写思想检查罢了。

在“双反”运动中触目皆是的大字报中，有不少是揭批“右派分子”的。而高校学生中的“右派分子”，大字报则送给了他们一个屈辱的称号：“废品”。

北京师范大学中文系有一张题为《最大的浪费》的大字报，大概这张大字报写得颇有深度，所以还上了《光明日报》。

大字报说，有人认为中文系一无实验室，二无附属工厂，设备又少，就

① 《光明日报》1958年3月12日。

是几本书，似乎反浪费的油水不大。果真如此吗？大字报的作者说：非也！

那么，浪费又在哪里？

大字报说，中文系1957年毕业生中共有“右派分子”49名，培养了4年，按国家培养一个大学生每人每年约需2000元计算，共花费了39.2万元，加上二、三、四年级学生和研究生、助教当中的“右派分子”，共计浪费国家教育经费737018元（不知用什么方法计算得如此准确）。这些钱都是劳动人民的血汗，如果用来作伙食费，够5000个学生吃一年。因此，经济上的浪费是严重的。而他们在学校中散布的毒素对人民的危害，更是无法用数字来计算。

大字报说，中文系之所以有这么多“废品”，除了“右派分子”自身的阶级根源外，还在于中文系的思想政治工作和教学工作中存在严重的问题，因此有必要对反动思想进行彻底的揭发，把教学上、工作上的资产阶级思想来一个彻底的清除。

这样的大字报又何止一张！

按照当时的观点，不能给国家培养又红又专的人才，是最大的浪费。这要是笼统而言，似乎也有道理，可什么叫作又红又专？怎样才是又红又专？当时并没有具体的标准，最权威的解释是毛泽东在《做革命的促进派》中的一段话：

> 政治和业务是对立统一的，政治是主要的，是第一位的，一定要反对不问政治的倾向；但是，专搞政治，不懂技术，不懂业务，也不行。我们同志，无论搞工业的，搞农业的，搞商业的，搞文教的，都要学一点技术和业务。我看也要搞一个十年规划。我们各行各业的干部都要努力精通技术和业务，使自己成为内行，又红又专。①

既然政治是第一位的，所谓又红又专，关键是红，其次才是专。“右派分子”当然无红可言，自然被划入“废品”之列。“右派分子”中又有几个真右派？可怜这些被划为“右派”的年轻学生，不但头戴一顶沉重的“右派”帽子，受到各种程度不同的处分，而且还受到昔日同学的大字报鞭笞，被视

① 毛泽东：《做革命的促进派》（1957年10月9日）。

为对社会主义毫无用处的“废品”，丧失了起码的人格尊严。

更有甚者，北大化学系还别开生面地举行了一次1956年毕业生“废次品”展览。“右派”毕业生是“废品”，那些虽未被划为“右派”，但资产阶级思想严重、政治落后，被认为有这样那样问题的毕业生则被作为“次品”。把这些人的表现陈列出来，以此来揭露培养人才的严重浪费。

大字报不仅在红专辩论中威力无比，而且还可以改善人际关系。不信？请看“双反”运动中发生的一段小插曲。

新华社1958年4月21日的一则电讯中说，北京大学和中国科学院语言研究所同时出现了一张大字报，使高名凯和吕叔湘两位语言学家言归于好了。

原来，在“双反”运动中，北京大学四年级六个学生联名给高名凯教授贴了一张大字报，提到他和吕叔湘关系不好，高名凯为此作了一些解释。接着中文系的师生又批评了他的骄气。他当晚就写了一封信给吕叔湘，要求互相交心。吕叔湘回信说：“你的行动感动了我。”他们约定在中文系教授魏建功家里交心。

在魏建功教授家里，高名凯检查了自己的骄傲情绪，吕叔湘也谈了双方在学术问题讨论中的某些误会。经过交心，误会冰释了。两人从8点一直谈到12点半，讨论了目前改进语言科学的问题，并且联名写了言归于好的大字报。

两位语言学教授的大字报说：“过去几年我们两人中间曾经有过一些误会，但是两人都不急于解释，以致愈形隔阂。现在在伟大的整风运动中，我们恳切地交谈、彼此交心，过去一切（误会）都已烟消云散，我们愿从此成为亲密的战友，共同为推进我国语言科学而奋斗。”①

像这样的大字报，在“双反”运动铺天盖地的大字报中，并不多见。

2.用大字报“搞臭资产阶级个人主义”

“双反”运动开始后，大字报除了进行红与专关系的辩论外，还被作为

① 《光明日报》1958年4月22日。

“搞臭资产阶级个人主义思想”的锐利武器。

“双反”运动其实也是知识界“红透专深”的运动。怎么才能红透专深？答案是必须破除思想障碍。那么，这个障碍又是什么？答曰：资产阶级的个人主义。

《人民日报》曾为此专门发表过一篇社论，题目就叫《搞臭资产阶级的个人主义》。社论说：

> 目前，资产阶级个人主义思想还严重地束缚着许多知识分子。那些骗人的“为科学而科学”啦，“为艺术而艺术”啦，“个人自由”啦，“清高”啦，各种口号不一而足。这些口号带有很浓烈的麻醉作用，在这种口号之下，知识分子自我陶醉了，它麻醉了自己，又麻醉了青年一代。党和政府的号召，历次的政治运动，对这些麻醉了的人们来说，曾清醒了一下，有一部分人确实清醒了过来。但是大多数人，在不同程度上还在陶醉着。资产阶级个人主义思想在许多地方，还有唱和，还有一些市场。“双反”运动以来，资产阶级个人主义思想受到了大字报烈火的燃烧。这是给资产阶级个人主义思想来一顿“杀威棒”，把威风打了下来，这是必要的。

社论说，资产阶级个人主义思想确实极臭，臭在什么地方呢？比如，有的教师为了个人多拿几百元的稿费，出点小名气，把主要精力放在写稿译稿上，对国家交给他的教学任务却敷衍了事，让成百的社会主义接班人浪费了大好时光，在学校里得不到真才实学。又比如，有人为了多拿到几个钱，他们所译所写的稿子粗制滥造，文理不通，并且把许多有毒的思想通过写稿译稿，流传到广大读者中去。更有甚者，他们学识浅薄，搞不出什么名堂，却自己装作学者专家，背地里东拼西凑，干些个偷窃勾当！这些都是在资产阶级个人主义思想指导下干出来的。

社论进一步说，资产阶级个人主义的表现虽是形形色色的，但万变不离其宗，根本问题是从个人名利出发，而不顾国家和集体的利益。因为“个人主义严重的丑恶的思想在妨碍着许多知识分子的进步”，所以要彻底地把它的“丑恶面目揭露出来”，把它“又脏又臭的本质摆到光天化日之下”，这样才会使那些受资产阶级个人主义思想麻醉的人们清醒过来。[①]

很明显，所谓“资产阶级个人主义”已变成了知识分子的专利，要搞臭的正是知识分子的个人主义思想。“搞臭资产阶级个人主义”的过程，在一定意义上讲，也就是搞臭知识分子的过程。

自然，大字报又在“搞臭资产阶级个人主义”的活动中派上了用场。

利用课余时间写作、翻译曾被当作“资产阶级个人主义思想”的表现之一，这也是大字报烈火焚烧的一个重点。

中国人民大学的一张大字报揭露说，有一位教师教学任务不多，却没有教好课，1956年在经济系任教，学生反映不大好。明天有课今天才备课，丢三落四，讲稿凑不齐全，汽车上闭目一思，课堂上就夸夸其谈。

如果这位教师仅此而已也就罢了，问题在于他思想上还有问题。毛泽东说美国是纸老虎。而这位教师在上课的时候却说：1亿吨钢铁（美国年产钢超过1亿吨）岂能是纸老虎？而且还标新立异，500万吨偏偏要写成5000千吨；别人在讨论如何处理右派，他却在会议桌上拿着俄文本翻译讲稿。

仅就这些方面，与个人主义还是搭不上界的，大字报揭发说，此人教学工作虽然不好，但翻译的东西却不少，大小文章不算，仅是专著就不少，大字报质问道：“你到底是教员，还是翻译？”

文章写得多，著作出得多，再搞点翻译，就成了“资产阶级个人主义思想”，好在那时评职称对著作看得不重要，不像如今，没有专著，没有论文，可别想评上教授。

敌我不分也是“资产阶级个人主义思想”的表现。中国人民大学一位教师在大字报上说，资产阶级个人名利思想使他从政治上不能识别人，造成敌我不分，丧失立场。原因是一年前，一个“右派分子”（那时还没有划为“右派”）找他合译一本书，当时也知道他作风不好，工作不好好干却尽搞翻译，但贪图稿费还是同其合作了。后来此人成了“右派”，自己不但没有同他划清界限，反而同他来来往往，互相商量译名统一问题，还想把书印出来。大字报的作者说，自己的资产阶级个人主义思想已是很“严重”。

---

① 《人民日报》1958年4月13日。

稿费拿多一点，也成了“资产阶级个人主义思想”作祟。北京大学有一张大字报，题目叫作《叶公外传》，是用小说的体裁写的，内称：

话说公元1956年，有一次专题讨论会上，忽有一学子开言向叶公道：“先生，你大概整日在写稿，拿到稿费颇多吧？”叶公默然有顷，徐徐离席而言曰：“20元、50元都有！”言下面有得色。该学子继续问道：“如此说来，我师发表的论文想必不少。”叶公侃侃而言曰：“我最初之论文，悉在学生时代所发表，仅此一篇，即得稿费20余元。”这时只见叶公越说越起劲，向黑板方向跨前一步，继续说道：“我现在要得100元、200元，还要得1000元。”此言一发，哄堂大笑。有人以诗记其盛，诗曰：

“求知欲望强，师生聚一堂，
学生苦哀求——开讲。”
“弟子想写稿，有事不知晓，
特来求吾师——指导。”
“伍元别嫌多，拾伍也不少，
若得一千元——更好！”
“言罢哈哈笑，眉飞眼又跳，
谁是刺激物——钞票！”①

这张大字报后来被登在一家颇有影响的大报上。大字报的作者得没得稿费不得而知，如果得了稿费的话，不知其有何感想。

中山大学历史系有四位全国知名的教授：陈寅恪、刘节、梁方仲、岑仲勉。在“双反”运动中，后面三人被辟出“大字报专栏”，每个人都被贴数百张大字报，其中梁方仲的大字报最多，超过2000张。

这四位教授中，名气最大、在史学界地位最高的是陈寅恪。毫无疑问，陈寅恪是“白专”的典型，当然也躲不过大字报的烈火。在前面三位“白专”典型烧得差不多后，一张又一张的大字报射向这位全国数一数二的史学大师，掀起了自1957年夏季反右派以来中山大学调子最高的一轮大字报狂潮。②

---

① 《光明日报》1958年4月22日。

② 陆键东：《陈寅恪的最后二十年》，生活·读书·新知三联书店1995年版，第241页。

◇ 陈寅恪在中山大学校园内寓所。

据北京大学的大字报揭露：很多教授走着只专不红的老路，并且力图引导青年跟他们走。事实上，确有不少年轻的师生误入歧途。不少人想走多专少红的所谓“粉红色道路”，即在政治上做一个“中间派”。

既然问题如此严重，而根源又在“很多教授走着只专不红的老路”，不用说，教授们也就成了“资产阶级个人主义思想”的代表，成为应集中大字报火力加以轰击的重点。

这时，“大跃进”已进入高潮，盛行“插红旗、拔白旗”，在知识界，一些被认为有“资产阶级个人主义思想”的高级知识分子，也被作为“白旗”拔掉，使其树起“红旗”。

北京大学西语系教授李赋宁就经历了一番“拔旗、插旗”的经历。

李赋宁出身世家，是著名水利学家李仪祉的儿子。新中国成立后，他放弃国外优越的生活条件，回到百废待兴的祖国，先在清华任教，院系调整后到北大西语系任教。

在西语系，李赋宁终日坐在图书馆，以治学勤恳而受到学生们的尊敬。多少年来，他一直抱着把知识献给“人类知识的总和”的抱负，曾不无感叹地说过，一个人倘若不存在血肉之躯，只有一副永恒的灵魂，不为饥寒奔走，不与世俗往来，专力于治学该多好。他希望自己能活到80岁，每年开一门新课，然后到八十之寿，再来一个学术上的总融会贯通。作为一个旧时代过来的、又接受过西式教育的知识分子，无疑在潜意识里存在着“为学问而学问”、“为兴趣而学问”的观点。正因为如此，他也是“一个彻头彻尾的持着资产阶级观点的学者”（《文汇报》记者语）。

从美国回来，李赋宁经历了一系列政治运动。抗美援朝之际，他在报刊上撰文，就他在美国之见闻，揭露美国的丑恶面目。他爱祖国，不容祖国的安全受到威胁。他说：“我对祖国的一切都满意，对眼睛看到的一切都感到幸福。”

“三反”运动时，李赋宁参加了一家电缆厂对不法资本家的斗争，觉得资本家十分可恶。他还参加了历次思想改造运动。他自己说，参加反右派斗争后，“自己的政治觉悟大大提高了一步”。即便如此，他还是被认为“骨子里顽固地保持着资产阶级的一套”。

“双反”运动开始后，很多人给李赋宁贴了不少大字报。其中一位哲学教授揭发他曾经劝一位研究生去西方国家留学，说他没有考虑到这样做可能培养为帝国主义服务的人才，这是丧失阶级立场的表现。有的大字报揭露他在学习苏联问题上持错误态度。有的学生还到外面去作调查，然后给他“送西瓜”，即送批评大字报。这时，李赋宁感到已竖起的是“白专旗子”，决定“重新树起一面无产阶级的全心全意为工农服务的又红又专、红透专深的旗帜”。在“双反”运动的烈火中，把旧我完全毁掉，彻底得到一个新生。[①]

当年有报道说，北大历史系古代史教研室主任邓广铭教授，是我国知名的宋史专家。过去他自称“甘心做中间派”，只想安居于“中游”，几年前也一度想钻研马列主义，由于思想上格格不入，觉得越钻越难，钻不进去，却又因畏难而想苟安，想抱残守缺去重理他的旧业，“翻翻老箱底”，搞自己那一套文化遗产，从此就认为自己还有老本可吃，不走马列主义的道路也行。

“双反”运动开始后，邓广铭的学生纷纷写大字报批评他。起初，他看

① 《文汇报》1958年4月21日、5月8日。

到批评自己的大字报，只是摇头笑笑，认为群众的看法不尽符合于自己的真实情况。后来大字报越贴越多，“锋芒直指邓广铭在教学上的资产阶级路线”。大字报上写道：

——邓先生布置学年论文时，首先教导我们学历史要掌握四把钥匙——职官、年代、地理、目录学，就是忘记了马列主义这把金钥匙。

——邓先生教我们要做历史学家就要阅读大量古书，指导我们做历史人物年表，开了一大批古籍作参考。可连俄国马克思主义者普列汉诺夫的名著《论个人在历史上的作用》都不介绍，这不是把学生引向古籍堆象牙塔吗？

——什么是科学研究呢？邓先生说：譬如把《资治通鉴》记载唐史部分，拿来和新旧唐书等书中的记载加以比较，加以考证，得出结论，这就是历史研究。这不是资产阶级史学家的研究方法？

看了这些大字报，邓广铭深深感到了“原有的旧货没人要了，没有马列主义行不通”，一想到要学马列主义，又觉得困难重重。带着这种矛盾心情，他参加了历史系的“双反”大会。会上，他虽然发了言，可对自己的问题却没有勇气表示意见，“使许多人为之失望”。第二天，学生们又给他贴了许多大字报。他所在的古代史教研室也开座谈会对他进行帮助，他又参加了党员的批评与自我批评会，看到党员们都能“引火烧身”，批评自己，也批评他人，感触不小。参加会议后，邓广铭立即写了一张《以今日之我与昨日之我战》的大字报，认为“昨日之我是一个资产阶级的个人主义者”，表示要向同志们交心，向党交心，要用烈火把全身的脏污烧尽，在政治上向左转，力争上游，学术上要做一个马克思主义史学家。①

李赋宁、邓广铭两位先生在这场“搞臭资产阶级个人主义”的运动中的“转变”，真实的情况恐怕没有宣传报道上所说的那么轻松。当年中山大学批判陈寅恪的大字报中，就留下了“拳打老顽固，脚踢假权威”，“烈火烧朽骨，神医割毒瘤”等语，并说陈寅恪的所谓资产阶级史学方法，“和在一个僵尸身上穿上华丽的衣服”，“结果仍不改变其为死人一样”。这实际上

① 《文汇报》1958年4月18日。

已不仅仅是思想批判，而是对史学大师的人身辱骂了。

在不少大字报里，“师道尊严”、“尊师爱教”的礼节已荡然无存。稍有学术地位的教授、副教授，因为身上有“资产阶级个人主义思想”，受到自己年轻弟子的无情驳斥，甚至成为其讽刺、嘲弄的对象。在北京大学的一篇题为《名教授的“金玉良言”》的大字报里，教授简直成了只知挣稿费的金钱动物。大字报曰：

一个星期天的下午，几个低年级的同学，带着无限崇敬、景慕的心情去拜访一位名闻全国的教授，这就是那位教授同学生谈话的记录。

学生：您写过不少成就很高的文章和出版过几本名著，请问您是如何治学的？过去在大学时，你是怎样学习的？

教授：学习没有什么秘诀，完全靠自己努力，也就是个人奋斗；要钻，钻到书箱里去。只有苦下功夫，充分地掌握资料，才能真的学习到一些东西，也才能得到学习上的成果。

学生：您的第一篇论文是什么时候写的？

教授：在大学二年级时，我对庄子发生了特别的兴趣，所以除了上课以外，就整天钻到图书馆里，搜集有关庄子的资料。到三年级时，我连续发表了两篇关于庄子的学术论文，大四时，就写了《庄子概论》这本书。

学生：那不影响其他功课吗？

教授：一个人精力有限，要想在某一方面一鸣惊人，就不能什么都兼顾。当时，我的其他功课的确并不是怎么好。

学生：您最近出版的那部关于陶渊明的书，杂志上有不少批评文章，您看了以后，有些什么意见？

教授：他们不学无术，却打肿脸充胖子，随意批评这，批评那，我不值得和他们较量，沉默就是回答，反正（沉默了一会儿），反正一万块钱稿费拿到手了。

学生：武汉某教授写的那本研究陶渊明的书，它的价值如何？

教授：虽然我没看，但据人说，这本书错误百出，窃取别人成果，是一本学习价值很低的书。听说你们不少同志买了这本书，真是浪费。以后，你们买书，最好是对那本书有了肯定再买。

学生：我们三番五次请您给我们开课，您为什么不答应呢？

教授：基础课不一定要教授讲，而且我很忙。

学生：您最近不是连续发表了好几篇作家论的学术论文，每周五节课的讲授，不会抽不出时间吧！

教授：专家主要应该搞学术研究，这样贡献就更大一些。何况我有时忙得只好让助教、研究生代我写约稿的文章，我只署名，稿费完全归他……

学生听到这里都茫然了，一个粗莽的矮个子，莽撞地问道：

这合适吗？

教授没想到有人反问他，脸红了，无言可答，稍等一会，才慢慢地说：

很对不起，我还有篇文章未脱稿，明天一定要寄走，我……你们以后再来吧！

几个学生面面相觑，为了不打扰教授的工作，只好告辞而出。①

这个所谓"搞臭资产阶级个人主义"的运动，真正搞臭的不是个人主义，而是知识分子。不仅搞臭了高等学校里的教授、副教授，也搞臭了科研院所的研究人员和工程技术人员。1957年反右派斗争的结果，给知识分子重新戴上了资产阶级这个紧箍咒；而1958年的"双反"运动，则是剥去了知识分子身上的最后一点光环。虽然此时尚未出现"反动学术权威"的名词，但知识分子本已不高的地位更是一落千丈。名义上，仍在强调又红又专，实际上，"红"成了至高无上，"专"则动辄被指责为白专，又红又专几乎演化为只红不专了。

"双反"运动中，大字报被广泛使用。为了揭批老师们的"资产阶级个人主义思想"，学生可以随意使用大字报对老师进行批判，不仅使教师失去了应有的尊严，而且使中华民族的尊师重教传统遭到了严重破坏。

3."写一份大字报就是对社会主义的一份贡献"

1958年春天开展的"双反"运动，其范围自然不只限于高等学校，机

① 《光明日报》1958年4月22日。

关、工厂、中小学乃至民主党派都成了“双反”的战场。大字报在这些地方再度蔓延开来，并显现出泛滥之势。

中央国家机关无疑是“双反”最有“油水”的地方，也就成了大字报的一个重点战场。

这时的机关大楼里，出现了许多这样的标语：“本机关大字报很多，严禁烟火。”中国人本来喜欢张贴标语，但这样的标语倒是第一次出现。

大字报“很多”，多到什么程度？墙壁上、门窗上、楼梯上，以至办公室里，到处贴满了大字报。等到无处可贴时，干脆在走廊里拉几根绳子，在上面挂上一串一串的大字报。

大字报被当成机关“双反”运动的温度表，哪个部门的大字报多，哪里的运动就搞得深、搞得透，说是“千千万万张大字报之花，结出千千万万颗丰硕的果实。大字报一问世，机关的民主生活就异常活跃，工作就有起色，人民的精神面貌就大改观。许多长期不能解决的问题，大字报一轰，很快就得到解决”①。一时涌现出了一批大字报促进工作、减少浪费的典型。

水电部财务司曾多次建议财政部工业财务司对水电自营建设单位实行企业利润分成制度，过了几个月，财政部工财司一直没予考虑。“双反”运动中，水电部财务司的人写了一张大字报送去，问题很快得以解决。

对外贸易部中国进出口公司每年都要从国外进口大批的润滑油，很早就有人建议用轻型铁桶装油，但公司的领导一直没重视这个意见。这次，群众贴出大字报对此提出严厉批评，领导终于采纳了群众的建议，决定采用轻型铁桶装油，一年就可为国家节省49万卢布的外汇。

国务院第五办公室准备召开一个全国性的会议，在北京饭店租了大批的房间准备给出席会议的人员住。有人计算了一下，如果改住中级旅馆，可为国家节省7000元。于是向领导提出建议，但第五办公室的领导认为参加会议的都是比较高级的干部，按国家规定可以住北京饭店，不准备更改。口头建议不见效，就改用大字报，群众写了一张大字报贴到了主任办公室的门口，大字报的标题用大字连写了三个“火急”。这一下领导终于急了，同意改

① 《新华半月刊》1958年第8期。

住中级旅馆。

机关的大字报不但烧到领导身上，也烧到了一般干部身上。

一机部第二设计院的技术员张某，写了一张大字报批评同院的另一个工程师李某，称他是“灰色工程师”，批评他有严重的个人主义。大字报的结尾还写了一首诗：“为老婆积极奋斗，暮气重个人主义，轻政治只专不红，再如此前途完蛋。望李公少安毋躁，低下头扪心自问。从此后痛改前非，为祖国贡献身心。”

大字报贴在办公室里，李某看到后暴跳如雷，说这是对国家干部的诬蔑，并且要把这张大字报撕掉，只是在办公室的工程师和技术员的反对下才没撕成。

李某在院里的名声一直不大好。一次，他到医务所看病量体温，把一支温度计打碎了。按规定他应该赔偿，可他说是喉头发痒，气促起来也禁不住，神经一紧张，牙齿一合就咂破了，是属于不可抗拒的病态原因造成的，没有赔偿责任。事情本来不大，但当时就有人贴出了一张大字报，希望他不要做与自己身份不相称的事情来。当院里的人都申请下放锻炼时，他却写大字报强调自己的困难。

鉴于李某的这些表现，办公室的人又给他写了许多大字报，呼吁“救救他”，要他加紧改造自己。并警告他，如果不改正严重的个人主义，就会被从前进的队伍中拉下来。

大字报的警钟终于敲醒了李某，他不但表示接受大家的批评，而且还写了几十张揭发浪费的大字报。①

在“双反”高潮中，粮食部财务司的翁某，一人写了514张大字报，创下了粮食部写大字报的个人最高纪录。翁某写大字报的经历，是这场大字报高潮中的一个缩影，颇能反映当时全国难以计数的大字报是如何写出来的。

“双反”运动之初，翁某虽然也听了部领导的动员报告，但印象不深，而且认为部里不过是有点行政经费，反浪费没有什么可反的，因而一开始他

① 《新华半月刊》1958年第8期。

的劲头并不大。动员会后过了三天的时间，他才“零零落落”地贴了8张大字报，而且内容多属厕所漏水、电灯未关等芝麻性的小浪费。

翁某写大字报“劲头不大”的时候，调运司的团员们劲头却很大，9名团员在两天内共写出了142张大字报，翁某才感到自己落后了。这时，财务司提出了“赶上调运司”的口号，于是翁某积极行动起来，把自己想到的部里的浪费现象全写出来，一个上午一口气写了15张。

翁某毕竟只是个小职员，了解的情况就那么一些，该写的都写了，下一步怎么办呢？

正在翁某犯难之际，司里的领导到科里来指导反浪费，共同搞大字报。几位司长提示说，从全国粮食系统找，从报表资料里找，要求大胆揭露、无情揭露、坚决揭露。这一下使翁某茅塞顿开，他所负责的会计工作就有条件掌握全国粮食系统的全部财务收支情况，他便想起了平时报表中看到的、出差中接触到的粮食系统的浪费现象。这一下，他心中有底了，在财务司的动员会上，他表示要向调运司挑战，在春节前再写25张大字报。受到表扬的调运司人均大字报才十几张，翁某个人就达25张，应该是够先进的指标了。

可是出乎翁某的意料，他虽在春节前大大超过了25张的指标，共写了41张大字报，但在部里的评比中，前三名中却没有他的名字。原因是粮食部的人都在动手写大字报，个个都想争先，形势发展太快了。翁某决定急起直追，除夕那天放假，他也没有马上回家，而是在司里查资料，翻档案，写大字报。这样一直忙碌到晚上9点多钟。

大年初一那天，翁某也惦记着写大字报，去城东的科长家拜年也只坐了一会儿。初二、初三两天里，他就去了办公室写大字报。为了节省回家吃饭的往返时间，干脆把干粮带到办公室吃。这两天的时间里，他共写了81张。

初四、初五是星期六和星期日，翁某照例留在办公室。星期日下午4点钟家里告诉他来了客人，他让妻子接待，直到6点钟才回家，送走客人后已是晚上8点多，他又回到了办公室。从星期六晚上到星期日晚上，他又写了168张大字报。

据说，翁某的大字报揭露了不少严重的浪费现象。他在查报表、查档案的过程中发现：上千吨面粉因管理不善而变质；一个长途电话打了4小时；四川省粮食厅的一位工作人员由于工作粗枝大叶，把40万元的粮款调拨错了而造成资金积压。仅翁某一个人的大字报，就揭发了1亿多元的浪费。[1]

翁某辛辛苦苦写了这么多大字报，其实真正产生了作用的又有几张呢？应该说，翁某还是幸运的，他写大字报的事迹还被登到了《中国青年》杂志上。在当时，每个单位都会贴出成百上千、一叠一叠的大字报，除了极个别的产生了一定的作用外，真正对消除浪费、改进工作、加强团结、促进思想转变的恐怕不会很多。那时，把大字报的作用看得神而又神，吹得玄而又玄。实际上，除了浪费大量的人力、物力外，就是人为地制造人际关系的紧张，助长了虚假浮夸的作风。

1958年春的“双反”运动中，中小学的大字报狂潮更是大涨。上海仅徐汇区一个区在2月24日至26日三天的时间里，贴出大字报就达80万张。用上海《文汇报》的话说：“教师们的革命干劲从写大字报中充分表现出来。他们大多是通宵达旦，手不停挥。”[2]

为了写大字报，上海有的教师干脆把铺盖搬到学校来。女教师把孩子带来学校喂乳，顿时涌现了一批写大字报的能手。邑庙区建信初级中学一位姓钱的老师一个晚上一口气写了400张。今天的人们看到这个数字时，一定会怀疑写错了，或者是自己看错了。400张大字报，如果每张50个字，也有2万字。一个晚上写2万字，而且是用毛笔写的大字报，恐怕只有在那个年代才能创造出如此奇迹。上海干部文化学校也创造了人均大字报最多的奇迹，人均达227张。此外，黄浦区河南初级中学39位教师写了4027张；新成区六十一中学、育才中学等校均超过1万张。格致中学数理化组的一位老师代表全组表示：要在这次运动中做左派、促进派，保证完成万张大字报。并说：“写一份大字报，就是对社会主义的一份贡献。”这样的大字报，已经成为为写大字报而写大字报，哪有那么多的问题可以揭露，哪有那么多的

① 《他写了五百多张大字报》，《中国青年》1958年第6期。

② 《文汇报》1958年2月27日。

意见可以提？不知那1万张大字报是否兑现了？一个中学的教研组，充其量不过几十人，也写如此多的大字报，恐怕连上课、备课都难顾上了。好在此时浮夸风已经刮起，各种大话尽管说，并没有人来认真地查对。

◇ 1958年2月，中共上海市委整风领导小组在上海邑庙区召开现场会，掀起了全市机关反浪费、反保守运动的高潮。图为该区税务局贴出的大字报。

在大字报高潮迭起之际，连学校的事务员也大写大字报了。上海徐汇区沪光中学一位事务员，为了节约大扫除用水，和一个工友用一天工夫挖了一口井，同时写了80张大字报。

进入1958年，工矿企业的大字报也是有增无减。天津市广播器材厂在“双反”运动开始后，一夜之间贴出了7万多张大字报。上海一周之内就有3300多个企业88.5万名职工贴出大字报3000多万张。

“双反”运动中的大字报风浪也波及民主党派。

中国农工民主党在1957年7月受到毛泽东的点名批判，说它与民盟在“这次惊涛骇浪中特别突出”，被划为“右派分子”的成员不少。经过这一次暴风骤雨，农工党在“双反”运动中，写大字报速度最快，力图以大字报实现自我改造的“大跃进”。从1958年3月1日至3日，农工党中央领导人每人平均贴出大字报3.25张，一般干部每人平均6.75张。在10天的时间内，农工党的中央领导人和一般干部共贴出大字报1600多张，人均20多张。

农工党中央大字报的内容，集中在肃清章伯钧、黄琪翔、李伯球“右派集团”的影响和一些领导人与他们的关系问题上。农工党中央的领导曾向中共中央和毛泽东表示，决心搞好整风，实现跃进，并保证在整风期间每人至少贴30张大字报。

人均30张已经不少了，但农工党的干部们对此仍不满足，他们向该党中央领导贴大字报，要求领导贴出的大字报做到多、快、好、省。“多”就是每人多加1倍，超额完成30张；“快”就是整风不一定要3个月；“好”就是质量高，张张有揭发、有检查；“省”就是要言简意赅，言之有物。

民盟中央从3月5日至3月12日，共贴出大字报1100张。

民建中央64人在10天内出了大字报700多张，并且仍在组织干部竞赛，保证在3天内超过1000张，且做到量多、质高、鸣深、放透。

民革中央领导小组为了推动大字报，还特地召开一次会议。民革中央的几位负责人提出，自己的大字报要在质量和数量上超过中央的一般干部，而且民革的大字报要超过已经走在前面的兄弟党派。要多出大字报，欢迎大字报，这就是在思想改造上力争上游和交心的具体体现之一。个别领导在会上说，尽管人家贴我的大字报，但自己决不回贴别人。结果，这种说法被认为是消极的促退意见，立即受到了批评。

民进中央领导人带头写大字报。王绍鏊、许广平、杨东莼等领导人都写了大字报。尽管如此，大字报的数量仍落后于其他党派。从1957年10月25日至1958年3月12日，民进中央总共只贴了480张大字报，而许多党派已经超过了1000张。于是，他们决定急起直追，并制定了每人40张的指标。杨东莼在大字报中说：“人人动手写，争取10天突破800张。”其他领导人也在大字报里保证，每天安排一定的时间写大字报。

九三学社中央领导人曾开展过一次写大字报的突击，10个中央委员连夜写出了54张大字报。①

写大字报之风波及民主党派，是因为大字报被认为是社会主义民主的

① 《光明日报》1958年3月13日。

重要表现，是发动群众整风的良好形式。大字报的多寡，往往被当作整风是否深入，群众是否发动的一条重要标准。

民盟天津市委员会还为此创造出了民主党派运用大字报整风的经验。

开始，民盟天津市委“对民主党派进行根本改造的深远意义认识不足，对工作的考虑比较简单”，认为在整风中采取几次辩论就行了。对于采取大字报的形式来发动群众鸣放的方法，多数人抱怀疑和抵制的态度，一是担心盟员不了解市委工作情况，不会提出很多意见，更提不出关键性问题；二是觉得盟员分散在许多单位，写了大字报往哪里贴，往哪里看？

民盟天津市委对大字报的这种态度，遭到了一些盟员的批评，认为这是领导没有决心发动群众整风的体现。后来民盟市委领导意识到大鸣大放、出大字报是对自己的一场严峻的政治考验，这才下决心发动群众贴大字报。

领导决心一下，下面的大字报就立即送来，就连那些刚入盟的新盟员也在大字报中提出了“很深刻、很尖锐，也很中肯”的意见。这便证明了正是因为成员分散，民主党派整风采取大字报的形式才更有效。大字报形式灵活，不受时间条件的限制。尽可背对背地提意见，畅所欲言，不致碍于情面，又有面对面提意见的作用，每位领导人都可以随时到市委看大字报。

开始看到大字报，尤其是看到对自己进行批评的大字报时，一些民盟天津市委领导感到紧张，很少有人对大字报表示鼓励、欢迎，而是忙于解释，进行辩解，甚至表现出抵触情绪。后来，整风领导小组对此专门进行讨论，进行批评与自我批评。经过思想斗争，提高了认识。主任委员张国藩说：“批评就是帮助，批评的面越广，内容越尖锐，越醒目，对受批评的人帮助越大。大字报就是这种有力的武器。”

领导觉悟一提高，群众也就发动起来了。其基本做法：一是动员全体盟员“大鸣大放”；二是“左派”和骨干带头；三是采取具体措施，不断发动群众。民盟天津市委有一位副主委、一位专职的副秘书长专管大字报工作，并对大字报进行代抄、代写、管取、管送，将大字报集中贴在市委机关，也选择一部分登在内部刊物上。大字报越来越多，反映的问题、挖掘出来的缺点和错误也就越来越多，从而充分证明大字报“在民主党派内开创了批评与自我批评的风气，造成了一种生动活泼的政治气氛”[①]。

贴大字报也贴出了一些滑稽的事情。

少年儿童出版社在“双反”初期大字报不多，后来由于有人贴了社领导的大字报，引起了社领导的重视，出现了上上下下齐写大字报的局面。结果，这个只有115人的单位贴出了18万张大字报，以致造成了“在走廊里、饭厅里，行走困难”（《文汇报》记者语）的地步。社里互相批评的大字报，有的叫“放”，有的叫“烧”，有的叫“送”，揭发自己的则叫“自焚”。

有一对夫妇都在少儿社工作，男的贴了女的一张大字报，说他晚一点回来，女的就有怨气，这是雇佣观念，不能以社为家。女的反贴男的一张大字报，说他不安心编辑工作，要搞创作，做剪纸工作是纯艺术、超政治的，要他做检查。他们原来的批评限在家里，也贴小字报，贴在床头，现在改为大字报，贴到墙头上。

中山大学历史系也有一对因贴大字报而知名的“革命夫妻”。妻子站在“革命立场”，一连给丈夫贴了四张大字报，以示大公无私，并就此被《中山大学周报》表扬，人称“革命夫妻”。不料，随着运动的深入，四张大字报所提供的大量材料，又成为人们批判“革命丈夫”的素材。

“双反”运动还同时伴随对“漏网右派”的揭发，《人民日报》副总编、国际部主任黄操良就是“双反”中被大字报击中的。蓝翎在其回忆录《龙卷风》中说：

> 一九五八年四月上旬，报社的反右运动即将结束，办公楼下的走廊里突然贴出几张大字报，说他（指黄操良）是隐藏最深、资格最老、职位最高的大右派，要挖出来示众。这又引起了不小的震动，报社领导人中也有“右派”啊！黄操良不堪屈辱，四月十一日服安眠药而逝……就这还不甘休，立即又贴出大字报鞭尸，声讨他是自绝于党，自绝于人民，罪该万死，死有余辜。[②]

大字报曾被认为是社会主义民主的大发展，大字报能充分发挥群众的政治积极性和主动性，提高他们的主人翁责任感，还说大学报运动就是鼓

---

① 《光明日报》1958年2月2日。

② 蓝翎：《龙卷风》，上海远东出版社1995年版，第123页。

励提倡说老实话的运动。事实上，大字报是对社会主义民主法制的重大破坏，人们可以运用大字报对别人随意地上纲上线批判，可以任意扣上各种帽子，甚至进行人身攻击和政治陷害。它不仅不能使人们讲老实话、真话，反而助长了说假话、套话、大话之风。

4.大字报推动农村“大跃进”

1957年5月开始盛行的大字报，基本上是在机关、学校和工矿企业的整风中被使用，也就是说，它主要张贴在城市。在农村进行的两条道路的大辩论，主要的形式是开辩论会。等到“大跃进”进入高潮时，大字报也从城市渗透到了农村，在广大农村开花结果了。

广大农村大字报的盛行，至少包含两个原因。一是在发动“大跃进”的成都会议上，毛泽东明确指出：大字报在农村可以推广。他列举了农村推广大字报的四条好处：一、可以议论国、社大事；二、干部能听话；三、群众便于说话；四、不怕报复。还说，这次会议要作出一条决议，发一个指示，让农村普遍贴大字报。①在毛泽东的威信达到空前程度的情况下，他的话可谓一言九鼎，成都会议后，农村的大字报便蔓延开来。二是城市大字报的影响。虽说那时没有电视，有线广播也没有“文化大革命”期间那么发达，广大农村的信息仍旧比较闭塞，但城镇如火如荼、铺天盖地的大字报，其火种要引向农村并不难。到1958年的五六月间，大字报已经遍布广大农村了。

在农村的整风整社运动中，大字报得到了广泛的运用。1958年4月2日，中共中央发出《关于整风问题的指示》，要求在农村应结合生产，进行整党、整团、整社，而且明确规定：“无论城市和农村的所有基层单位，无论在整风运动中和今后日常工作中，为了开展批评和自我批评，纠正错误，表扬先进，改进工作，都应该广泛使用鸣放辩论和写大字报的方法。”②

十几天后，毛泽东在《介绍一个合作社》这篇文章中，再次对大字报给予了极高的评价。他说：

---

① 转引自李锐：《“大跃进”亲历记》，上海远东出版社1996年版，第195页。

② 《建国以来重要文献选编》第11册，中央文献出版社1995年版，第232—233页。

大字报是一种极其有用的新式武器，城市、乡村、工厂、合作社、商店、机关、学校、部队、街道，总之一切有群众的地方，都可以使用。已经普遍使用起来了，应当永远使用下去。清人龚自珍诗云：“九州生气恃风雷，万马齐喑究可哀。我劝天公重抖擞，不拘一格降人才。”大字报把“万马齐喑”的沉闷空气冲破了。[①]

由于毛泽东对大字报的一再推介，加上中共中央在文件中明确规定在农村整风整社中也应该广泛使用大字报，因而大字报之火在农村点燃了，而且很快形成燎原之势。

据1958年6月13日《人民日报》报道：到这年6月，广东省农村的整风整社运动已蓬勃开展，“大字报已经被农村里广大群众所掌握，成为发扬民主的新式武器，推动着当前的生产，改善着人与人之间的关系，解放了干部和群众的思想”。

◇ 1958年4月15日，毛泽东著文《介绍一个合作社》，称赞河南封丘县应举农业社。图为应举农业社社员在看墙上的文章。

---

① 《建国以来毛泽东文稿》第7册，中央文献出版社1992年版，第178页。

在整风整社运动中，广东农村贴出大字报1.2亿张，按照全省农业总人口的80%计算，平均每人贴出5张，贴出上万张大字报的农业社到处都是。

对于当年报纸上公布的这个数字，恐怕值得怀疑。就算广东农村的农民文化程度要比其他地方高，但人均5张，也就意味着那些稍有文化的农民，要写出上十甚至上百的大字报，而在农村中，真正能写大字报的人不会太多。但是，即便这个数字在浮夸风盛行时含有水分，减少一半也是一个不小的数字。那些五颜六色、各式各样的大字报，构成了农村的一道新的风景。

这些大字报到底写了些什么？当时的报道说：“大字报的内容有批评、表扬、自我批评、合理化建议、质问和答复。”“大字报中，有社员对干部、社员对社员提的意见，有干部对社员、干部对干部提的意见，有生产队对生产队提的意见，还有家庭里夫妻、兄妹、父子之间的互相批评。”①

大字报在农村的一种妙用是“促进生产大跃进”。

广东河源县埔前乡的农业社有7950多亩三类禾，生长得矮小枯黄。在“鸣放”中，社员一下子贴出了1万多张大字报。各社的社委会见此便坐不住了，立即征求群众意见，并组织力量追了两次肥，使绝大部分三类禾提高到了一类禾或二类禾。

四会县万洞三社，有一个社委对每亩积肥千担没有信心，看了群众要求每亩积肥千担的大字报后说，即使全部劳动力去积肥，也要搞到农历十二月才能达到这个指标。群众立即贴出几十张大字报批驳社委的保守思想，并且发现了153种肥源，这个社很快就掀起了积肥的高潮。

那时用大字报“促进生产大跃进”的例子比比皆是。广西天等县天等乡就创造出了“运用大字报推动生产的经验”。

要用大字报去推动生产，前提是要多写大字报，天等乡的做法是：

首先是从上而下进行思想动员，解除思想顾虑。干部对大字报“鸣放”有两个顾虑，一是怕揭发自己的缺点，面子不好看，失掉威信；二是怕群众互相攻击，造成混乱。群众的顾虑是怕报复，“鸣放”出来不改。天等乡在“鸣放”时，第一步是讲清“鸣放”的目的和意义，使干部群众认识到“鸣

① 《人民日报》1958年6月13日。

放”是为了改正工作缺点，发动群众献计，化消极因素为积极因素，领导对群众写大字报要支持。

其次是明确内容，抓住中心，不拘形式，山歌、小品、漫画都可以。自己不能写的也可叫别人代写，使识字的、不识字的，成年人、未成年人、老年人都参加写大字报。

第三个办法是干部带头，每人要求写8—10张。

第四个办法是组织参观，先进推动后进。天等乡各社出现大字报后，即以生产队为单位，由社委带领社员互相组织参观。有的社员不识字，社委就通过广播，解释内容。这个办法还真管用，该乡太平街有个50多岁的妇女去振南街看别队的大字报，觉得自己也有意见要提，但不会写，便跑回家叫她的小孩也跟着去参观，让儿子学写。当天晚上，她就口授给儿子，一连写了5张。结果，参观前天等乡只出了500张大字报，参观后的当天晚上就增加到了900张。只过了两天，大字报增加到了4780张。全社只有923个成年人，参加写大字报的则达1185人，这就是说，还有些小孩子也写了大字报。

经过发动群众写大字报，天等乡从5月4日到7日上午，两天三晚，全乡共贴了大字报18843张。

天等乡的大字报不仅数量多，效果似乎也不错。据《广西日报》介绍，通过大字报的“鸣放”，许多抗旱中不积极出工的社员积极出工了，不但出工早而且出工齐。写大字报前，天等乡的出工率只有80%，大字报贴出后上升到100%。以前上午8点钟才出门，现在是6点，最迟也是7点。全社有32个出了名的懒汉，过去的几次运动都改变不了他们，现在是个个带饭出工。丽川社主任赵云英以前有两忙，一忙在家抱孩子，二忙在家磨玉米。平时生产不见她下田，群众一贴大字报，赵云英便将小孩交给母亲带，玉米改在晚上磨，每天天未亮就出工了。丽川社的某生产队有个小偷，公安局找他教育过几次，仍不出工，还偷鸡摸狗。大字报贴出后，他出工了，而且还出了大字报作保证。天等社社干部原来工作疲沓，生产抓不紧，数目收支不清，工分账目不公布，群众意见很大。大字报一贴，这些问题都解决了，社员很高兴。①

① 《广西日报》1958年6月2日。

1958年8月27日 星期三 人民日报 ·3·

“人有多大胆 地有多大产”

谷子跃过万斤

寿张北台社亩产10546斤

◇ 各协作区纷纷提出农业生产上严重浮夸风的高指标。图为《人民日报》的有关报道。

大字报岂止在天等乡产生作用，同是广西的靖西县，依靠3万多张大字报，“推动”了农业生产。

靖西从5月中旬“鸣放”以来，至6月5日，106个乡贴出了36720张大字报，提出意见6万多条。大字报运动有力地推动了农业生产，全县在大字报运动前才插下中稻4500多亩，大字报一贴，半个月内就插下中稻4.65万亩（半个月时间即使不贴大字报农民恐怕也会去插秧）、晚稻57万亩，红薯移苗2万亩，积肥250多万担。亮表乡一名党支部书记带头“引火烧身”，贴出大字报对支委会的工作进行自我批评，全体党员第一天就贴出了40张大字报，批评党支部的保守思想。在党员的带动下，第四队仅一个晚上就贴出了90多张大字报，参加写大字报的有78岁的老爷爷，也有12岁的小孩子。为了使个个“鸣放”、人人写大字报，亮表乡组织了中小学生、教师、干部登门帮助不懂写字的社员写大字报。[①]

看来在农村贴大字报好处真不少。中共广西宜山地委第一书记贺亦然在报上撰文说，该专区所属的融安县由于普遍运用了大字报推动生产，到5月底三类禾全部消灭，同时抗旱抢插中稻3.7万多亩。罗城县华张乡富裕中农叫喊粮食不够吃，经过大辩论和大字报批判资本主义思想后，不但粮食

① 《广西日报》1958年6月14日。

指标够用，而且还节约2.8万多斤粮食。罗城县六福乡出了大字报3600张，揭发75人有资本主义思想和行为，而且使8个二流子、40个懒汉、48个小偷基本得到改造。这位书记不无感叹地说："大字报是充分发扬民主、走群众路线的最好形式，也是农村整风的一种良好方法，特别是和大检查、大评比、大辩论结合起来收效更大。"①

在报刊上介绍自己领导的地区贴大字报经验的并不止贺亦然，中共广东高要地委第一书记就在《人民日报》上介绍了四会县幸福村运用大字报推动工作的经验。

四会县幸福村有"大字报的村庄"之誉。在1958年5月间，围绕"消灭三类禾"这个中心，他们组织运用大字报的形式，进行反复的鸣放辩论，调动了全体社员的积极性，将308亩三类禾全部消灭之后，使他们"确实相信了大字报是一种极其有用的新式武器"。于是，幸福村围绕晚稻播种积肥、夏收等农活，运用大字报去组织先进思想与落后思想作斗争。5月中旬，村委提出每亩积肥1500担的时候，全村有40%的社员认为不需积那么多，对肥源与如何送肥等存在一些抵触情绪。村委抓住一个名为"花木兰"的每人日积760担肥的妇女青年突击队为先进典型，另外找到一个积肥不积极，将碎玻璃撒在自家菜园子以阻止积肥的社员作落后典型，举办了一个积肥展览会，发动全体社员讨论，贴出了3000多张表扬"花木兰"和批评落后典型的大字报，迅速地掀起了积肥高潮，不久就超额完成了每亩1500担的积肥任务。夏收的时候，村里发现丢落谷粒的现象严重，每亩丢掉谷子十几斤，便立即发动群众在"鸣放园地"和田间宣传棚里贴出了2200多张大字报，讨论抢收抢种，细打细收，丢掉谷子的现象也就没有了。

这个村的书记说，幸福村的经验证明，"当工作越是困难，越是紧张的时候，大字报越能显示发动群众、克服困难的威力"。如果"人人相信大字报，人人会用大字报，我们的工作就一定会做得更好些"②。

"大跃进"时有一句著名的口号："人有多大胆，地有多大产。"当时还

---

① 《广西日报》1958年6月9日。

② 《人民日报》1958年7月17日。

有一种时髦的事：“放卫星”。还在1958年2月，贵州的金沙县就放出了一颗水稻“卫星”，宣布每亩晚稻产量达3025斤。金沙不仅“卫星”放得早，大字报也多。这个县采取“做什么，放什么；辩什么，改什么”的方式进行“鸣放”。开始是白天生产，晚上“鸣放”，后来干脆在生产场地上“鸣放”，在集场上“鸣放”。对于行动不便的老弱残疾，干部们上门组织“鸣放”。组织识字的人和一些小学生分工划片，专门记意见，写大字报，做到“有提必记，有意见不漏网”，“家家贴大字报，人人都鸣放”。全县贴出大字报40万张，有的区每户贴大字报3张。大字报里的意见非常广泛，从社里一直提到中央，正面反面、毒草香花，一应俱全。

在使用大字报“鸣放”的过程中，金沙也学“引蛇出洞”的方法，使反动地主、富农的内心话，反革命、坏分子的阴谋活动，甚至是一些辱骂共产党、骂干部、造谣等情况，统统放出来。尽管如此，金沙的“鸣放”没有停止，而是放手让群众大胆“鸣放”。“放”了几天之后，形势明朗了，牛鬼蛇神显出原形，群众纷纷支持党和政府，积极揭发坏人坏事。谁干了坏事，就把大字报贴到谁家门口，有的贫农一晚上贴20张，专门揭露坏人坏事。这样，坏人完全被孤立。据中共金沙县委书记赵广玉说，在组织大字报“鸣放”的这段时间里，金沙全县揭发出各种“反动集团”组织280个，清出长、短枪20多支，子弹1000多发，刺刀27把，鸦片烟1万多两；揭发出隐瞒的粮食产量246万多斤，逮捕法办了“反革命分子”42人，重点批判了416人。经过一场激烈的“鸣放”，取得了“两条道路”斗争的胜利。①

大字报在山西农村也广泛开花结果。1958年第9期的《时事手册》在一篇介绍山西农村大字报情况的文章中说：“大字报是医治百病的良药，甚至对长期治不好的顽症也有功效。”

潞安县马厂乡爱国社的300多户社员，4天中就贴出了1万多张大字报，批评社干部在“大跃进”中“说的多，做的少；喊的多，兑现少”。大字报一轰，社干部认识到空喊的危害，立即动手实干，大大促进了全社的春耕生产。

① 《人民日报》1958年6月17日。

武乡县王家堖的女社员徐春仙，原本是个好吃懒做的人，别人就贴大字报批评她。第一张被她偷偷地撕去了，别人接二连三又给她贴了几张，她感到舆论的压力很大，不改正不正派的作风不行了，只好表示在大字报面前低头。

大字报不仅能帮助领导和群众更好地结合，而且能帮助农民群众进行自我教育。山西农民为此编了一首歌谣："大字报，人人爱，你是群众意见的广播台；我们有了啥心事，你能替我们表出来；经过大家来辩论，大是大非都明白。"①

农村的大字报还可以改变人际关系。广东河源县梅花社主任郭官沙，或许名字与"官"字相关，官不大，官气却很重，群众意见很大。"鸣放"中群众贴大字报批评他，他立即改变了作风。于是社员高兴地说："过去叫三声不应一声，现在叫一声应三声。大字报真顶事，把人的性格都改变了。"

广东增城县麻车社队长刘长辅，过去打妻子、骂母亲，几乎成了他的家常便饭，别人对他劝解和批评都无效。群众背后说："要刘长辅改变，除非石头浮水。"但在"鸣放"中，他的妻子贴了他的大字报，他马上改变过来了。②

在农村的大字报中，有父子、夫妻、婆媳、兄弟相互批评的大字报。河南商丘县王楼农业社就发生了母亲给儿子、儿子给父亲贴大字报的两件事：

一天，王楼农业社里贴出了社妇女队长杨少文的一张大字报，上面写道："杨思金，我的儿，人家都在大跃进，你却到处去流窜……"

杨思金去湖北当了几个月民工，最近才回来。不料杨思金在外面吃了几个月大米，就嫌家里的红薯、粗面馍不好吃，几次提出要到湖北去。一天晚上，杨少文从地里回来，发现儿子已带上行李走了，非常气恼，连夜写了几张大字报，揭发儿子只顾自己享受，不顾集体需要。

杨思金走在半路上，心里又后悔起来，觉得别人都在生产，自己却不声

---

① 《大字报在山西农村开花结果》，载《时事手册》1958年第9期。

② 《人民日报》1958年6月13日。

不响地走了，不像话，经过思想斗争，还是拐了回来。

杨少文正准备晚饭，一见儿子回来，猛然站起来，挥挥手生气地说：“先别吃饭，先开个小会再说。”不一会，她就把队里的人喊来了。大家你一言、我一语地批评杨思金，有人把杨少文写的大字报也拿来了。杨思金红着脸看了大字报，当场表态，承认了自己的错误，今后一定不怕苦，不怕累。

杨思金果然说话算数，在生产中一再跃进。

另一件事是儿子给老子贴大字报。

王家信是该社第八生产队的队长，但干起活来一直劲头不大，别人上工了，他还在家里磨蹭；干活也是干不了多大一会，就去休息。

王家信的儿子知道父亲的心思：家里劳力少，收入不如人家，心里有些不乐意，又嫌当队长麻烦，不想好好干。为此，他常批评父亲。后来，王家信的队长头衔被社员撤了，儿子以为这一下父亲应该有所进步，不料父亲反说：“不当队长反可以少操一些心。”干活仍是老样子。为了让父亲进步，儿子贴了他一张大字报，说他“当生产队长不带头，整天暮气沉沉，还想坐小车走进社会主义”。队里开会的时候，会计念了这张大字报，王家信听了儿子的批评，脸一阵通红，觉得连儿子都批评自己，不赶快改正不行。

第二天，天还没有亮，王家信就下地干活去了。[①]

这样的事情，只能当作故事看。在1958年的农村整风整社和“大跃进”过程中，农村到底贴出了多少张大字报，恐怕就连当时也无法统计。即使广东统计的上亿张的数字，其真实性也得打打折扣。至于大字报的内容，除了当年的报刊上还能找到一些经过加工的外，已很难寻觅其踪迹，更是目睹不了其真容了。不过，从当时人们投身“大跃进”的热情可以判断，当年农村的大字报虽不一定有宣传上所说的那么多，但为数还是不少的。大字报起的作用也不会有报刊上说的那么玄乎，但有些大字报对改进干部、群众的个别缺点，还是起了一定的促进作用。不过，从总体上来讲，1958年五六月间遍及全国广大农村的大字报，同此时盛行的浮夸风一样，其数量、作用是大大夸大了的。而且它带有浓厚的形式主义色彩，除了给农民带来一时的

① 《人民日报》1958年6月13日。

新奇外，并不能从整体上推动农村生产的发展。

5.“大字报社”与“大字报选集”

大字报不仅被用来搞整风，促“双反”，推动工农业生产，甚至被公安机关用来侦破案件。河北省唐山市公安局在1958年的头5个月，刑事案件的侦破率比上年同期提高了41%，其中一些案件就是公安机关有组织地发动群众贴大字报揭发出来的。贵州省贵阳市这年夏天发动群众贴大字报，公安机关收到了大量检举反革命分子和坏分子的有价值的材料。有一个潜伏多年的军统特务组长在大字报的威力下无处藏身，在大字报面前被迫坦白交代。发生在济南市百货大楼的一件张贴反革命标语案，经过一年多的侦察，没有侦破，这次向群众公布了反动标语，当天职工就写了1000多张大字报，作案分子在众目睽睽之下，不得不承认犯罪事实。广州市沙河派出所辖区1956年发生了一起张贴反动标语案，一直没有破获。1958年夏天，公安干部发动群众看现场、贴大字报，结果只用18小时就破了案①。

不但如此，大字报还被作为反对帝国主义的武器。

1958年美国派遣第七舰队驶入中国台湾海峡地区，制造台海危机。为了支援中国人民的反美斗争，惩戒台湾当局的“反攻大陆”的叫嚣，并警告美国不要制造“两个中国”的阴谋，中国政府决定炮击金门。在金门炮战的同时，国内开展了声势浩大的反美活动。1958年9月4日，周恩来代表中国政府发表声明，宣布中国的领海宽度为12海里，一切外国飞机和军用船舶未经中国政府许可，不得进入中国的领空和领海。随后，全国举行浩大的示威游行，各地群众也纷纷以张贴大字报的方式拥护声明。仅广西贵县在两天的时间里就贴出拥护声明的大字报25万张②。而北京四中2000名学生在听完周恩来的声明后10分钟内，就贴出拥护声明的大字报上万张③。

1958年上半年全国到底贴出了多少张大字报，这已是一个无法解答的

---

① 《人民日报》1958年8月30日。

② 《人民日报》1958年9月11日。

③ 《人民日报》1958年9月8日。

历史之谜了。除了前面提及的广东农村贴出了1亿张大字报外，上海也自称贴出了1亿张大字报。1958年第12期的《学习》杂志，发表了中共上海市委常委钟民的专稿《一万万张大字报》，介绍了上海的大字报情况。文章说：

在这次的反浪费反保守运动中，各级领导一般都能发动群众，大胆运用大字报这个武器。首先造成大字报声势的是工业战线上的职工，接着是学校、商业、交通运输业、机关、文学艺术、农村、里弄等各方面，大字报都风起云涌，犹如一股十二级台风，席卷而来，冲击着各个方面的保守现象和浪费现象。那时节，大字报一个小时一个“行情”。江南造船厂在春节前后的短短六七个昼夜的时间里，一共贴出了五十三万八千多张大字报，许多工厂、学校也都在短短的时间里贴出了几十万张大字报。“多贴一张大字报，就为国家多积累一笔财富，为社会主义多贡献一份力量”，广大群众就是在这样的指导思想上夜以继日地写大字报。“你今天写了多少张大字报？”这是大鸣大放高潮中人们见面时的第一句话。干部看到群众写大字报的劲头，也尝到了大字报的甜头，从怕大字报转到爱大字报，群众看到领导决心大，就越写越有劲，越写越广，越写越深。许多历次运动中的冷角也“热”起来了，哑巴也用大字报说话了；过去从来没有在公开场合讲话的人也用大字报说话了。这一社会主义民主的有效武器的运用，充分表现了广大群众的政治觉悟和社会主义积极性的高涨，生动地体现了整风运动所造成的又有集中又有民主，又有纪律又有自由，又有统一意志又有个人心情舒畅、生动活泼的政治局面。

当大字报刚作为反右派斗争的武器而使用的时候，毛泽东就表示大字报是个好东西，一定要传下去。但当大字报贴到一定程度，该揭发的揭发完了，能想起的意见、建议提尽了，群众写大字报的热情也在消退。到1958年的六七月间，大字报已开始成为强弩之末。为了响应毛泽东关于大字报应当永远使用下去的号召，有的地方和部门别出心裁地想出了建立大字报社的办法。

建立大字报社，时称大字报发展史上的一个“创举”。邮电部是创造这种“创举”的单位之一。

邮电部的大字报社大约是在1958年7月创立的，到8月上旬，这个部的21个司局单位已有20个单位成立了大字报社。

各个司局单位的大字报社，一般都由本单位的党支部书记或支部委员担任社长，由党、团和工会选派若干人组成编委会。在司局所属的处、科等基层单位，还挑选若干积极分子作为大字报社的干事。有的司局还在处一级单位成立大字报社的支社。大字报社的任务是根据各单位一个时期的中心工作，同机关的群众运动及存在的突出问题相结合，有领导有计划地组织群众鸣放争辩，批评领导和进行群众性的自我教育，以达到活跃机关民主生活和改进工作的目的。大字报社还负责对大字报进行分类统计和综合整理，以便领导上及时整改，并且抓住对立面组织辩论。①

中共四川省监察委员会机关也成立了大字报社。它成立的时间似乎比邮电部的大字报社还早。

四川省监委机关的大字报社，实际上就是把大字报分成“支部生活”、“红专”、“跃进”等专栏，不同内容的大字报分别张贴在不同的专栏里，并有专人对大字报来稿进行登记。

就在一些地方建立大字报社的时候，时任《解放日报》总编辑的张春桥，发表了一篇题为《让大字报流芳百世》的短文。短文的中心内容是建议出版几部《大字报选集》。短文说，成千万张、成万万张的大字报，实在是空前巨大的集体创作，“不但思想好，文风也比我们这些知识分子好”。出几本《大字报选集》，实在胜于出版那些不痛不痒的书，不但对读者有益，而且对整顿文风也有好处。

张春桥的这个建议果然发生了作用。一年之后，上海人民出版社和上海文艺出版社合编了一套大字报选，选登了上海各行各业有代表性的大字报。

在大字报高峰期，不少单位都号称贴了几万份、几十万份大字报，怎样处理这些大字报，是一件颇不容易的事。

第一机械部处理大字报创造出了经验，在短时间内处理好90多万张大字报。为此，《人民日报》特地作了介绍。

一机部的办法是“抛纲”、“论纲”、“立纲”。

① 《人民日报》1958年8月13日。

◇ 1958年6月，上海人民美术出版社编印的《大跃进墙头画报》创刊号。

所谓“抛纲”，就是领导亲自去看大字报，做到对大字报揭发的问题心中有“底”，然后集中大字报的主要意见，写成大字报“抛”出去。

“纲”抛出之后，再由群众在大字报上展开辩论，即“论纲”。“论纲”之后再由群众把大字报提出的问题，特别是一些芝麻琐碎的事情归类（叫认亲），然后再“拔尖”（找出认为重要的大字报），如此这般之后，就把主要问题找到了，也就“立纲”了。

从一机部“抛纲”、“论纲”、“立纲”的经验看，这恐怕也是为了介绍经验而特地总结出来的。到成千上万的大字报蜂拥而出的时候，人们所关心的只是大字报的数量，至于大字报里说了些什么，已无关紧要了。

1957年五六月间才开始大量出现大字报，至1958年夏大字报的最高峰时，前后不过一年的时间。这段时间的大字报可分为三次高潮。第一次高潮是反右派运动过程中，开始由一些活跃分子贴出最初的一批大字报，结果多数大字报被认为是“向党、向社会主义猖狂进攻”，也有相当多的大字报作者被打成“右派分子”。紧接着，大字报被作为揭批“右派”的武器而广泛使用，形成了大字报的第一次高潮。

大字报的第二个高潮出现在反右派运动大体结束后机关和学校进入整改、工厂开始整风时期。因为此时已把大字报明确为整风鸣放的主要形式，而且大字报在反右派斗争中立了战功之后，大字报被认为完全是左派手中掌握的武器。这一阶段的大字报数量很多，但与后来相比也就算不了什么。这期间的大字报多少还揭露和解决了一些具体问题。

到1958年二三月间“双反”运动发动后，大字报进入了最高峰即第三次高潮。到此时，大字报已作为发动和促进“大跃进”的重要手段。用大字报去克服所谓保守思想，用其去“插红旗、拔白旗”，于是一时间，大字报呈泛滥成灾之势。到1958年六七月间宣布整风和反右派斗争结束，大字报也逐渐衰败下来。其原因，一方面，大字报虽然被广大群众所运用，但作为一种群众运动，它是与群众的热情相关联的。当大字报刚为群众接受时，它的新奇与刺激性调动了人们参与的积极性，但随着这一形式的泛滥，人们便会对其感到麻木和逐渐失去兴趣。而且经过一阵大字报狂潮之后，能说出、写出的已到了搜肠刮肚的境地，而真正对“大跃进”、对随之而来的人民公社即便有意见，也不敢冒反抗“三面红旗”之大不韪，因而大字报的衰退也就成为必然。另一方面，伴随着全民大炼钢铁的到来，工厂、机关、学校、农村都有大批的劳动力大炼钢铁去了。当时全国动员了近1亿人上山，砍树挖煤，找矿炼铁，建起了上百万个小土高炉、小土焦炉，用土法炼钢炼铁，为保证钢铁“元帅”升帐而耗去了人们的精力和体力。大字报作为发动“大跃进”的手段，在“大跃进”已充分发动的情况下，已经失去了其基本的功效。

大字报在短短的一年时间里，由高校校园里的星星点点，发展成为如同泛滥的洪水，倾泻全国，至少有这么几点原因。

一是领导人对大字报的一再推介。毛泽东就多次充分肯定大字报的作用。

二是宣传舆论的推波助澜。自大字报被作为反右派斗争的武器使用以来，全国所有的报刊都连篇累牍地对各地、各单位的大字报进行报道。一些地方领导人也纷纷撰文介绍本地区大字报的经验，宣传大字报的神效，甚至高呼“大字报万岁！”舆论的引导对大字报起了火上浇油的作用。

三是大字报的泛滥也与大字报本身的形式有关。当时，大字报被认为是发扬社会主义民主的重要体现。说其能发扬民主，其实也就是其参与的广泛性。当年写大字报的群众，绝大部分都是对其怀着忠诚的热情。大字报之所以能成为一种群众性的运动，主要在于其不受形式、内容的限制，短文、诗歌、山歌、杂文、漫画均可，揭露、批评、表扬、决心不一而足，长短不限，容易为群众所掌握接受；署名、匿名随便，减少了群众的后顾之忧。这种方式，能满足人们的政治参与欲望，为群众找到了一个发表自己意见的方式。正因为如此，才很快形成了一个全民性的大字报运动。

从1958年下半年开始，大字报逐渐稀落，随之是1958年的“大跃进”带来的一系列经济困难。在严重的经济困难面前，怎样使肚子不挨饿才是最根本的问题，大字报也就逐渐被冷落。加之为了调整1957年反右派以来紧张的政治关系，中共中央对所谓“四大”作了一些冷处理，虽然在一些文件中还偶尔提及要用大鸣大放、大字报的形式发动群众，但在实际操作中并没有广泛使用大字报。大字报的沉寂状况一直延续到1966年“文化大革命”的爆发。

四、“第一张马列主义大字报”

1.“一张大字报揭穿一个大阴谋”

大字报在经过数年的萧条之后，到1966年夏天迎来了新的一轮狂潮。这一次的大字报，给中国带来了无穷的灾难。

这一轮大字报狂潮，是由北京大学的所谓“第一张马列主义大字报”引发的。

1965年11月10日，《文汇报》发表了姚文元的《评新编历史剧〈海瑞罢官〉》，无中生有地把著名历史学家吴晗的新编历史剧《海瑞罢官》同为彭德怀翻案硬扯在一起。由文化大批判开始转化为政治大批判，中国的政治生活出现了严重的不正常现象。

紧接着，发生了震惊全国的“彭罗陆杨事件”，在中国共产党内担任重要职务的彭真、罗瑞卿、陆定一、杨尚昆被假借各种罪名而打倒。

也就在这个时候，一直在考虑“中央出了修正主义怎么办”的毛泽东，决定采取一个“反修防修”的重大措施——发动“文化大革命”，以“公开地、全面地、由下而上地发动广大群众来揭发我们的黑暗面”。

文汇报

评新编历史剧《海瑞罢官》

《海瑞罢官》是怎样塑造海瑞的？

《海瑞罢官》宣扬了什么？

◇ 1965年11月10日，上海《文汇报》发表了姚文元的《评新编历史剧〈海瑞罢官〉》一文。毛泽东批准发表该篇文章，揭开了“文化大革命”的序幕。

人民日报

1967年5月17日

的资产阶级代表人物，是一批反革命的修正主义分子，一旦时机成熟，他们就会要夺取政权，由无产阶级专政变为资产阶级专政。这些人物，有些已被我们识破了，有些则还没有被识破，有些正在受到我们信用，被培养为我们的接班人，例如赫鲁晓夫那样的人物，他们现正睡在我们的身旁，各级党委必须充分注意这一点。

通　　知

中国共产党中央委员会

（一九六六年五月十六日）

◇ 《人民日报》刊出的《中国共产党中央委员会通知》（即“五一六通知”）。

1966年5月4日至26日，中共中央在北京召开政治局扩大会议，会议通过了全面发动“文化大革命”的《中国共产党中央委员会通知》，即“五一六通知”。这个通知是在毛泽东的亲自主持下起草完成的。通知对“文化大革命”的性质、对象、步骤以及政策等方面作了明确的规定。通知中有几段是毛泽东亲笔写的：

中央和中央各机关，各省、市、自治区，都有这样一批资产阶级代表人物。

高举无产阶级文化革命的大旗，彻底揭露那批反党反社会主义的所谓“学术权威”的资产阶级反动立场，彻底批判学术界、教育界、新闻界、文艺界、出版界的资产阶级反动思想，夺取在这些文化领域中的领导权。而要做到这一点，必须同时批判混进党里、政府里、军队里和文化领域的各界里的资产阶级代表人物，清洗这些人，有些则要调动他们的职务。

混进党里、政府里、军队里和各种文化界的资产阶级代表人物，是一批反革命的修正主义分子，一旦时机成熟，他们就会要夺取政权，由无产阶级专政变为资产阶级专政。这些人物，有些已被我们识破了，有些则还没有被我们识破，有些正在受到我们信用，被培养为我们的接班人，例如赫鲁晓夫那样的人物，他们现在正睡在我们的身旁，各级党委必须充分注意这一点。①

5月中共中央政治局扩大会议的召开和“五一六通知”的发表，标志着“文化大革命”已完成了全部准备，只差一个突破口了。

这个突破口很快就找到了。“五一六通知”在《人民日报》上公布只过了一个多星期，北京大学就贴出了一张震惊全国的大字报。

这张大字报从酝酿到张贴出来经过了十余天的时间。

1966年5月14日，康生以中央理论组的名义，派他妻子曹轶欧带了一个7人“调查组”来到了北京大学。曹轶欧到北大来，绝不是简单地来“调查”文化革命的情况，而是来煽风点火的。

曹轶欧来北大前，康生曾面授机宜，明确要调查组在“北大点火，往上

---

① 《人民日报》1966年5月17日。

搞”，并点了中共北京市委大学部副部长宋硕的名。

曹轶欧一行人到北大后，并没有住在北大的招待所，而是住进了离北大有5里之远的西颐宾馆。

北大校长、党委书记陆平得知曹轶欧一行来了之后，赶忙从家里回到校党委办公室。见了曹轶欧，陆平说：“调查组需要什么情况，我们准备一下，做个汇报。”曹轶欧回答说：“不必了，我们是了解学术批判情况的。”陆平又问：“你们住下吗？”曹轶欧答：“住下。”陆平以为调查组就住在北大，特地交代办公室准备好房间，好好招待。

晚饭后，陆平按惯例前往招待所看望调查组，可到那里一看，发现空无一人。陆平感到很纳闷，心想，曹轶欧不是说要住下么？住到哪里去了呢？不过，陆平虽然感到很疑惑，但根本没想到其中会有什么阴谋。

曹轶欧住到西颐宾馆后，撇开北大党委和陆平，频频地找一些人去密谈，但要找一个合适的人来“点火”，揭开北大党委和北京市委的“盖子”，却费了一番心思。

曹轶欧先是想到了北大哲学系党总支书记聂元梓。聂元梓是河南滑县人，1921年出生，1938年入党，随后被送到延安学习和工作。1946年初调到哈尔滨工作，任区委宣传部部长和市委理论处处长，后来一度在中央党校的前身中央马列学院学习过。1963年调入北京大学，初任经济系副主任，一年后改任哲学系党总支书记，是行政十二级干部。

聂元梓到北大后，一心想往上爬，野心勃勃，攻击北大的领导是“走资本主义道路的当权派”，当时的中共北京市委副书记邓拓说她是一匹“害群之马”。聂元梓虽有造反精神，但在北大的名声一直不好，没有什么号召力。于是，曹轶欧便放弃了找聂元梓的念头，改找北大党委常委、北大法律系主任陈守一。

曹轶欧先是打电话给陈守一，作了自我介绍之后，说要到他家来谈谈。陈守一不便拒绝，只得同意。

曹轶欧到陈守一家，扯了一通北大学术批判的情况后，别有用心地说：“北大的学术批判方向错了，陆平要负责。”

不料陈守一不想被曹轶欧利用，辩驳说：“学术批判，党委常委由我负责，有错误，首先是我的责任，希望具体指出。”曹轶欧讨了个没趣，不好再说什么。临走时，她叮嘱陈守一对谈话保密。

后来，曹轶欧又私下约见陈守一，并提出要陈守一与聂元梓一起揭发陆平、宋硕，被陈守一拒绝了。

陈守一不上钩，曹轶欧只好再回过头来找聂元梓。

聂元梓在1965年3月和7月召开的解决北大领导班子整风的两次北京国际饭店会议上受到批评，一直对宋硕、陆平不满。现在有了这么一个攻击宋硕、陆平的机会，虽说有点冒险，但有“曹大姐”和“康老”撑腰，聂元梓胆子也就大了。曹轶欧和聂元梓一密谈，两人一拍即合。

5月下旬，调查组便亲自出马，召集北大一些人开会，授意写大字报。

大字报写什么内容，聂元梓等人颇费了一番心思。开始，他们准备揭露北大的社教运动，但感到写社教运动会把矛头一下子指向中央，时机还不成熟，便决定从中共北京市委下手，反正北京市委早已被毛泽东指责为“针插不进、水泼不进”的“独立王国”，市委第一书记彭真也早被打倒，矛头对向北京市委风险不大。

于是，他们抓住5月14日宋硕在传达中共中央华北局指示中所说过的各级领导要坚守岗位，加强对运动的领导，遵守纪律，把运动引导到正确的道路上等话，大做文章。

5月25日下午2时，聂元梓等人的大字报贴在了北大一个饭厅的墙上。这张题为《宋硕、陆平、彭珮云在文化革命中究竟干些什么？》的大字报说：

> 现在全国人民正以对党对毛主席无限热爱、对反党反社会主义黑帮无限愤怒的高昂革命精神掀起轰轰烈烈的文化大革命，为彻底打垮反动黑帮的进攻，保卫党中央，保卫毛主席而斗争，可是北大按兵不动，冷冷清清，死气沉沉，广大师生的强烈革命要求被压制下来，这究竟是怎么回事？原因在哪里？这里有鬼。请看最近的事实吧！
>
> 事情发生在五月八日发表了何明、高炬的文章，全国掀起了声讨“三家村”的斗争高潮之后，五月十四日陆平（北京大学校长、党委书记）急急忙忙地传达了宋硕（北京市委大学部副部长）在市委大学部紧急会议上的“指示”。宋硕说：现在运动“急切需要加强领导，要求学校党组织加强领导，

坚守岗位”。“群众起来了要引导到正确的道路上去”，“这场意识形态的斗争，是一场严肃的阶级斗争，必须从理论上彻底驳倒反党反社会主义的言论。坚持讲道理，方法上怎样便于驳倒就怎样作，要领导好学习文件，开小组讨论会，写小字报，写批判文章。总之，这场严肃的斗争，要做得很细致，很深入，彻底打垮反党反社会主义的言论，从理论上驳倒他们，绝不是开大会所能解决的”。“如果群众激愤要求开大会，不要压制，要引导开小组会，学习文件，写小字报。”

陆平和彭珮云（北京市委大学部干部、北京大学党委副书记）完全用同一腔调布置北大的运动，他们说：“我校文化革命形势很好，五月八日以前写了一百多篇文章，运动是健康的……运动深入了要积极引导。”“现在急切需要领导，引导运动向正确的方向发展”，“积极加强领导才能引向正常的发展”，“北大不宜贴大字报”，“大字报不去引导，群众要贴，要积极引导”等等。这是党中央和毛主席制定的文化革命路线吗？不是，绝对不是！这是十足的反对党中央、反对毛泽东思想的修正主义路线。

“这是一场意识形态的斗争”，“必须从理论上彻底驳倒反党反社会主义的言论”，“坚持讲道理”，“要做得细致”。这是什么意思？难道这是理论问题吗？仅仅是什么言论吗？你们要把我们反击反党反社会主义黑帮的你死我活的政治斗争，还要“引导”到哪里去呢？邓拓和他的指使者对抗文化革命的一个主要手法，不就是把严重的政治斗争引导到“纯学术”讨论上去吗？你们为什么到现在还这么干？你们到底是些什么人？

“群众起来了，要引导到正确的道路上去。”“引导运动向正确的方向发展。”“要积极领导才能引向正常的发展。”什么是“正确的道路”？什么是“正确的方向”？什么是“正常的发展”？你们把伟大的政治上的阶级斗争“引导”到“纯理论”“纯学术”的圈套里去。不久前，你们不是亲自“指导”法律系同志查了一千五百卷书，一千四百万字的资料来研究一个海瑞“平冤狱”的问题，并大肆推广是什么“方向正确，方法对头”，要大家学习“好经验”吗？实际上这是你们和邓拓一伙黑帮一手制造的“好经验”，这也就是你们所谓“运动的发展是健康的”实质。党中央、毛主席早已给我们指出的文化革命的正确道路、正确方向，你们闭口不谈，另搞一套所谓“正确的道路”，“正确的方向”，你们想把革命的群众运动纳入你们的修正主义轨道，老实告诉你们，这是妄想！

“从理论上驳倒他们，绝不是开大会能解决的”。“北大不宜贴大字报”，“要引导开小组会，写小字报”。你们为什么这样害怕大字报？害怕开声讨大会？反击向党向社会主义向毛泽东思想猖狂进攻的黑帮，这是一场你死我活的阶级斗争，革命人民必须充分发动起来，轰轰烈烈，义愤声讨，开大会，出大字报就是最好的一种群众战斗形式。你们“引导”群众不开大会，不出大字报，制造种种清规戒律，这不是压制群众革命，不准群众革命，反对群众革命吗？我们绝对不答应！

你们大喊，要“加强领导，坚守岗位”，这就暴露了你们的马脚。在革命群众轰轰烈烈起来响应党中央和毛主席的号召，坚决反击反党反社会主义黑帮的时候，你们大喊：“加强领导，坚守岗位”。你们坚守的是什么“岗位”，为谁坚守“岗位”，你们是些什么人，搞的什么鬼，不是很清楚吗？直到今天你们还要负隅顽抗，你们还想“坚守岗位”来破坏文化革命。告诉你们，螳臂挡不住车轮，蚍蜉撼不了大树。这是白日做梦！

一切革命的知识分子，是战斗的时候了！让我们团结起来，高举毛泽东思想的伟大红旗，团结在党中央和毛主席的周围，打破修正主义的种种控制和一切阴谋鬼计，坚决、彻底、干净、全部地消灭一切牛鬼蛇神、一切赫鲁晓夫式的反革命的修正主义分子，把社会主义革命进行到底。

保卫党中央！

保卫毛泽东思想！

保卫无产阶级专政！

哲学系　聂元梓　宋一秀　夏剑豸　杨克明

赵正义　高云鹏　李醒尘

一九六六年五月二十五日[1]

本来，在聂元梓等人的大字报贴出之前，周恩来曾指示：北京大学有几

① 《人民日报》1966年6月2日。

十个国家的留学生，搞运动一定要慎重，一定要注意内外有别。聂元梓明知中央的指示精神，但由于有康生在背后撑腰，所以才敢如此有恃无恐。

◇ 1966年5月25日，北京大学哲学系聂元梓等七人贴出在康生授意下的大字报，攻击中共北京市委和北京大学党委。毛泽东称赞它是“全国第一张马列主义的大字报”。图为张贴在北京大学的这张大字报。

这张大字报的最后一段是聂元梓加写的。其中“打破修正主义的种种控制和一切阴谋鬼计”一句中的“鬼计”，本应是“诡计”，写大字报的几个人没有看出来，后来《人民日报》发表时，用的依然是这个“鬼计”。

在贴大字报之前，大字报作者中有人提出，别那么急，等两天看看气候再说。聂元梓坚决不同意。因为按计划，北大党委准备在26日召开全校批判“三家村”大会。如果等到大会开过后再贴，那大字报中所说的“北大按兵不动，冷冷清清，死气沉沉”，岂不是不攻自破？所以聂元梓说，一定要在26日大会召开之前贴出去。

聂元梓等人的大字报贴出去后，立即遭到了北大广大师生的普遍反对。当天下午5点钟，校党委组织反击的大字报贴到了聂元梓大字报的周围，好几百人质问聂元梓为什么要贴党委的大字报。当天夜里12时，在京主持中央日常工作的刘少奇、周恩来派华北局、国务院外办和高教部的负责人去北大批评聂元梓等人搞乱了中央的部署，违反了中央规定的原则，并重申了中央关于严格遵守内外有别原则的指示。

5月26日上午，北大党委派副校长黄一然同聂元梓谈话。黄一然要聂元梓主动做检查，劝她把大字报撕下来。聂元梓傲慢地回答：检查可以做，大字报不会撕下来。

5月29日，刘少奇、周恩来、邓小平三位负责中央日常工作的政治局常委，召集中央有关部门开会。鉴于北大急需加强领导的情况，决定由中共河北省委书记处书记张承先带领华北局工作组到北京大学领导文化革命，这一决定得到了毛泽东的批准。

正当刘少奇、周恩来将北大的局势逐步稳定下来的时候，惯使阴谋诡计的康生，急急忙忙让曹轶欧要走了大字报的底稿。然后，康生背着在京的政治局常委，把大字报底稿送到了在杭州的毛泽东手中。

毛泽东出于全面发动“文化大革命”的需要，充分肯定了这张大字报。6月1日，毛泽东在一份《文化革命简报》上批示：

> 康生、伯达同志：
>
> 此文可以由新华社全文广播，在全国各报刊发表，十分必要。北京大学这个反动堡垒，从此可以开始打破。请酌办。
>
> 毛泽东　六月一日

毛泽东还从杭州打电话给康生、陈伯达，通知此事。当天晚上，新华社全文广播了聂元梓等人的大字报。6月2日，《人民日报》以《北京大学七同志一张大字报揭穿一个大阴谋》这个耸人听闻的标题，全文刊登了这张大字报。

2.“欢呼北大的一张大字报”

在新华社广播聂元梓等人大字报的同一天，《人民日报》发表了陈伯达主持起草的《横扫一切牛鬼蛇神》的社论。社论原定的题目是《再接再厉，把无产阶级文化大革命进行到底》。陈伯达对这个标题不满意，自己拟定了几个题目，最后才决定用《横扫一切牛鬼蛇神》为标题。社论说：

> 一个无产阶级文化大革命的高潮，正在占世界人口四分之一的社会主义中国兴起。

在短短几个月内，在党中央和毛主席的战斗号召下，亿万工农兵群众、广大干部和革命知识分子，以毛泽东思想为武器，横扫盘踞在思想文化阵地上的大量牛鬼蛇神。其势如暴风骤雨，迅猛异常，打碎了多少年来剥削阶级强加在他们身上的精神枷锁，把所谓资产阶级"专家"、"学者"、"权威"、"祖师爷"打得落花流水，使他们威风扫地。

目前，我国无产阶级文化大革命的规模和声势，在人类历史上还不曾有过，它的威力之大，来势之猛，在运动中所迸发出的劳动人民无限的智慧，远远超过了资产阶级老爷们的想象。事实雄辩地证明，毛泽东思想一旦掌握了群众，就成为威力无穷的精神原子弹。这一场文化大革命，正在大大推动中国人民社会主义事业的前进，也必将对世界的现在和未来，发生不可估量的深远影响。

当时，人们预感到一场大的政治地震将会发生，但"文化大革命"到底怎么搞，心中仍是没有底。社论一出，人们才知道，"文化大革命"就是要"横扫"思想文化阵地上"大量的牛鬼蛇神"。聂元梓等人的大字报一播发，人们更是大吃一惊，原来"牛鬼蛇神"还包括宋硕、陆平、彭珮云这样的当权派。

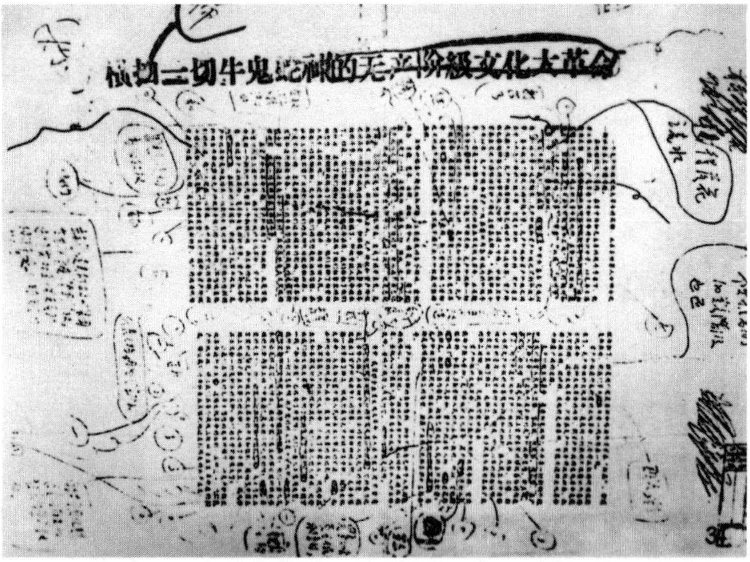

◇ 1966年5月31日，陈伯达率工作组进驻人民日报社。次日，该报发表经他修改的社论《横扫一切牛鬼蛇神》。图为修改后的社论稿。

播发聂元梓等人的大字报，除了陈伯达、康生等少数人知道外，刘少奇、周恩来、邓小平等中共中央政治局常委事先均不知晓。国务院副总理陈毅曾就发表聂元梓等人大字报一事问周恩来：这么大的事情，为什么连招呼都不打一个？周恩来回答说：我也是临近广播前才接到康生的电话，说要发表这篇大字报。

《人民日报》在刊登聂元梓等人的大字报的同时，还发表了评论员文章《欢呼北大的一张大字报》。

6月1日晚，决定发表聂元梓等人大字报的社论后，已掌管《人民日报》的陈伯达，在布置王力、关锋写大字报的评论员文章后，自己驱车前往北大看大字报。

自从聂元梓等人的大字报贴出后，北大便变得热闹非凡。到北大来朝拜“第一张马列主义大字报”的人，像潮水般地涌进燕园。陈伯达让司机将车停在离校门很远的地方，自己步行进了校门。陈伯达个头不高，刚当上中央文革小组组长，还没有大红大紫，认识他的人并不多，人们没有注意到这位自称“小小老百姓”的大人物也混杂在人群中看大字报。这时北大的大字报，有反驳聂元梓的，也有为聂元梓辩护，把矛头对向北大党委、北京市委和高教部的。陈伯达走马观花地看了一个小时的大字报后，回到了人民日报社。

陈伯达回来后，王力、关锋已写好了评论稿的初稿，陈伯达向他们盛赞北大的大字报，说有“革命”的火药味。陈伯达看完王力、关锋的文章后，也没大改，将标题定为《欢呼北大的一张大字报》，署名本报评论员，交给报社发排印刷。

评论员文章一开头就说：“聂元梓等同志的大字报，揭穿了‘三家村’黑帮分子的一个大阴谋。”

到底是个什么样的“大阴谋”？文章说：

“三家村”黑店的掌柜邓拓被揭露出来了，但是这个反党集团并不甘心自己的失败。他们依然负隅顽抗，用“三家村”反党集团分子宋硕的话来说，叫作“加强领导，坚守岗位”。

他们“坚守”的是什么“岗位”？他们“坚守”的是他们多年来一直盘

踞的反动堡垒。他们加强的是什么“领导”？就是指挥他们的伙计作垂死挣扎，力图保持他们的反党反社会主义阵地。

宋硕的“加强领导”、“坚守岗位”，这是一个信号。它反映了在这场摧枯拉朽的无产阶级文化大革命中，一切牛鬼蛇神的动态。他们是一步不让的，寸土必争的，不斗不倒的。

“三家村”黑帮是诡计多端的。在前一个时候，他们采取“牺牲车马、保存主帅”的战术。现在“主帅”垮台了，他们就采取能保存多少车马就保存多少车马的手法。他们妄图保存实力，伺机而动。

为陆平、彭珮云等人多年把持的北京大学，是“三家村”黑帮的一个重要据点，是他们反党反社会主义的顽固堡垒。已经到了5月14日，陆平还传达北京市委大学部副部长宋硕的所谓紧急指示，并手忙脚乱地进行部署，欺骗、蒙蔽和压制广大青年学生和革命干部、革命教师，不许他们响应毛主席和党中央的号召起来革命。彭珮云是个神秘人员，上蹿下跳，拉线搭桥。在这个事件中，她转入地下活动，来往于北京大学历史系驻地十三陵和宋硕、陆平之间，出谋划策，秘密指挥。

这一切，都说明“三家村”黑店的分号，“三家村”黑帮的分号们，还是有指挥、有组织、有计划地进行顽抗。

文章还别有用心地诬蔑说：“你们的‘党’不是真共产党，而是假共产党，是修正主义的‘党’，你们的‘组织’就是反党集团。”并且语意双关地说：“凡是反对毛主席和党中央的指示的，不管他们有多高的职位，多老的资格，他们实际上是代表了被打倒了的剥削阶级的利益，全国人民都会起来反对他们，把他们打倒，把他们的黑帮、黑组织、黑纪律彻底摧毁。”

对聂元梓等人的大字报和这篇评论员文章，毛泽东给予了高度的评价，并说：“全国第一张马列主义大字报和人民日报评论员的评论，写得何等好啊！”

在《人民日报》刊登聂元梓的大字报的同一天，全国的各级党报也都刊登了聂元梓的大字报，同时转载了《人民日报》的评论员文章，引起了全国范围的大震动。正因为这篇评论员文章，使许多人认为聂元梓等人的大字报是得到中央支持的。于是，不少人写信给《人民日报》和当地报纸，以示支持聂元梓等人的行动。《人民日报》曾以《向反党反社会主义黑线开火》和《最坚决地支持北大无产阶级革命派的革命行动》的大字通栏标题，刊登了部分声援文章。

北大参加四川乐山专区社教运动的800名师生，在听到大字报的广播后，立即登车返回北京。他们在列车上致电中共中央和毛泽东，保证“高举毛泽东思想伟大红旗，坚决摧毁‘三家村’据点，把它们连根拔掉，彻底打倒！”并且向毛泽东宣誓：“一定要站在伟大运动最前列，坚决从黑帮分子手中夺回北大领导权，为迅速建设一个欣欣向荣的真正的社会主义的新北大而奋斗到底！”

这实际上说，以前的北大并不是社会主义的北大。

解放军某部的两位战士说：“我们看了北京大学聂元梓等七位同志的一张大字报，心里万分激动。这是一张敢于刺刀见血的大字报，是无产阶级革命的大字报，是闪耀着毛泽东思想光辉的大字报。”“毛主席很早就教导过我们，革命不是请客吃饭。革命就是斗争，只有斗争才有无产阶级专政，才有世界无产阶级的解放。”这里头，已经开始出现“文化大革命”特有的语言。

地质部张家口探矿机械厂的一些人在写给聂元梓等人的信中说：“当我们在广播里听到你们写的《宋硕、陆平、彭珮云在文化革命中究竟干些什么？》的大字报后，十分激动。你们这种敢于革命、敢于斗争、不怕鬼、不信邪，为了保卫社会主义，为了保卫毛泽东思想这个中国人民和世界人民的命根子，‘舍得一身剐，敢把皇帝拉下马’的革命精神，是革命的知识分子的正确态度，是我们学习的榜样，我们坚决支持你们！与你们并肩战斗，为彻底打垮一切反党反社会主义的牛鬼蛇神而奋斗！”

北京政法学院的一些人说：北京大学七位同志“发扬了中国革命青年敢想、敢说、敢闯、敢做的大无畏精神，贴出了第一张大字报，向‘三家村’黑帮在北京大学盘踞着的一个堡垒，打响了第一炮。这一炮打得好、打得准、打得狠！”

复旦大学哲学系的学生给聂元梓等人写信说：“你们勇敢地冲破修正主义分子的种种控制，贴出了一张革命的大字报，揭穿了‘三家村’黑帮分子的一个大阴谋，以高昂的革命精神，在北京大学点燃了革命的烈火。”“我们誓与你们并肩战斗，挥起毛泽东思想的千钧棒，砸碎一切牛鬼蛇神，坚决彻底干净全部地歼灭一切赫鲁晓夫式反革命修正主义分子，把社会主义文化大革命进行到底。”①

◇ 1966年6月2日，北京师范大学贴出大字报，号召“横扫一切牛鬼蛇神，捣毁‘三家村’一切分店！”

随着大字报的发表和舆论的声援，聂元梓没想到自己赌赢了，顿时得意忘形起来，向“围攻”她的人展开了猛烈的反击，校内出现了混乱的局面。从6月1日至6月6日，北大校内共贴出五万多张大字报，自发到北大看大字报、学习“革命”经验者，日达数万人，还有一些学校派人前来声援，去北大的交通为之阻塞。

对这一“盛况”，著名学者季羡林在他的《牛棚杂忆》中写道：“在‘马

① 《人民日报》1966年6月4日。

列主义’信徒们眼中，北大是极其神圣、极其令人向往的圣地，超过了麦加，超过了耶路撒冷，超过了西天灵鹫雷音寺。一次朝拜，可以涤除身体上和灵魂中的一切污浊，一切罪孽。来的人每天有七八万十几万甚至几十万。先是附近学校里的人来，然后是远一点的学校里的人来，最后是外地许多大学里的人，不远千里，不远万里，风尘仆仆地赶了来。本地的市民当然是当仁不让，也挤了进来凑热闹，夹在里面起哄。这比逛天桥要开心多了。除了人以外，墙上，地上，树上，还布满了大小字报，内容是一边倒，都是拥护‘第一张马列主义的大字报’的。人的海洋，大字报的海洋，五光十色，喧声直上九天。”①

3.第一批被大字报击中的“黑帮”

恐怕连聂元梓本人也没想到，她的第一张大字报，如同打开了“潘多拉的盒子”，放出了一个个魔鬼，给中国带来了一系列灾难。

学校的动乱是从6月1日开始的，新的一轮大字报狂潮也是从6月1日以后开始的。从这以后，在整个“文化大革命”中中国到底贴出了多少张大字报，已经永远是一个谜了。在“大跃进”的大字报高潮，虽然有些数字被夸大了，但毕竟有许多单位自称贴出了多少张多少张大字报。在这场大混乱中，大字报完全失控了。

“文化大革命”期间的大字报，与反右派运动和“大跃进”中的大字报显著不同的是：后者的大字报，基本上是在各级组织的领导下进行的，大字报针对的也是具体的个人；前者的大字报狂潮，总体上则完全是造反派随心所欲贴出的，它的基本内容是揭发和批判，矛头对向的是各级党的组织和各级领导干部。

6月2日，西安交通大学在一天内贴出了1万张大字报，表示支持聂元梓等人的“无产阶级的革命立场和斗争精神”，质问校党委为什么按兵不动，把主要矛头对向校党委。当天晚上，中共陕西省委决定向西安交大派出工

① 季羡林：《牛棚杂忆》，中共中央党校出版社1998年版，第17页。

作组。

也就在这一天，西安交大党委书记彭康为了控制事态的发展，召开了一系列会议。据后来“揭露”说：彭康在党总支书记会议上谩骂广大革命师生的革命行动是“乱搞”，还别有用心地说“这会被敌人利用”。彭康又在党员大会上大讲什么要加强“党的领导”，企图用被他挟持的“校党委”名义，来限制广大革命师生的行动。当天晚上，出现了一批声称要“保卫校党委”的大字报。[①]

6月3日，中共陕西省委工作组进驻西安交大，引导学生批判“三家村”。但学生们的注意力集中在校党委，对批判“三家村”并不积极，工作组加以引导，引起学生不满。工作组便接受学生的意见，决定集中力量搞校党委，并得到了中共陕西省委的批准。

6月5日上午，中共陕西省委工作组根据中共中央西北局的指示，通过广播向西安交大全校师生讲话，其大意是：运动的矛头针对校党委；校党委是红线还是黑线可以讨论；试办文化革命委员会。

西安交大的学生们对这个指示不满，对工作组成员不放心,纷纷发电报给中共中央和毛泽东，要求中央派工作组来交大。工作组打电话给电报局，查问电报内容，被学生得知后引起了更大的不满。

6月6日，学生要赶走工作组，贴出中共陕西省委有“黑帮”的大字报，并把大字报贴到了电报大楼。另有几十个学生分别到中共中央西北局、中共陕西省委、新华社陕西分社、陕西日报社，提出省委和工作组有黑线的问题。

6日晚，工作组开会，认为漂上了一批闹事的“尖子”，出笼了一批牛鬼蛇神，要组织队伍抓根子，这便是西安交大“六六”事件。事件发生后，刘少奇、陶铸要陈伯达写一篇“假左派、真反革命”的社论，被陈伯达拒绝。6月17日，中共陕西省委决定，撤销彭康的西安交通大学党委书记的职务。彭康在“文化大革命”中被迫害致死。

6月7日，清华大学造反派贴出反对校长蒋南翔和校党委的大字报。清

---

① 《陕西日报》1966年6月18日。

华近万名师生同少数造反派展开辩论，这就是后来所谓的工作组制造的"一万对七百"的围攻少数派事件。北大造反派不顾工作组的劝阻，到清华去"揭露"蒋南翔，又引起了清华学生同北大造反派的辩论。清华工作组将北大造反派护送出校，结果说成是"押送"出校。6月10日，中共中央书记处作出决定：蒋南翔停职反省。造反派大受鼓舞。

6月8日，上海《解放日报》和《文汇报》同时以整版篇幅，刊登了万里、陈聆群等五人的来信，声称上海音乐学院揪出了"反党反社会主义分子贺绿汀"。

6月3日，上海音乐学院贴出了第一张批判院长贺绿汀的大字报。随后，校园大字报开始增多。这些大字报说，贺绿汀吹捧资产阶级的专家、权威，诱骗青年走修正主义道路，梦想复辟资本主义，宣扬反动人性论，攻击伟大的毛泽东思想等等。

万里、陈聆群等人的长文，仿照聂元梓等人大字报的格式，给贺绿汀定性为"极其顽固的反动的资产阶级代表人物"，是"党内、音乐界反党反社会主义黑线里的重要人物"，"揭发"出来的贺绿汀的"罪行"有："与国际上牛鬼蛇神的反华大合唱相呼应，同国内地富反坏右紧密配合，伙同那些'三十年代文艺'的'权威'、'祖师爷'，向党发动了猖狂进攻，射出了一支又一支的毒箭。""在解放后十余年中一贯疯狂地攻击和反对毛泽东文艺思想。"　"露骨地鼓吹资产阶级自由化"，"为资产阶级争夺音乐教育的领导权"，"诱惑青年做资产阶级的孝子贤孙"等等。

总之，贺绿汀是一个"混进党里的资产阶级代表人物"。

6月9日，《解放日报》《文汇报》再以整版篇幅发表了上海音乐学院革命师生"愤怒声讨贺绿汀反党罪行"的大字报选。10日，又发表广大工农兵声讨贺绿汀的文章和大字报。贺绿汀被"揪出"，揭开了上海"文化大革命"的序幕。

6月12日，南京大学"揪出了反革命分子匡亚明"。

聂元梓等人的大字报在中央人民广播电台播出后，本来就不平静的南京大学校园进一步躁动起来。当天下午，南大溧阳分校便出现了第一张大字报，对分校政治处提出责问：是否愿意彻底革命？接着，二年级的八名学生，联名写了一张《十问匡校长》的大字报，“向匡亚明对待‘文化大革命’的错误言行进行责问”（新华社南京6月15日电讯语）。

不用说，随后大字报越贴越多。当天下午和晚上，匡亚明在南大溧阳分校召开党总支扩大会议和党员大会，用当时的报道说：“布置立即组织‘反击’，煽动大家‘不能手软’，对革命师生进行恶毒污蔑、谩骂和恐吓，把革命师生贴出的大字报说成是‘毒草’。”①

匡亚明的“反击”自然没有成功。6月12日，南京大学召开全校师生大会，南京其他院校派出大批代表参加。会上，中共江苏省委宣布撤销匡亚明的南京大学党委书记、校长等一切职务。第四天，全国各大报都刊登了新华社播发的南京大学“揪出”匡亚明的消息。这天的《人民日报》还特地配发了《放手发动群众，彻底打倒反革命黑帮》的社论，称“揪出”匡亚明是“一件大快人心事”。

从此，全国掀起了一股揪“黑帮”的恶浪。

接着，武汉大学“揪出”了朱劭天、何定华等“反党反社会主义黑帮”。

朱劭天是武汉大学党委第一书记，何定华是武汉大学副校长。6月初，武大举办了一个“一反三查展览会”。展览会开办的当天，造反派就贴出了一批大字报，物理系五年级的六个学生的一张大字报就用了“何定华，你就是珞珈山的邓拓，逃不了”的标题，把矛头直指武大党委和校领导。第二天，“在‘一反三查’这个反革命的展览会四周，全部贴满了痛斥‘三家村’黑帮负隅顽抗的大字报。写大字报、贴大字报、看大字报的人，打着雨伞，冒着倾盆大雨，把来往道路挤得水泄不通”②。

6月12日，中共湖北省委决定何定华停职反省，中共中央中南局决定调朱劭天回武大交代自己的问题。

江西大学、江西师范学院“揪出”了“‘三家村’黑店江西分店老板”谷霁光。

---

① 《人民日报》1966年6月16日。

② 《湖北日报》1966年6月13日。

◇ 上海音乐学院学生写大字报，批判该院院长、音乐家贺绿汀。

◇ 南京大学学生贴出大字报，攻击该校校长兼党委书记匡亚明。

江西大学出现的大字报比聂元梓的大字报还早。5月15日，该校物理系一名青年教师和三名学生贴出了《向“三家村”黑帮分子谷霁光开火》的大字报，“揭发”谷霁光在1961年10月的江西大学第四届学代会上，竭力鼓吹“要博览群书”，“以古今中外的书为师”，并公开鼓吹“理论——实践——理论”的反动公式，是明目张胆地反对毛泽东思想，推行资产阶级教育路线，极力抵制阶级斗争、生产斗争和科学实验三大革命运动。同时“揭露”谷霁光1966年2月在江西历史学会的一篇题为《驳吴晗同志有关“清官”谬论》的发言，也是一支彻头彻尾的反党毒箭，谷霁光别有用心地把严重的政治问题说成是学术问题，对吴晗进行假批判、真掩护。①

聂元梓等人的大字报和北京市委改组北大党委的消息广播后，仅几天的时间，江西大学、江西师院就贴出大字报3万余张，还开了大、小声讨会200余次。谷霁光就这样被“揪”出来了。

山东师范学院“揪出”了刘砥石和刘明凡。

刘砥石和刘明凡分别是山东师范学院的党委副书记和副校长，其“罪行”是“猖狂镇压革命群众运动，破坏无产阶级文化大革命”。

这年的4月22日，山东师范学院中文系和外文系的学生贴出大字报，“要求参加文化大革命”，但刘砥石、刘明凡以“外部问题已经解决了，内部问题也就迎刃而解”，“抓革命促教改”，“学术批判理论战斗为主体”等理由，“阻挠”学生“向牛鬼蛇神开火”。

6月1日聂元梓等人的大字报广播后，山东师范学院在6月2日下午贴出了大量声援聂元梓、质问校党委对运动领导不力的大字报。当天晚上，刘砥石、刘明凡召开党委扩大会议，组织了一批反击的大字报，结果引出了更多的大字报。6月20日，中共山东省委迫于形势，撤销了刘砥石、刘明凡党内外一切职务。

6月21日，重庆大学党委书记郑思群被停职检查。

6月1日以后，重庆大学也贴出了一些针对校党委的大字报。6月11日，郑思群从成都开会回校后，见学校党委机关门口贴满了大字报，便批评说：

① 《江西日报》1966年6月17日。

“大字报这么多，能把牛鬼蛇神打倒吗？水也搞浑了，消息也让敌人知道了。”又说大字报太乱，人都走不过来，要整理规划一下。还说：“大字报只能起起哄的作用，要真正解决问题，还要靠二百米的硬工夫——小字报。”结果，这些话被学生认为是要把大字报去掉，是要对深入开展“文化大革命”画上“框框”，要把革命群众的手脚捆起来，把大好的革命形势搞得冷冷清清。这样一来，一张又一张的大字报烧向了郑思群和学校党委，重庆大学党委也被指责为“顽固地站在资产阶级立场上，同情和庇护一些资产阶级知识分子和资产阶级代表人物，进行反党反社会主义活动”[①]。

6月21日晚，中共重庆市委在重庆大学师生员工大会上宣布郑思群停职检查，由市委工作组领导重庆大学的“文化大革命”。

成都大学党委副书记赵力也因“攻击革命大字报”，“破坏文化大革命运动”而被解职。

6月3日上午，成都大学贴出了第一批“革命大字报”，批评学校党委在“文化大革命”中，不敢放手发动群众，用清规戒律约束群众的革命行动，企图把一场严重的阶级斗争引入歧途。据《四川日报》说，第一批大字报贴出后，赵力急急忙忙召开紧急党委扩大会，暗示这些大字报有问题，并布置追查这些人的情况。在当天下午的全校师生员工大会上，赵力又含沙射影地说，这些大字报是挖苦领导。他还在学生中公开表示大字报的矛头指向错了。在全校总支书记会议上，赵力又同意个别干部提出的反击这些大字报的意见，使得当天就出现了大量“拥护学校党委”的大字报，还迫使贴党委大字报的学生做检讨。

不但如此，赵力还对“革命大字报”“横加指责”，说“写大字报浪费时间，一张纸写不了多少内容，讲不清楚问题；还要派人去抄，浪费纸”等，给大字报泼冷水。

不需说，赵力招来了更多的大字报。于是中共成都市委决定，报请中共四川省委和中共中央西南局批准，赵力的成都大学文化革命领导小组组长

---

① 《重庆日报》1966年6月23日。

职务被撤销，其成都大学党委副书记和马列教研室主任职务也被停职。[①]

相比之下，郑思群和赵力的待遇还算好的，报上对他们仍以“同志”相称，还没有将他们划入“黑帮”之列。

浙江大学党委副书记、副校长刘丹也因对大字报进行抵制而被解职。

6月2日一早，浙大就出现了声援聂元梓的大字报。6月3日清晨，马列教研室的九名教师贴出了一张《横扫阻碍社会主义文化大革命的一切清规戒律》的大字报，批评浙大党委对“文化大革命”领导不力，设下了重重清规戒律，压制群众的革命热情，要求加强领导。这张大字报一贴出，便得到了很多人的响应，一些师生纷纷贴出大字报，批评浙大党委和刘丹对“文化大革命”领导不力。

这些大字报贴出后，刘丹就“怀着刻骨仇恨，诬蔑那些贴革命大字报的人”，说其是“别有用心”，“有意攻击党委”，“诬蔑”这些大字报是“大毒草”，还要求《浙江日报》不登魏益华等人的批判资产阶级权威的文章。刘丹还在总支书记会上又一次批评6月3日贴大字报的人。原浙大干部在6月5日贴出声援马列教研室教师的大字报后，刘丹又说：“这又是一条线。”如此等等，构成了刘丹“抗拒革命群众运动的反党反社会主义罪行”[②]。

6月22日，浙江大学举行群众大会，会上中共浙江省委宣布撤销刘丹的浙江大学党委副书记、副校长职务，并派工作组进驻浙江大学。

郑州大学“揭发”出了校党委书记、代理校长王培育“镇压学生革命运动的罪行”。

6月2日，郑州大学贴出了大批大字报，郑州大学党委制定了追查写大字报人的历史、表现、出发点，不允许在下面进行串联活动，不准到校外宣传等三条措施。但这些措施并不见效，学校的大字报有增无减。结果，王培育被河南省委撤销了党内外一切职务。

在新华社和《人民日报》播发刊出聂元梓等人的大字报后一个多月的时间里，几乎全国所有的高校都贴出了多少不一的大字报。受聂元梓大字

① 《四川日报》1966年6月24日。

② 《浙江日报》1966年6月24日。

报的启发，不少学校的大字报把矛头针对校党委和校领导，以及“反动学术权威”。绝大多数学校的党委对大字报进行了不同程度的抵制，并力图将局势控制下来，但这些努力没有产生效果，大字报贴满了大学校园，学校正常的秩序被打乱。

不过，这一时期的大字报，基本上还没有把地方党委作为攻击的对象。在一些学校负责人被撤职后，地方党委还向学校派出了工作组，代行党委职权，领导学校的“文化大革命”。

用大字报去揭露“黑帮”、“黑店”、“黑组织”是“文化大革命”初期的一个重要特征。

1966年6月21日，《人民日报》发表了《革命大字报是暴露一切牛鬼蛇神的照妖镜》的社论，把大字报的作用推崇到了无以复加的地步。社论说：

> 革命的大字报，是暴露一切牛鬼蛇神的照妖镜。你一张，我一张，从各个方面，一下子就让那些反党反社会主义的黑帮露出了真面貌。
>
> 革命的大字报，提出各种各样的意见，揭露各种各样的矛盾。我们就是要从各种不同的意见中，从各种矛盾中，去了解情况，发现问题，解决问题。
>
> 革命的大字报，把大是大非的问题摆出来，让大家来议论、大家来鉴别、大家来批判。这对于教育群众，特别是提高青年一代的无产阶级觉悟，真是一天等于二十年。
>
> 革命的大字报，大长无产阶级志气，大长工农兵群众的志气；大灭反党反社会主义一切反动派的威风，大灭资产阶级“权威”老爷们的威风。

社论进而说，对待革命大字报采取什么态度，是在这场“文化大革命”中区分真革命和假革命，区分无产阶级革命派和资产阶级保皇派的一个重要标志。社论还说，革命派的态度是欢迎、拥护大字报，带头写大字报，放手让群众写大字报，让群众揭露问题，而保皇派必然对大字报怕得要死，千方百计地压制群众的大字报。害怕大字报，就是害怕群众，害怕革命，害怕人民民主，害怕无产阶级专政，“所以我们提倡群众写大字报，以利于我们的对敌斗争，以利于我们改进工作，以利于我们社会主义事业更健康地、大踏步地前进”。要通过放手发动群众写大字报，把“无产阶级文化大革命”进行到底。

《人民日报》的这篇社论，竟然把大字报吹捧到了“暴露一切牛鬼蛇神的照妖镜”的高度，对待大字报的态度更是成了划分革命派与保皇派的标准，这对开始泛滥成灾的大字报起了推波助澜、火上浇油的作用。

五、大字报高呼“造反有理”

1.大字报的矛头对准了工作组

1966年6月，中共中央华北局在向北京大学派去第一个工作组后，北京及外地的高校和一些中学陆续进驻了工作组。

对工作组的到来，广大师生是表示欢迎的，工作组对控制当时已经出现的混乱局面起了一定的作用。

派工作组领导运动是过去历次运动的传统做法。派工作组进驻大中学校，是希望保持党组织对运动的领导，消除运动中的无政府状态。但是，由于发动“文化大革命”本身就是错误的，“革命”的目的是“斗垮走资本主义道路的当权派，批判资产阶级的反动学术‘权威’”，本身就含糊不清；什么样的人是“走资本主义道路的当权派”，什么样的人又属于“反动学术权威”，当时也没有明确的划分标准。正因为如此，群众对本单位的领导是否属于“走资本主义道路的当权派”，就必定根据自己的认识、理解、好恶等，作出不同判断，进而采取不同的态度。因此，运动一开始，不少单位就分为“造反派”和“保守派”两派。在一个单位中，“造反派”往往又是少数派，“保守派”是多数派。两派之间由于观点、看法的不同，常常展开激烈的斗争。

工作组进驻各单位后，立即面临如何对待两派的问题。两派之间的矛盾和斗争，使工作组不可能采取超然的态度。工作组对什么是“走资派”，进驻单位的领导是不是“走资派”，也只能根据自己对“文化大革命”的理解作出判断。所以工作组进驻后,对两派不可能做到一碗水端平，这样就使工作组处在矛盾的焦点上。

1966年6月18日，北京大学一些人趁工作组开会之机，大肆活动，私设“斗鬼台”，乱揪乱斗40余人，其中有党团干部、教师和学生。工作组闻讯后，立即出面加以制止，工作组组长张承先向全校发表广播讲话，并关闭校门，进行整顿。当天下午，北大工作组将这一事件的经过和处理情况写成简报，呈报给中共北京市委，北京市委又立即将其转报给了刘少奇等中共中央政治局常委。

刘少奇肯定了北大工作组的做法，他在为中共中央转发这份简报给全国而起草的批语中说：“中央认为北大工作组处理乱斗现象的办法是正确的，及时的。各单位如果发生这种现象，都可参照北大的办法办理”①。

中共中央批发《北京大学文化革命简报（第九号）》后，各地各单位的工作组按照北大工作组的做法，在一定程度上制止了乱揪乱斗的现象，使已经出现的混乱局面有所转机。但工作组的做法，引起“造反派”的不满，他们“认为工作组推行的是修正主义路线，压制了他们的革命造反精神，是镇压革命的反动行为，从而加剧了工作组同‘造反派’的对立”②。于是，“造反派”将大字报的矛头对向了工作组。

6月20日，以谭厚兰为首的北京师范大学学生17人，贴出了《孙友余要把运动引向何方？》的大字报。孙友余是北师大工作组组长。孙友余在大字报贴出来后，发表广播讲话，认为反对工作组就是反对新市委和党中央，提出了“反对干扰”的意见。中午时分，又有人贴出了《孙友余为何恐慌》的大字报，继续反对工作组。晚上，北京新市委派人代表市委接见北师大师生，提出了“信任工作组、支持工作组、帮助工作组”的三点要求。此后，反对工作组的少数学生受到了批评，个别人还受到批判斗争。

---

① 金冲及主编：《刘少奇传》下卷，中央文献出版社1998年版，第1024页。

② 席宣、金春明：《“文化大革命”简史》，中共党史出版社1996年版，第103页。

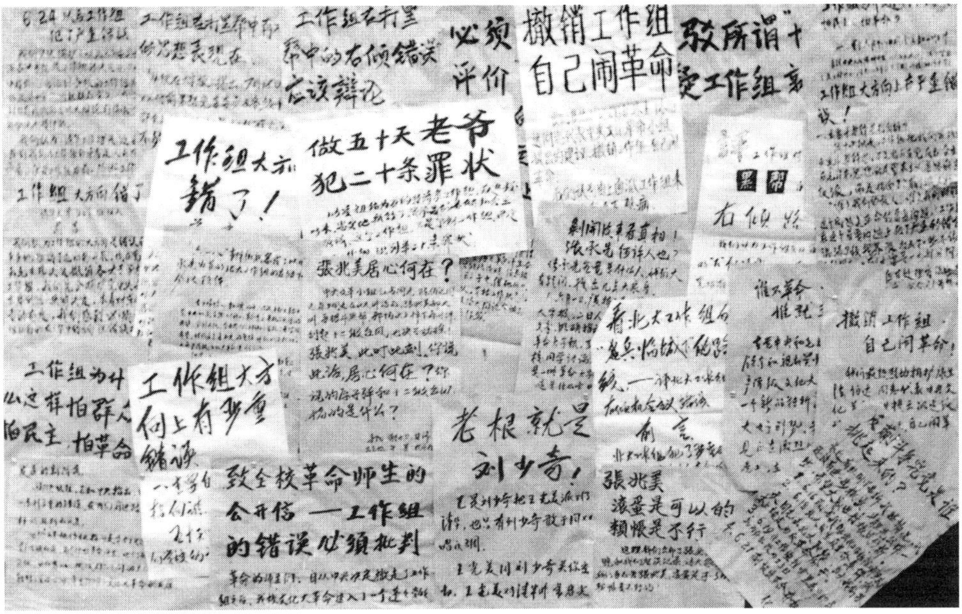

◇ 清华大学学生反对工作组的大字报。

7月12日，中央文革小组派曹轶欧等人到北师大调查所谓的“六二〇”事件。第二天，中央文革小组严厉指责孙友余，要求其对北师大全体师生员工作检查，被孙友余拒绝。7月16日，中央文革小组撤销了孙友余的北师大工作组组长的职务。

7月12日，北大地球物理系五名学生贴出了《把运动推向更高阶段》的大字报，批评工作组在运动中不敢放手发动群众。随后，新北京市委批评北大工作组对“六一八”事件的估计，说这件事是万人革命的行动，北大的“文化大革命”前18天“轰轰烈烈”，后一个月“冷冷清清”，与这件事有很大关系，工作组要向全校作检查。

工作组受到批评，决定用三天的时间进行整改，开展大鸣、大放、大辩论、大字报。工作组引火烧身的行动，在全校引起很大反响，又有人贴出批评工作组的大字报，也有人贴大字报对工作组表示支持。北大的大字报再度升温，一些老教授也贴出了大字报。

当然，大字报不是人人都有资格贴的，时任北大历史系副主任的周一良教授后来回忆说：

我不是系里党政最主要负责人，平时群众关系又不太坏，所以虽未能“混入”革命群众队伍中，也还不算主要敌人，只是靠边站而已。这种人的任务是，每天上午到系里集中学习——语录或报纸杂志的社论，此外的时间是看大字报——校内和校外，替革命群众抄大字报，但是不准自己写大字报。我曾与教研室另一位靠边站的教师李克珍用“惊回首”名义共同写了一份大字报，内容已不记得，不外乎自我批评之类。在校园张贴时，被认识我的红卫兵发现，立即被粗暴制止：“你不配贴大字报！”①

与此同时，其他一些高校和中学，也发生了学生贴工作组大字报和赶走工作组的事。

在“造反派”将矛头指向工作组时，有些单位批斗了一些带头“造反”，轰赶工作组的人，并加以“反党分子”、“假右派”、“右派学生”的罪名。于是，江青、陈伯达等人利用这一点大肆渲染，把“镇压群众”、“白色恐怖”、“反对革命”等弥天大罪加在工作组头上。

7月18日，毛泽东从外地回到北京。他在听取汇报并看了中央文革小组提供的一些材料后，对北京的“文化大革命”不满。毛泽东说：回到北京感到很难过，冷冷清清，有些学校大门都关起来了，甚至有人镇压学生运动。谁才镇压学生运动？只有北洋军阀！又说：“内外有别”是怕革命，大字报贴出来又盖起来，这种情况不能允许。这是方向错误，赶快扭转。把一切条条框框打个稀巴烂，给群众定框框不行。②毛泽东准备下决心撤掉工作组。

根据毛泽东的指示，江青、陈伯达于7月22日和23日两次去北大“调查”（实际上只同聂元梓等少数人接触），看大字报，他们对北大师生的讲话，支持反工作组的态度十分明显。江青在讲话中说：“我代表毛主席来看看你们”，“我们都站在你们革命派一边”。还说：“革命派跟我们在一块，谁不革命谁走开”。陈伯达则在讲话中说，“江青同志讲的也是代表文化革命小组要讲的”，“我们的意见是说‘六一八’事件是反革命事件是不对的，是错误的”③。

---

① 周一良：《毕竟是书生》，北京十月文艺出版社1998年版，第55页。

② 王年一：《大动乱的年代》，河南人民出版社1988年版，第46页。

③ 参见张承先：《“文革”初期的北大工作组》，载《百年潮》1998年第4期。

江青、陈伯达两次来北大，把工作组完全甩在一边，使北大进一步掀起了反工作组的浪潮。

7月24、25日，毛泽东连续两次召集中央政治局常委、中央文革小组负责人和正在北京开会的各大区中央局书记谈话。他说：有这么一段，运动冷冷清清，就是6月20日左右以后，有许多地方搞得冷冷清清；工作组一不会斗，二不会改，只会起阻碍运动的作用，都要把它撤出来。[①]如此，工作组的命运就这么决定了。

◇ 1966年7月27日，中央文革小组组长陈伯达到北京师范大学，支持学生反对工作组。

毛泽东在批评工作组的同时，也表扬了一些人，他说这几天康生、陈伯达、江青都下去了，到学校去看大字报，没有感性知识怎么行？都不下去，天天忙于日常事务，停了日常事务也要下去，取得感性知识。南京做得好，没有阻挡学生到中央。开会期间，到会的同志都要去北大、广播学院看大字报，要到出问题最多的地方去看一看。你们看大字报时，就说是来学习的，来支持你们闹革命的，去那里点火支持革命师生，不是听反革命、右派的话的。搞了两个月，一点感性知识也没有，官僚主义。[②]

毛泽东的这番讲话，使中央到地方的各级领导干部去北京大学参观大字报的人骤然增加起来，而江青、陈伯达又对此竭力宣传，使全国各地的人员如潮水般地到北大“取经”。从1966年7月29日至8月28日一个月的时间

① 金冲及主编：《刘少奇传》下卷，中央文献出版社1998年版，第1028页。

② 陈明显：《晚年毛泽东》，江西人民出版社1998年版，第463页。

里，到北大看大字报、学习、串联，加上看热闹的，共达210多万人，仅8月12日这天就有17.96万人，把北大校园挤得水泄不通。

毛泽东始终认为，要发动和搞好“文化大革命”，必须充分发动群众，但目前的情况使他感到群众仍然发动不够。毛泽东是善于抓典型、捕捉要害的。正在此时，清华大学附中红卫兵给他的信和两张大字报，引起了他极大的兴趣。

2.三张鼓吹“革命的造反精神万岁”的大字报

在北大因聂元梓等人的大字报而热闹非凡的时候，与北大毗邻的清华园也被“文化大革命”之火烧得乱哄哄的。在嘈乱之中，一只“金猴”诞生了。

《五一六通知》发表之后，清华大学附中的学生贴出了一份大字报，标题是《最积极、最自觉地参加这场尖锐的阶级斗争》，这些中学生用稚嫩的声言喊出了那个时代特有的豪言壮语：

> 战鼓震天，军号嘹亮，伟大的文化大革命的战幕拉开了。
>
> 毛泽东时代的青年们，广大工农兵已经冲上去了，我们还等什么！？拿起马列主义、毛泽东思想这个最锐利的武器冲上去！集中火力，向反党反社会主义的修正主义路线开火！
>
> 永远向有炮声的地方靠拢，永远自觉地为毛泽东思想而战，为共产主义而战，一定要把藏在各个角落的害人虫通通打扫干净！①

5月29日，这一天正好是星期天。傍晚，清华附中的一些学生来到学校附近的圆明园，商量成立一个秘密组织，今后凡是观点相同的人写大字报、小字报就用同一个签名、同一个笔名。经过七嘴八舌的讨论，最后选定了“红卫兵”这个名称。

聂元梓等人的大字报发表后，清华附中的校园里也贴出了一张又一张的大字报，其中有一张题为《誓死捍卫毛泽东思想，誓死捍卫无产阶级专政》的大字报格外引人注目。大字报称：

---

① 《毛主席的红卫兵》，中国少年儿童出版社1972年版，第11、17页。

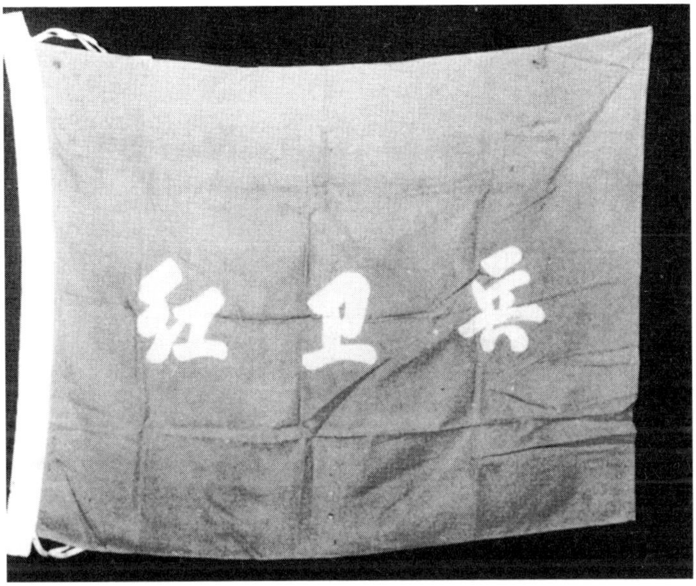

◇ 1966年5月29日，清华大学附属中学成立了全国第一个红卫兵组织。图为清华大学附中红卫兵的旗帜。

凡是毛主席指示的，我们就坚决照办，坚决执行，就是上刀山下火海也在所不辞！凡是反对毛泽东思想的，不管他是什么人，不管他打着什么旗号，不管他有多高的地位，我们就要同他斗争到底！①

这张大字报还说，要“大树特树毛泽东思想的绝对权威”，誓死和“修正主义分子”斗争到底，要“坚决地将无产阶级文化大革命进行到底”。这张大字报的惊人之处还不在于它的豪言壮语，而是第一次亮出了“红卫兵”这个名字。

“红卫兵”这几个字不胫而走。这张大字报贴出后，海淀区、西城区各中学的中学生纷纷赶到清华附中看大字报，并写出大字报以示声援与支持。这些大字报的右下端，或洒洒脱脱，或歪歪扭扭，或龙飞凤舞，或磕磕碰碰地落上“红卫兵”的大名。

清华附中红卫兵更大的惊人之举，是他们贴出了三张关于“造反精神万岁”的大字报。

① 《毛主席的红卫兵》，中国少年儿童出版社1972年版，第11、17页。

6月8日，由中央团校人员组成的工作组进驻清华附中。工作组来了之后，立即承认了“红卫兵”是个好组织，还让“红卫兵”的几个发起人参加了“革命代表会议筹备委员会”。但这种“怀柔”政策很快就失效了。

首先引起清华附中红卫兵不满的是他们得知除了清华附中，其他各学校的红卫兵仍被视为非法组织，而且他们还听有人说，清华附中红卫兵虽然暂时被市里承认，但今后将怎样还难说。联想到工作组进驻学校对红卫兵不冷不热、动辄指责的态度，红卫兵对工作组日渐怀疑和不满起来。

另一件引起红卫兵不满的事是6月初《中国青年报》发表的《左派学生的光荣责任》的文章，文章的中心内容是要求青年学生要克服自身的弱点和缺点。这些自认为时代宠儿、骄子的中学生，哪能接受他们也有弱点和缺点的观点，当即便写了一篇批驳这篇文章的大字报，称其“不以阶级斗争为纲，而是一味地强调团结，抹杀复辟与反复辟斗争的严重性”，同时指责工作组依靠右派打击左派。[①]

这张大字报激化了工作组同红卫兵间的矛盾，工作组提出要“坚决反击”，并且认为，现在出现了“假左派”、“真右派”，“造反派”在争夺领导权。

清华附中红卫兵们当然容忍不了工作组的这种态度，他们决定向工作组投去一颗重磅的精神炸弹。

6月23日，几个红卫兵在学校的办公楼议论怎么写批判工作组的大字报，正在这当中，其中的一个人无意中看到6月5日的《人民日报》国际版的国际问题评论文章《汉弗莱的哀叹》中有这么一段话黑体字，“马克思主义的道理千头万绪，归根到底，就是一句：‘造反有理’”。

这是1939年12月21日毛泽东在延安庆祝斯大林诞辰60周年讲话中的一段，国际问题评论文章的末尾特地对此作了注明。

毛泽东的这段话当时没有收进《毛泽东选集》和《毛主席语录》。这几个红卫兵看到这段话，茅塞顿开，决定就以“造反有理”作为大字报的基本精神。他们还商定在大字报中先不用这段话，只是根据其精神写，赞扬造反

① 参见《毛主席的红卫兵》，中国少年儿童出版社1972年版，第28页。

精神，工作组看了一定会跳出来批判。到那时，再把这条语录原原本本地抄出来，工作组就会傻眼没办法。

这的确是个不错的办法。当时，《毛主席语录》还未到书不离手的地步，虽然大字报中引用毛泽东的话已成了这种八股文的基本格式，但谁又注意到这篇不起眼的文章中有如此重要的语录呢？

6月24日，学校最醒目的地方贴出了一张署名为“清华大学附属中学红卫兵”的大字报。大字报上写着《革命的造反精神万岁》的大字标题（1966年8月21日《红旗》第11期刊载时，题目改为《无产阶级的革命造反精神万岁》）。大字报充满了浓厚的火药气息：

革命就是造反，毛泽东思想的灵魂就是造反。我们说，要在“用”字上狠下工夫，就是说，主要在“造反”二字上下工夫。敢想、敢说、敢做、敢闯、敢革命，一句话敢造反，这是无产阶级革命家最基本最可贵的品质，是无产阶级党性的基本原则！不造反就是百分之一百的修正主义！

修正主义统治学校十七年了，现在不反，更待何时！

有些大胆的反对造反的人，今天突然变得忸怩起来，絮絮叨叨，吞吞吐吐。什么太片面了呀，什么太狂妄了呀，什么太粗暴了呀，什么太过分了呀。

这统统是谬论！要反对就反对，何必羞羞答答的呢？

我们既然要造反，就由不得你们了！我们就是要把火药味搞得浓浓的。爆破筒、手榴弹一起投过去，来一场大搏斗、大厮杀。什么“人情”呀，什么“全面”呀，都滚一边去！

你们不是说我们太片面了吗？你们要的是什么样的全面呢？看来你们的全面是“合二而一”，是折中主义。

你们不是说我们太狂妄吗？我们就是要“狂妄”。毛主席说：“粪土当年万户侯。”我们不但要打倒附中的反动派，我们还要打倒全世界的反动派。革命者以天下为己任，不“狂妄”怎么行呢？

你们不是说我们太粗暴了吗？我们就是要粗暴！对待修正主义怎么能缠缠绵绵，大搞温情主义呢？对敌人的温情，就是对革命的残忍！

你们不是说我们太过分了吗？老实说，你们所谓不过分，就是改良主义，就是“和平过渡”。这是妄想！我们就是要把你们打翻在地上，再踏上一只脚！

还有些人，对革命害怕得要死，对造反害怕得要死。你们循规蹈矩、唯唯诺诺，缩在修正主义的蜗牛壳里，一有造反的风声，你们就神经紧张。这些日子，无情的斥责声天天送入你们的耳中，你们天天心惊胆战，你们不感到难受吗？你们怎么活得下去呢？

革命者就是孙猴子，金箍棒厉害得很，神通广大得很，法力无边得很，这不是别的，正是战无不胜的伟大的毛泽东思想。我们就是要抡大棒、显神通、施法力，把旧世界打个天翻地覆，打个人仰马翻，打个落花流水，打得乱乱的，越乱越好！对今天这个修正主义的清华附中，就要这样大反特反，反到底！搞一场无产阶级的大闹天宫，杀出一个无产阶级的新世界！①

工作组果然上了这批小“孙猴子”的当，他们组织了一批又一批批判造反精神的大字报。工作组有人还颇为得意地说：这一下子红卫兵的反动面目暴露了，造什么反，造谁的反？干社会主义还造反？工作组还以组织运动为由，称这张大字报是反革命宣言书。

这张大字报开篇到结尾都是“造反”，虽说当时事实上到处都在造反，但用的都是“革命”的名义，这种公开声言“造反精神万岁”尚未听见，自然引起了人们的注意和好奇心，而工作组对大字报组织的大规模批驳，客观上进一步扩大了这张大字报的影响力。一时间，到清华附中来看大字报、抄大字报的人川流不息，这张大字报很快就传遍了北京的大中学校。

由于工作组对这张大字报公开持反对态度，团中央的一位领导人还提出要解散红卫兵，把党组织恢复过来。一时间，清华附中的红卫兵压力不小。

正是由于有造反精神，红卫兵并没有在压力下屈服。为了反击工作组，7月4日，清华附中红卫兵又贴出了《再论革命的造反精神万岁》的大字报（1966年8月21日《红旗》第11期刊载时，题目改为《再论无产阶级的革命造反精神万岁》）。

大字报开头就抄录了毛泽东关于“造反有理”的那段话，然后说：

过去，工人打倒资本家，农民打倒地主，剥削阶级诬之为造反。无产阶级造反的帽子真是光荣得很！

① 《人民日报》1966年8月24日。

今天，旧思想、旧文化、旧风俗、旧习惯等等产生修正主义的东西，都完全消灭了吗？

没有！

各地各单位的黑线黑帮现在都完全消灭了吗？

没有！

现在消灭了黑线黑帮，将来就不会产生新的黑线黑帮吗？

不是！

我们的“野心”是横扫一切牛鬼蛇神！

撼山易，撼红卫兵难！

资产阶级的右派先生们，我们很理解你们的特殊心情：你们被我们专政了，你们痛苦了，你们也想喊一声“造反”了。无怪乎，最近出现了左派、右派齐喊造反的怪现象。老实告诉你们，珍珠不容鱼目来混杂。我们只许左派造反，不许右派造反！你们胆敢造反，我们就立即镇压！这就是我们的逻辑。反正国家机器在我们手里。

无产阶级的革命造反精神万岁！

帝国主义、现代修正主义和一切反动派都消灭了吗？

没有！没有！！没有！！！

在这种情况下，我们无产阶级能不造反吗？无产阶级的革命造反精神怎么能不万岁呢？

资产阶级的右派先生们，我们这群造反之众，有领导，有武器，有组织，有“野心”，来头不小，切不可等闲视之。

我们的领导是党中央和毛主席！

我们的武器是战无不胜的伟大的毛泽东思想！

我们的组织是彻底革命的红卫兵！①

正因为《再论》中一开头就搬出了毛泽东说过的“造反有理”的话，使出了红卫兵们的杀手锏，工作组这一下才知道这帮十几岁的娃娃并不简单，连忙问写大字报的红卫兵，毛泽东的话出自何处。红卫兵回答说，在延安时

① 《人民日报》1966年8月24日。

期纪念斯大林诞辰会上讲的，并没有把《人民日报》上的情况说出。工作组连忙派人到图书馆、档案馆查延安时期的报纸，总算找到了这段话。

《再论》贴出之时，毛泽东已决定撤出工作组，但这个情况进驻各校的工作组尚不清楚。7月26日，中共北京市委召开各工作组组长会议，传达24日、25日毛泽东的讲话精神。28日，北京市委发出《关于撤销各大专学校工作组的决定》。这几天，也正是工作组同"造反派"矛盾最激烈的时期，清华附中也不例外。

7月27日，清华附中的红卫兵又抛出了他们关于"造反"的第三张大字报：《三论革命的造反精神万岁》。

《三论》的基本精神仍是阐述造反的意义，中心观点是如何区分革命者与反革命者。大字报中说：欢迎、拥护、参加革命的造反就是革命者，咒骂、反对、抵制、镇压造反的就是反革命者。对待革命的造反行动采取什么态度，是鉴别革命与反革命的分水岭。目前的无产阶级文化大革命，就是一场无产阶级革命的造反精神激荡的大风暴。大字报宣布：

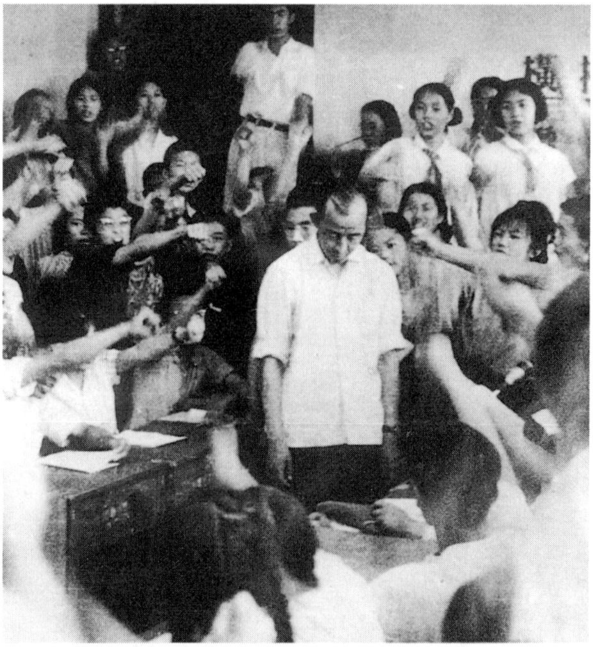

◇ "文化大革命"中，清华大学附中红卫兵批斗该校领导人。

> 我们过去造反，现在造反，将来还要造反！只要阶级和阶级斗争存在，就要造反！只要有矛盾存在，就要造反！革命的造反精神，一百年需要，一千年需要，一万年一亿年还需要。①

为了得到毛泽东的支

① 这三张大字报均发表在《人民日报》1966年8月24日和《红旗》杂志1966年第11期。

持，7月28日，清华附中的红卫兵写信给毛泽东，并送上他们写的《一论》和《再论》这两张大字报。信和大字报通过江青转送毛泽东。这两张浸透“左”倾思想而又稚气未脱的大字报，出乎意料地得到了毛泽东的热情支持。8月1日，即中共八届十一中全会开幕那天，毛泽东提笔给清华附中的红卫兵写了一封热情洋溢的信：

清华大学附属中学红卫兵同志们：

你们在七月二十八日寄给我的两张大字报以及转给我要我回答的信，都收到了。你们在六月二十四日和七月四日的两张大字报，说明对一切剥削压迫工人、农民、革命知识分子和革命党派的地主阶级、资产阶级、帝国主义、修正主义和他们的走狗，表示愤怒和声讨，说明对反动派造反有理，我向你们表示热烈的支持。同时我对北京大学附属中学红旗战斗小组说明对反动派造反有理的大字报和由彭小蒙同志于七月二十五日在北京大学全体师生员工大会上，代表她们红旗战斗小组所作的很好的革命演说，表示热烈的支持。在这里，我要说，我和我的革命战友，都是采取同样的态度的。不论在北京，在全国，在文化大革命运动中，凡是同你们采取同样革命态度的人们，我们一样给予热烈的支持。还有，我们支持你们，我们又要求你们注意争取团结一切可以团结的人们。对于犯有严重错误的人们，在指出他们的错误以后，也要给以工作和改正错误重新做人的出路。马克思说，无产阶级不但要解放自己，而且要解放全人类。如果不能解放全人类，无产阶级自己就不能最后地得到解放。这个道理，也请同志们予以注意。①

毛泽东　一九六六年八月一日

毛泽东写完这封信后，并没有立即发出去，而是首先作为八届十一中全会的一份重要文件印发的。8月3日，时为中央文革小组副组长的王任重，把清华附中的红卫兵召到了中央文革小组所在地钓鱼台，让他们看了这封信，此后这封信在全国不胫而走。②

① 《红旗》1966年第11期。

② 关于毛泽东复信内容传达给红卫兵的方式，有几种不同的说法，详见柳建辉：《关于“红卫兵”组织兴起过程中几则史实的补证》，载《当代中国史研究》1998年第4期。

3.大字报“向旧世界宣战”

毛泽东给清华附中红卫兵的复信，肯定了红卫兵的造反精神。8月18日，毛泽东第一次接见了红卫兵，再次表明他对红卫兵运动的积极支持。自此，红卫兵开始走出校门，冲向社会。

“破四旧”是红卫兵走出校门“革命”的重要一步。

所谓“四旧”，便是指旧思想、旧文化、旧风俗、旧习惯，它最早来源于1966年5月18日林彪在中共中央政治局扩大会议上的讲话。6月1日的《人民日报》社论《横扫一切牛鬼蛇神》中第一次明确提出。在8月18日召开的“庆祝无产阶级文化大革命”大会上，林彪在讲话中特别强调“要大破一切剥削阶级的旧思想、旧文化、旧风俗、旧习惯，要改革一切不适应社会主义经济基础的上层建筑”，把“破四旧”作为“文化大革命”的一项重要内容。

红卫兵是“破四旧”的主力，在“破四旧”中，大字报得到了充分的运用。

8月20日，北京地区各红卫兵组织的“革命小将”们约30万人，走上街头，张贴标语、大字报，举行集会演说，开始了轰轰烈烈的“破四旧”。

这一天，北京二中的红卫兵首先在市内各主要街道贴出了《向旧世界宣战》的大字报。宣战书说：

> 我们是旧世界的批判者。我们要批判、要砸烂一切旧思想、旧文化、旧风俗、旧习惯。所有为资产阶级服务的理发馆、裁缝铺、照相馆、旧书摊，统统都不例外。现在，文化大革命的洪流正在冲击着资产阶级老爷们盘踞的各个阵地。资产阶级的温床保不住了。
>
> “飞机头”、“螺旋宝塔式”等稀奇古怪的发型，“牛仔裤”、“牛仔衫”和各式各样的港式衣裙，以及黄色照片书刊，正在受到严重的谴责。我们不要小看这些问题，资产阶级复辟的大门，正是从这些地方打开。我们要彻底铲除这些资产阶级温床和苗子。为此，我们向理发、缝纫、照相等行业的革命职工倡议：港式的发型不理！港式的衣裙不做！下流的像不照！黄色的书不卖！
>
> 我们要求在最短的时间内改掉港式衣裙，剃去怪式发样，烧毁黄色书刊和下流照片。“牛仔裤”可以改成短裤，余下的部分可以做补丁。“火箭

鞋”可以削平，改为凉鞋，高跟鞋改为平底鞋。坏书坏照片作废品处理。

我们要管、还要管到底。我们一定要堵住一切钻向资本主义的孔道，砸碎一切培育修正主义的温床，决不留情。[①]

这张大字报的贴出，标志着红卫兵“破四旧”的正式开始。

“破四旧”是以“改旧名”为突破口的。顷刻之间，北京市的公共汽车站牌都突然涂上了“打碎旧世界，建立新世界，改掉旧站名，建立新站名”的标语。红卫兵每到一地，几个人稍一商议，大笔一挥，街名店名就被改过来了。

长安街改为“东方红大路”；

东交民巷改为“反帝路”；

西交民巷改为“反修路”；

东安市场改为“东风市场”；

协和医院改为“反帝医院”；

全聚德烤鸭店改为“北京烤鸭店”；

亨德利钟表店改为“首都钟表店”；

……

红卫兵一面改店名、路名，一面张贴大字报。

北京琉璃厂的荣宝斋，是京城有名的老字号字画店，被红卫兵改名为“人民美术出版社第二门市部”，为其改名的中央美术学院附中的红卫兵，在荣宝斋门前贴了一张《砸碎“荣宝斋”！》的大字报。大字报说：

“荣宝斋”是个黑画店！几十年来，盘剥劳动人民血汗，为资产阶级小姐、少爷、太太、老爷们服务，为封建地主阔老阔少服务，甚至于甘当洋奴才，为外国的大资本家吸血鬼服务。一句话，就是不为工农兵服务，不为社会主义服务。

反党反社会主义反毛泽东思想的黑帮头子邓拓就是你们的大老板、老主顾！黑画家“驴贩子”黄胄就是你们的黑后台……你们这里已成了黑帮画家的交易所了！直到无产阶级的进军号角已经吹响，你们仍然在橱窗里大挂特挂黑帮头子邓拓的黑字画。“荣宝斋”完全是反党反社会主义反毛泽东思

① 《人民日报》1966年8月23日。

想的顽固阵地。

在这次文化大革命中，你们休想溜过去，这是不行的，是办不到的。我们红卫兵坚决不答应。

我们要把荣宝斋打得身败名裂！

叫它永远不得翻身和抬头！

在俯拾即是的大字报中，这样的词句还是温和的，在那些措辞严厉的大字报中，“砸碎狗头”、“千刀万剐”是常用语言。

在红卫兵张贴大字报时，一些店铺的职工为了响应“破四旧”，也纷纷贴出大字报。8月24日的《人民日报》在一则报道中说：“广大革命职工在新改名的主要街道上贴出了数不清的大字报；他们还走上街头游行，敲锣打鼓，高举大幅标语，表示坚决支持革命小将的革命行动。”

◇ “全聚德”烤鸭店、“荣宝斋”珠宝店等一大批老字号被改名，原有的招牌匾额被拆除。

一时间，北京城里变成了大字报、大标语的天下。

当然，红卫兵“破四旧”不只是改街名店名，还包括剪长发，剪烫发，剪小裤脚管，剪漂亮的裙子，改警服，烧戏装、道具，毁文物，抄家，打人，解散民主党派等等。

在北京的红卫兵大破“四旧”之时，全国各地的红卫兵也在采取“破四旧”的行动。

4.“封、资、修”人物在大字报面前纷纷落马

在破“四旧”初战告捷之后，红卫兵又开始了横扫“封、资、修”的活动，对他们认定的“封、资、修”人物进行批斗。“当时，教育界、学术界、新闻界、文艺界、出版界几乎所有的领导干部都被当作‘黑帮’、‘走资派’、‘反革命修正主义分子’受到批斗和抄家；大批社会科学家、文学家、艺术家、自然科学家、医学家和著名教授、编辑、记者等，都被当做‘反动学术权威’、‘反革命修正主义分子’受到批斗和抄家；许多共产党员、共青团员、干部、教师、劳动模范被当作‘保皇派’、‘牛鬼蛇神’、‘黑爪牙’来批斗；甚至一部分学习好的学生，也被当作‘修正主义苗子’而受到孤立和打击。”①参加批斗这些所谓“封、资、修”人物的，除红卫兵外，还包括这些人所在单位的造反派。

在批斗“黑帮分子”、“反动学术权威”、“修正主义分子”时，除了开斗争会，戴高帽子，剃“阴阳”头，罚跪，反绑双手“坐喷气式飞机”之外，大字报已成了批斗的重要手段。

揭批“黑帮”、“反动学术权威”的大字报，在红卫兵横扫“封、资、修”前就大量贴出了。这些大字报，常是无限上纲、断章取义，从政治到生活，从表现到思想可以无中生有进行揭发，既有政治批判，也有人身攻击，总之要以批臭搞倒被批斗的人为能事。举一两个例子就可说明这个问题。

新中国成立以来，周扬一直是我国文艺界的主要领导人，长期担任中共中央宣传部副部长，主管文艺工作。“文化大革命”前，中宣部被毛泽东封为“阎王殿”，说要“打倒阎王，解放小鬼”。中宣部成了“阎王殿”，部长陆定一成了“大阎王”，周扬也就位列“二阎王”了。

“文化大革命”开始后，周扬作为“反党反社会主义文艺黑线”的首脑人物，成为文艺界大字报的大靶子。中宣部大院里能贴大字报的地方都贴满了大字报，实在无处可贴了，只得在院子的中央搭起一排排架子作为贴大字报的场所，任何单位任何人都可以来贴大字报。中宣部楼外的街上也贴满了“批判”周扬的大字报。

---

① 金春明：《“文化大革命”简史》，中共党史出版社1996年版，第155—116页。

在无数张贴给周扬的大字报中，给他扣上了“文艺黑帮头目”，“三十年代文艺黑线祖师爷”，“反对鲁迅”，“包庇丁玲、胡风、冯雪峰”，“叛徒、特务”，“反革命两面派”等一顶又一顶的帽子。

从1966年6月份开始，《人民日报》不定期地选登一些各式各样的大字报。在6月到8月间，每个月都要用整版的篇幅几次刊登批周扬的大字报。应该感谢《人民日报》，它使我们在若干年后，还能知晓这些大字报里到底批了些什么。

7月15日的《人民日报》刊登了四张批周扬的大字报，大字报的作者单位分别是文化部出版局、电影局、图博文物局和艺术局。这四张大字报的题目是：

《控诉周扬阻挠出版毛主席著作的罪行》；

《不准周扬利用电影搞反革命复辟》；

《周扬的罪恶活动彻底破产了》；

《周扬为什么吹捧〈打金枝〉？》。

第一张大字报一开头就说：“我以万分愤怒的心情，控诉文艺界黑帮头子千方百计阻挠出版毛主席著作的罪行。”

作者“怒”在何方？而周扬“罪”又在何处？大字报说，很多工农兵买不到毛主席著作，是由于统治文化部门的周扬不让多印毛主席的书。周扬说：“《毛泽东选集》印得已经不少了，已经印了九百万套了。”还说：“有多少人从头到尾读过《毛泽东选集》值得怀疑，为什么只能读少数几篇文章的人，一定要买一整套《毛泽东选集》呢？”可见周扬是多么仇视毛泽东思想。——大字报的作者如是说。

大字报又说：1962年，毛主席著作只占全年出书的0.5%，重印《红楼梦》、《三国演义》等书用纸竟达7500吨，而印毛主席著作用纸只有70吨。当工农兵群众买不到毛主席著作而写信质问新华书店、人民出版社时，“阎王爷”竟然发火，说“要买这么多《毛选》，是不是《毛选》太便宜了，可以考虑考虑提高定价”。这是多么恶毒的语言！为了不让工农兵看毛主席的书，竟以提高定价来打击工农兵，这简直和国民党反动派对人民封锁进步书刊一模一样。

第二张大字报则“揭露”了周扬利用电影反党反社会主义的三条“罪状”：

一、在周扬所谓的“为全体人民服务”反动纲领控制下，大量摄制和发行所谓“轻松愉快”的影片，以及所谓“传统艺术”的戏曲片，在广大工农兵中散布封建主义、资本主义和修正主义的思想毒素。

二、在周扬提倡所谓“暴露黑暗面”、提倡“海瑞上书”精神的影响下，摄制和上映了许多攻击社会主义制度、攻击党中央领导的反动影片。

三、在周扬文艺黑线的支配下，大量放映了30年代的影片以及根据18、19世纪欧洲资产阶级文艺作品改编的影片，流毒全国。

第三张大字报则是“揭发”周扬在1959年到1961年中国革命历史博物馆建馆过程中，是如何“抓住这个机会，千方百计反对毛泽东思想”的。

第四张大字报“揭发”：周扬在看山西梆子《打金枝》[①]后，对这样一部歌颂封建皇帝的戏曲极力推崇，还说我们是不是在发生什么事故时，也可以学一学这种政治家的风度，责备自己，不责备别人，使别人安心，不心怀芥蒂。这是对毛泽东批评他们30年代的错误怀恨在心，而且竟敢用一个封建皇帝，肆意攻击我们伟大的党的领导，是诬蔑党中央对他们的批评。

能登在《人民日报》上的大字报，毕竟是经过挑选的，至于其他大字报的内容，就可想而知了。

郭沫若是我国著名的文学大师、史学家和社会活动家。早在1966年4月的全国人大常委会第三十次会议上，他就说过：“几十年来，一直拿着笔杆子在写东西，也翻译了一些东西。按字数来讲，恐怕有几百万字了。但是，拿今天的标准来讲，我以前所写的东西，严格地说，应该全部把它烧掉，没有一点价值。”尽管如此自责，在“文化大革命”开始后不久，一些高校就贴出大字报“打倒郭沫若”。在北京大学一间专门开辟出来的房间里，贴满了“打倒郭沫若”的大字报。

那些经过改造后被特赦的原国民党将领，按理已成了“死老虎”，可红

---

① 这出戏写的是唐代郭子仪之子郭暧，因其妻升平公主不向郭子仪拜寿，发生冲突，升平进宫哭诉，子仪畏罪，绑子上殿。唐皇对郭家父子不仅未加罪责，反而加封郭暧，叫小夫妻和好。

卫兵还是没有放过他们。

1966年8月25日，红卫兵在原国民党将领杜聿明、宋希濂、郑庭笈同住的胡同口，贴了一张报纸大小的大字报，上书“该胡同×号大院内，住着几位国民党战犯，他们都是新时代的寄生虫、吸血鬼”云云。

第二天，来了一群红卫兵，对他们几个人进行训话，无非讲他们过去欺压、剥削人民，现在必须老实之类。

8月27日，一张白纸黑字的大字报贴到了杜聿明、宋希濂、郑庭笈同住的大门口，大字报上歪歪扭扭地写道：

国民党残渣余孽、牛鬼蛇神们，你们听着：

一、勒令你们自动减低工资，过与劳动人民同等的生活。

二、勒令你们不许雇用保姆，禁止过寄生虫的生活。

三、勒令你们从明天起，分工天天负责清扫前厂胡同，不得有误。

此令。违者严惩不贷。①

由于周恩来的干预，杜聿明、宋希濂、郑庭笈的工资没有被扣，杜、宋、郑三家都没有保姆，不存在不许雇的问题，马路却一直扫了很长的时间。

别小看这么一张横七竖八写的大字报，在法制受到严重破坏的日子里，威力还是蛮大的。

还必须一提的是，这时的写大字报之风也传染给了在中国工作的外国专家，这些外国朋友也“献出红心坚决地向旧世界开火”。

一位来自英国的朋友，新中国一成立就到了中国。“文化大革命”爆发后，他写了两封大字报形式的公开信，其中一张大字报说：“我决心尽我们的所能，使我们的孩子成为好的无产阶级革命者，成为毛泽东时代的好孩子。我自己也要改换思想和习惯，在文化革命中起我们应起的作用。”

两位来中国工作不久的比利时朋友，也同时贴出了两张大字报，主动要求和中国工作人员过一样的生活，希望经常组织他们去中国的工农群众中参加体力劳动。

---

① 转引自汪东林：《十年风暴中的爱国民主人士》，中国文史出版社1998年版，第54页。

一些外国朋友联合写了一张大字报，表示他们要树立无产阶级世界观，活学活用毛泽东思想，用政治挂帅的态度来对待分配给自己的工作。[1]

还有一件事值得一记。1966年9月7日，中共中央文化革命小组办公室调查组将四位美国专家给国务院外国专家局写的一张大字报抄录给毛泽东。这张大字报说：我们坚决反对政治、生活上的特殊待遇，坚决要求成为坚强的革命者，成为坚定的反修战士。为了把反对美帝国主义的斗争进行到底，我们决心锻炼和考验自己。我们的后代必须成为可靠的革命接班人，而决不容许成为修正主义分子。为此，我们要求：1.以阶级兄弟看待我们，而不是以资产阶级专家看待我们。2.允许并鼓励我们参加体力劳动。3.帮助我们进行思想改造。4.允许并鼓励我们紧密地结合工农。5.允许并鼓励我们参加三大革命运动。6.我们的孩子和中国人的孩子受到同样待遇和严格要求。7.生活待遇和同级工作人员一样。8.取消特殊化。

6月8日，毛泽东看了这份大字报的抄录稿，随即写了下面这段批语：

林彪、总理、陈毅、陶铸、伯达五同志：

我同意这张大字报，外国革命专家及其孩子，要同中国人完〔全〕一样，不许两样，请你们讨论一下，凡自愿的，一律同样做。如何请酌定。

毛泽东　九月八日

① 《解放军报》1966年10月10日。

六、大字报与刘少奇冤案

1.“炮打司令部”——毛泽东的一张大字报

在“文化大革命”造成的无数大小冤案中，共和国主席、中共中央副主席刘少奇被打倒直至被迫害致死，无疑是一桩最大的冤案。大字报在这桩冤案中起了非常恶劣的作用，成为“打倒”和“搞臭”刘少奇的重要手段。

刘少奇的被打倒，首先同毛泽东的大字报直接相关。

一个时期以来，毛泽东对国内阶级形势、政治状况作了脱离实际的错误估计，在一些具体问题的看法和分析上，同刘少奇等中央第一线领导之间产生了分歧。1962年9月的中共八届十中全会以后，毛泽东对中央一线的工作不时提出批评。到“文化大革命”前夕，毛泽东错误地认为，党内、政府内、军队内都混进了一批反党反社会主义的资产阶级代表人物，中央出了修正主义，对刘少奇等主持中央一线工作的领导人也越来越不满，以至逐渐失去信任。

为了达到反修防修、防止资本主义复辟的目的，毛泽东发动了“文化大革命”。对搞“文化大革命”，刘少奇并不反对，但到底怎么搞，采取什么样的方式搞，用刘少奇自己的话说：“我也不晓得。”5月，中共中央政治局扩大会议上，通过了《中国共产党中央委员会通知》（即“五一六通知”），停止和撤销了彭真、罗瑞卿、陆定一、杨尚昆的职务。在“五一六通知”中说：“赫鲁晓夫那样的人物，他们现正睡在我们的身旁”。这里的“赫鲁晓夫那样的人物”指的是谁，主持会议的刘少奇本人和周恩来、邓小平都未曾想到是指刘少奇。“五一六通知”通过后的第三天，刘少奇、周恩来、邓小平在北京玉泉山会见越南领导人胡志明时，都认为“中国的赫鲁晓夫”、“修正主义者”已经被挖出来了。

正是在这种并不知晓毛泽东意图的情况下，在毛泽东在外地未回北京前，刘少奇依旧按惯例主持中央日常工作，处理“文化大革命”发生后的大量棘手问题。毛泽东批准广播和刊登聂元梓等人的大字报后，北京的局势急剧变化，面临失控的危险。为此，刘少奇、周恩来、邓小平按照过去领导运动的办法，向各高校和部分中学派去了工作组。工作组虽然不可能扭转已经出现的混乱局面，但对制止当时出现的乱揪乱斗现象，稳定局势起了一定的作用。由于毛泽东对“乱”的看法与众不同，相信“天下大乱，达到天下大治”，再加上听信了江青、康生、陈伯达等人的一面之词，使毛泽东对派工作组逐渐不满，认为是工作组把运动搞得冷冷清清，学生运动受到了镇压，决定撤销工作组，同时对刘少奇也更加不满起来。

1966年8月1日至12日，中共八届十一中全会在北京召开，中央文革小组的全体成员都列席了会议，聂元梓等所谓革命师生代表也列席了会议，这是过去历次中央全会完全没有的事情。

毛泽东在讲完简单的开场白后，由邓小平宣布会议议程。接着，刘少奇以中央日常工作主持人的身份，向全会报告八届十中全会以来中央政治局关于国内、国际问题的重大决策和重大措施，重点汇报前一段时间“文化大革命”的情况。刘少奇对前一段时间中出现的问题承担了责任，明确表示：“文化大革命中有错误，特别是工作组问题上出了问题，责任主要由我负。”

在刘少奇讲工作组问题时，毛泽东频频插话，对工作组作了更加严厉的批评，说：工作组不到百分之十是好的，百分之九十以上的工作组是完全错误的。工作组不管怎么样是做了坏事，一不能斗，二不能批，三不能改，起了一个镇压群众、阻碍群众的作用，起了个坏作用。一般说，就是百分之九十以上的工作组干尽了坏事。①

8月4日下午，原定的全体会议被取消，改为中央政治局常委扩大会议。会上主要是毛泽东讲话。讲话中，他对前一段时间的中央工作作了极为严厉的批评：

在前清时代，以后是北洋军阀，后来是国民党，都是镇压学生运动的。现在共产党也镇压学生运动。中央自己违背自己命令。中央下令停课半年，专门搞文化大革命，等到学生起来了，又镇压他们。说得轻一些是方向性的问题，实际上是方向问题，是路线问题，是路线错误，违反马克思列宁主义的。这次会议要解决问题，否则很危险。所谓走群众路线，所谓相信群众，所谓马列主义等等，都是假的。已经是多年如此，凡碰上这类事情，就爆发出来。明明白白站在资产阶级方面反对无产阶级。说反对新市委就是反党，新市委镇压学生群众，为什么不能反对！我是没有下去蹲点的，有人越蹲越站在资产阶级方面反对无产阶级。规定班与班、系与系、校与校之间一概不准来往，这是镇压，是恐怖，这个恐怖来自中央。有人对中央六月二十日的批语有意见，说不好讲。北大聂元梓等七人的大字报，是二十世纪六十年代的巴黎公社宣言——北京公社。贴大字报是很好的事，应该给全世界人民知道嘛！而雪峰报告中却说党有党纪，国有国法，国内外有别。团中央，不仅不支持青年学生运动，反而镇压学生运动，应严格处理。②

刘少奇再次主动承担了责任，当刘少奇在发言中说道“这段时间，主席不在家，我在北京要负主要责任”时，毛泽东接口说：你在北京专政嘛，专得好！

会上叶剑英曾说，我们有几百万军队，不怕什么牛鬼蛇神。毛泽东厉声说道：牛鬼蛇神，在座的就有。

毛泽东还说：让人家贴大字报，我说过无非是我们下台……什么真正

---

① 转引自金冲及主编：《刘少奇传》下卷，中央文献出版社1998年版，第1033、1035—1036页。

② 转引自金冲及主编：《刘少奇传》下卷，中央文献出版社1998年版，第1033、1035—1036页。

赞成民主、群众路线、马列主义，没有那么回事。现在的民主是压出来的，我看垮台好，不垮台不得了。讲客气一点是方向性错误，实际上是站在资产阶级立场，反对无产阶级革命。为什么天天讲民主，民主来了又那么怕。

这时，刘少奇说：无非是下台，不怕下台，有五条不怕①。

毛泽东决定撤换刘少奇。会议的第二天，他采取了一个更为不寻常的步骤，写了一张“炮打”刘少奇的大字报。

毛泽东的这张大字报，并不是像当时流行的大字报那样，写在一张大纸上，实际上是一段比较长的批语。

毛泽东的这个批语，是写在1966年6月2日《北京日报》第1版边缘的空白处。由于报纸版面的空白处不大，这段字数并不很多的批语沿着报纸边缘曲曲折折地写了一长串，显得潦草、零乱，也没有标题。全文如下：

> 全国第一张马列主义的大字报和人民日报评论员的评论，写得何等好啊！请同志们重读这一篇大字报和这篇评论。可是在五十多天里，从中央到地方的某些领导同志，却反其道而行之，站在反动的资产阶级立场，实行资产阶级专政，将无产阶级轰轰烈烈的文化大革命运动打下去，颠倒是非，混淆黑白，围剿革命派，压制不同意见，实行白色恐怖，自以为得意，长资产阶级的威风，灭无产阶级的志气，又何其毒也！联系到一九六二年的右倾和一九六四年形“左”而实右的错误倾向，岂不是可以发人深省的吗？②
>
> 毛泽东　八月五日

这段批语写完后，毛泽东让秘书誊写在两张16开的纸上。誊清完后，他又做了一次修改，将原稿中的“长资产阶级的志气，灭无产阶级的威风”改为“长资产阶级的威风，灭无产阶级的志气”，在“左”字上加上了引号，并加上标题：“炮打司令部——我的一张大字报”。

稿子修改后送去铅印。毛泽东在铅印稿上又做了第二次修改，把原稿中“是何等写得好啊”改为“写得何等好呵”，把“中央到地方的某些大领导人”改为“从中央到地方的某些领导同志”，并且在前后两处加了“请同志

① 黄峥：《刘少奇冤案始末》，中央文献出版社1998年版，第24页。

② 《建国以来毛泽东文稿》第12册，中央文献出版社1998年版，第90页。

们重读一遍这张大字报和这个评论”、“压制不同意见”两行字。

经过毛泽东的两次修改，这段文字就成了“大字报”[①]。

8月7日，根据毛泽东的意见，《炮打司令部——我的一张大字报》在中共八届十一中全会上印发。大字报里虽然没有公开指明要“炮打”的“司令部”的“司令”是谁，但与会者谁都明白，它针对的是以刘少奇为代表的在第一线主持工作的中央领导人，尤其是指刘少奇。毛泽东的这张大字报，不仅是对大字报这种方式的肯定，也是正式向党内公开了他与刘少奇之间的分歧。

到这时，刘少奇、周恩来、邓小平等人才明白，“五一六通知”中所称的“资产阶级代表人物”、“赫鲁晓夫那样的人物”指的是谁。但周恩来有幸没有被列入“资产阶级司令部”之内。

8月8日，全会通过了《中国共产党中央委员会关于无产阶级文化大革命的决定》，即“十六条”。随后，会议转入对毛泽东大字报的讨论。

在讨论大字报时，多数人对毛泽东的大字报没有表现出紧跟和拥护，许多人思想上还没有转过弯来。只有中央文革小组的少数几个人，乘机攻击刘少奇，陈伯达、姚文元还仿照毛泽东的大字报，也以“我的一张大字报”为题，对刘少奇作了上纲上线的“批判”。在小组会上唯一攻击邓小平的是谢富治。

8月12日下午，全会根据毛泽东的提议，改组了中央领导机构。中央政治局常委由原来的7人扩大为11人。林彪位列第二，成了毛泽东的接班人。刘少奇由第二位降到第八位。会议并没有重选中央副主席，但会后不久，刘少奇、周恩来、朱德、陈云的副主席职务和邓小平总书记职务都不再提起，林彪成了事实上唯一的副主席。

中共八届十一中全会后，刘少奇实际上离开了中央领导岗位。

2.大字报问罪国家主席

8月19日，也就是八届十一中全会结束才一个星期，清华大学校园就

① 参见黄峥：《刘少奇冤案始末》，中央文献出版社1998年版，第24—25页。

贴出了《王光美是清华园第一号大扒手》的大字报。随后，又出现了《三问王光美》和刘少奇的女儿刘涛写的《誓死跟着毛主席干一辈子革命》的大字报。

刘少奇心里清楚，大字报指向王光美和工作组，实际上是指向他的。

9月中旬，中共中央决定召开一次北京地区各工作组领导干部会议，除总结经验教训外，还由刘少奇、邓小平作检讨。

◇ 1967年4月10日，清华大学红卫兵召开批斗王光美大会。图为大会会场。

刘少奇写出了《在北京各工作组领导干部会议上的检讨提纲（草案）》，送给毛泽东审阅。毛泽东在9月14日复函刘少奇："基本上写得很好，很严肃，特别后半段更好。建议以草案形式印发政治局、书记处、工作组（领导干部）、北京市委、中央文化小组各同志讨论一下，提出意见，可能有些收获，然后酌加修改，再作报告，可能稳正一些，请酌定。"①

10月9日至28日，中共中央在北京召开工作会议。会议在毛泽东的主持下，中心内容是批判"文化大革命"中的"资产阶级反动路线"。会上，陈伯达以《无产阶级文化大革命中的两条路线》为题，作了长篇报告，林彪作了

① 中共中央文献研究室编：《刘少奇年谱》下卷，中央文献出版社1996年版，第650页。

讲话。他们指名道姓地对刘少奇、邓小平进行批判。刘少奇在会上作了检讨发言，对所谓“路线错误”承担了责任。

在会场之外，在中央文革小组的暗中操纵下，社会上批判“资产阶级反动路线”的浪潮一浪高过一浪。在中央工作会议的前三天，北京红卫兵第三司令部（“红三司”）召开了10万人参加的“全国在京革命师生向资产阶级反动路线猛烈开火誓师大会”，江青、陈伯达参加大会并作讲话。之后，一些学校和大街上开始出现批判刘少奇、邓小平的大字报。

毛泽东在八届十一中全会上的那张大字报，原来是不许在社会上传播的，周恩来、陈伯达都曾为此在一些场合向群众作过解释。但陈伯达在这次中央工作会议的报告中，引用了《炮打司令部——我的一张大字报》的全文。会后，经毛泽东批准，陈伯达的讲话印成了小册子，发至了每一个基层支部和每个红卫兵小队。《炮打司令部——我的一张大字报》也随之迅速扩散到全国，在全国范围内出现了批判刘少奇的高潮。

不过，毛泽东虽然在政治上欲将刘少奇打倒，但仍把刘少奇的问题当作党内矛盾处理。10月24、25日，毛泽东在会上说：“把刘、邓的大字报贴到街上不好，要准人家革命，不要不准人家革命。对少奇同志不能一笔抹杀。也不能完全怪刘少奇、邓小平同志。他们两个同志犯错误也有原因。”①

周恩来也反对把批判刘少奇的大字报贴到大街上。10月20日凌晨，周恩来在接见哈尔滨工业大学红卫兵代表时，告诫他们不要到天安门去贴批刘少奇的大字报。他说：“即使刘少奇同志有错误，我现在也无权回答你们。少奇同志是政治局常委，是国家元首，就是要撤换也不需要这样去发动群众。”②

11月2日，在八届十一中全会上新当选中央政治局常委的陶铸，在得知中央机关内贴出了批判刘少奇的大字报后，赶忙去制止，要求把这些大字报取下来。他对在场的群众说：“我不赞同打倒刘少奇的大字报。他还是国家主席、中央政治局常委，犯了路线错误，也是团结——批评——团结的问

① 中共中央文献研究室编：《刘少奇年谱》下卷，中央文献出版社1996年版，第651页。

② 中共中央文献研究室编：《周恩来年谱（1949—1976）》下卷，中央文献出版社1997年版，第79页。

题，是人民内部矛盾问题。”①

在当时局势已经失控的情况下，虽然毛泽东发了话，周恩来、陶铸作了很大的努力，但“批判”刘少奇的大字报仍然不时在大街上出现。

不久，在张春桥等人的策划下，北京的大街小巷里公然贴出了“打倒刘少奇”的大字报和大标语。

1966年12月18日下午1时许，一辆银灰色的小轿车驶出了清华园，车内坐着清华造反派头目蒯大富。

这天上午，清华红卫兵组织“井冈山”总部忽然接到中央文革小组办公室打来的一个电话，指名要蒯大富在下午2点到中南海西门，说这里有人找他谈话。

蒯大富靠造反起家，成为“井冈山”的头目，前两天刚从上海串联回来。汽车一路疾驰，蒯大富也一路在寻思到底是什么人找他谈话。

不到2点，汽车到了中南海西门，蒯大富刚下车，只见从中南海里也驰出一辆小车，在门口戛然停住了，车上走下一个穿军大衣、戴眼镜的中年人。蒯大富定神一看，发现此人便是大名鼎鼎的中央文革小组副组长张春桥。

张春桥将蒯大富领到西门传达室的里间，掩上房门。房内除了他俩外，再没有第三者。张春桥先是同蒯大富扯了一通去上海串联的情况，然后转入正题，对蒯大富说：“蒯大富同志，从全国来讲，资产阶级反动路线必然相当猖獗，现在还要深入地批判资产阶级反动路线。中央那一两个提出资产阶级反动路线的人，至今仍不投降。”

“敌人不投降，我们就叫他灭亡！”蒯大富不愧为造反派头头，张春桥的话刚落，他就脱口而出。

张春桥看了看蒯大富，接着说：“你们革命小将应该联合起来，发扬彻底革命的精神，痛打落水狗，把他们搞臭，不要半途而废！”

随后，蒯大富迅速返回清华。

① 转引自中共中央文献研究室编：《刘少奇传》下卷，中央文献出版社1998年版，第1047—1048页。

经过一番准备之后，12月25日清晨，蒯大富率领5000人的红卫兵队伍，从西郊的清华园向城内的天安门广场进发，经过几小时的行军，队伍到了天安门广场。

在广场上，蒯大富组织了“彻底打倒刘、邓为代表的资产阶级反动路线誓师大会”。然后，红卫兵分成五路，由广播车嘶喊开道，从天安门广场向市内繁华的王府井、西单、北京站和菜市口进发。在这几处地方，他们呼口号，作演讲，撒传单，贴标语、大字报，一路走，一路呼喊“打倒刘少奇”、“打倒邓小平”、“和刘邓血战到底”的口号。一时间，“打倒刘少奇”、“刘少奇必须向全国人民低头认罪”的巨幅标语和各式各样的大字报贴满了北京的大街小巷。

◇ 1966年12月25日，在张春桥的指使下，清华大学红卫兵头头蒯大富率人在天安门前游行，公开喊出“打倒刘少奇”、“打倒邓小平”的口号。

12月31日，江青专程跑到清华园，找到了刘少奇的女儿刘涛，要她彻底跟刘少奇划清界限。刘涛为刘少奇的前妻王前所生。

江青先是板起面孔说：“你要和家庭划清界限，不然就是自绝于人民了！不要舍后妈、保亲爸！”

然后，江青又笑嘻嘻地拉着刘涛的手说：“你的生母是受压迫的，我也受压了几十年了嘛。应该去看看你们的生母，你们共同揭发嘛！”

元旦那天，刘涛和弟弟刘允真去看生母王前。出于当时特殊的环境，王前向她们“揭发”了一些刘少奇生活上的事：

“刘少奇和我结婚的时候，骗小十岁年龄”；

“刘少奇截留党费，买了金鞋拔和金带子”；

“刘少奇叫我吃小亏占大便宜”；

……

由于对政治的险恶认识不清，刘涛和刘允真从生母那里回来后，根据王前向她们讲的那些东西，写出了《看刘少奇的丑恶灵魂》的大字报一式三份，分别贴在清华大学和中南海职工食堂的门口。这张特殊的大字报迅速被人抄录翻印，流向全国。

家庭内部贴出的大字报，给刘少奇带来的精神痛苦可想而知。

自此后，不仅社会上可以随意张贴刘少奇的大字报，而且中南海里也到处是揭批、打倒刘少奇的大字报，造反派在组织批斗刘少奇夫妇的同时，要用大字报的方式把刘少奇搞臭。这些大字报揭批的内容无非是：

不尊重毛主席，在中央会议上顶撞毛主席，不让毛主席讲话；

当国家主席是夺毛主席的权，想同毛主席平起平坐，分庭抗礼，是贪天功为己有；

1949年春到天津宣传要发展资本主义，鼓吹阶级斗争熄灭论，和刚开过的七届二中全会唱对台戏，去天津，跟毛主席招呼都不打，宣传剥削有功；

林彪在东北期间，不支持林彪，反而支持彭真；

在延安提出和平民主新阶段，是右倾投降主义；

在重新发表的《论共产党员的修养》中，只提作马列的好学生，既不提作毛主席的好学生，也没提毛泽东思想，明目张胆地反对毛主席，反对毛泽东思想，和林副主席唱对台戏……

这些大字报，表面上看似乎是有根有据，实际上，不是无中生有的捏造，就是颠倒黑白的歪曲，再就是断章取义，掐头去尾，攻其一点，不及其余。举例说：

大字报中说，刘少奇当国家主席是夺了毛泽东的权，想和毛泽东平起平坐。事实上，从当委员长到当国家主席，刘少奇都推辞过多次。当时，毛泽东曾多次向中央提出，为了集中精力研究重要问题，摆脱日常事务的干扰，希望不再担任国家主席的职务。中共中央经过慎重研究，同意了毛泽东的建议。

在商量下届国家主席人选时，曾有几个方案，其中包括当时正担任国家副主席的朱德。朱德提议由刘少奇担任。朱德给总书记邓小平和书记处的信中说："我提议刘少奇同志为国家主席候选人更为适当。他的威望、能力、忠诚于人民革命事业，为党内外、国内国外的革命人民所敬仰，是一致赞同的。"

中共中央接受了朱德的建议，在1959年4月召开的中共八届七中全会上，一致通过刘少奇作为中共中央向二届全国人大提议的国家主席候选人。邓小平在所作的一份关于国家机构的人事配备的报告中，对此特地作了说明："国家主席有好几位同志可做，如朱德同志，如党内几位老同志，都可以做，但是大家考虑的结果，以少奇同志担任这个职务，比较更为适当些。……以少奇同志的能力和威望，以他现在在党内所负的责任，出而兼任国家主席职务，是比较好的。"

在这年4月15日的最高国务会议第十六次会议上，毛泽东就国家机构领导人候选人提名方案征求党外人士意见时进一步解释说："我们共产党内主持工作的，我算一个，但是我是不管日常事务的，有时候管一点，有时候不管。经常管的是谁呢？是少奇同志。我一离开北京，是他代理我的工作。这已经是多年了，从延安开始，就是如此，现在到北京已经二十年了。""以他担任国家主席比较合适。是比较起来讲，不是讲朱德同志不适合，比较起来少奇同志更适合一点。同时朱德同志极力推荐少奇同志。"①

① 转引自中共中央文献研究室编：《刘少奇传》下卷，中央文献出版社1998年版，第837—838页。

事情的经过就是如此，哪来刘少奇夺毛泽东权的事呢？

报上要刊登刘少奇照片时，起初刘少奇不同意，认为毛泽东是党的主席，登他的照片就可以了。有人提出这里有个对外的问题，当时毛泽东也说不登不好，一定要登。有人提议，可否让刘少奇的照片比毛泽东的小一些。毛泽东马上说，为什么要小一些，一样大。事情就这么定下来了，当时这件事只有少数人知道。这又怎么能说刘少奇要与毛泽东平起平坐呢？

在这些日子，抄录有关刘少奇的大字报成了他身边工作人员的一项工作。这些大量的大字报中，许多在列举“事实”批判刘少奇后，都异口同声地要他们赶快出来“揭发刘少奇的问题”，并将此上纲上线到是“站在毛主席革命路线上”，还是“站在刘少奇反动路线上”，这些给工作人员以很大压力。

一天，工作人员以支部生活会的名义，将刘少奇请到了会议室，要他澄清大字报里提出的问题。

刘少奇就大字报中诬蔑他的问题，一一地说明了事实真相。

会后，工作人员将记录整理了一下，拟了个题目：《刘少奇同志的答辩》，然后写了几十张纸贴出去。

◇ 在江西萍乡市，刘少奇当年代表工人同资本家谈判斗争的纪念室被改成“革命造反大楼”。

但是，刘少奇的答辩很快就被撕掉了，在原来的地方贴上了批驳工作人员的大字报，说他们被刘少奇利用了，是为刘少奇放毒。

1967年1月12日，在戚本禹的煽动下，中南海的造反派对刘少奇进行面对面的批斗。从此以后，刘少奇的住处，包括办公室、寝室，都成了对造反派开放的场所。从此，刘少奇失去了自由。

尽管如此，刘少奇还是每天晚上坚持出来看大字报。看大字报成了他信息的唯一来源。从这些大字报中，他看到了许多内部消息，也看清了“文化大革命”中那些暴发户的丑恶嘴脸。

1967年2月，林彪、江青一伙炮制了所谓的“二月逆流”事件。刘少奇对陈毅、叶剑英、谭震林等老同志同林彪、江青一伙的斗争情况并不知道，只是看到了中南海里贴了许多诬蔑朱德、陈云、陈毅、叶剑英、谭震林的大字报。刘少奇虽然身处逆境，但他对这种局面的出现非常担心，特写信给周恩来说：“最近我看了一些大字报，感到忧虑和不安。中南海是党中央、毛主席的所在地，出现了一些极为不严肃的大字报。他们把我当成敌人了，把一大批老同志也当作敌人了，怎么办？”

第二天，周恩来回信告诉他，他的意见已报告了毛泽东。周恩来还安慰说：“好好休息，克制自己。”

可是，刘少奇的处境越来越困难了。他的机要秘书刘振德回忆：

> 随后不久，江青一伙又指使中南海的造反派冲进了少奇同志的住处。他们先把少奇和光美同志赶到院子里，一部分人就在办公室和寝室里凡能贴大字报和大标语的地方都贴上了。一部分人提着白灰桶，在少奇同志经常散步的院子里的大方砖上刷上标语，还在少奇同志的名字上有的打×、有的倒写。从此少奇同志不论吃饭、睡觉、散步，也不论抬头、低头，只要一睁开眼睛，映入眼帘的全是诬蔑他的大字报和大标语。①

4月1日，《人民日报》和《红旗》杂志发表了戚本禹的长文《爱国主义还是卖国主义？——评反动影片〈清宫秘史〉》。文章公然号召打倒刘少奇，

① 黄峥编：《刘少奇的最后岁月》，中央文献出版社1996年版，第105页。

说什么"一定要把党内最大的走资本主义道路的当权派拉下马，让他靠边站"。文中用"八个为什么"归纳了所谓的刘少奇"八大罪状"，并恶毒地攻击说："你根本不是什么'老革命'！你是假革命、反革命，你就是睡在我们身边的赫鲁晓夫。"

在强大的政治压力下，在刘少奇办公室工作的秘书、警卫、服务人员也不得不宣布造反，成立了"南海卫东革命造反队"，他们在4月6日、12日对刘少奇采取了两次"革命行动"，要刘少奇回答戚本禹文中提出的"八个为什么"。

4月14日，刘少奇向"南海卫东革命造反队"交出一份书面答复，具体回答了这"八个为什么"，逐条澄清了事实真相。

"南海卫东革命造反队"把刘少奇的答辩材料作了上报，另外用大字报的形式抄了一份在中南海贴出，但几个小时后，这份大字报被撕成了碎片。

3.大字报在"革命大批判"中唱主角

毛泽东写了《炮打司令部——我的一张大字报》，从此开始了对刘少奇的批判。不过，当时的批判只限于八届十一中全会的范围内，而且在批判发言中没有点名。

1966年10月1日，林彪在国庆庆祝大会上声称："在无产阶级文化大革命中，以毛主席为代表的无产阶级革命路线，同资产阶级反动路线的斗争还在继续。"10月3日出版的《红旗》杂志第13期社论《在毛泽东思想的大路上前进》说：

> 两条路线的斗争并未就此结束。有些地方，有些单位，两条路线的斗争还是很尖锐、很复杂的。有极少数人采取新的形式欺骗群众，对抗"十六条"，顽固地坚持资产阶级反动路线。
>
> 对资产阶级反动路线，必须彻底批判。

从此，全国各地掀起了批判"资产阶级反动路线"的高潮。

在这年10月的中央工作会议上，批判"资产阶级反动路线"是会议的中心内容。会上对刘少奇、邓小平进行点名批判，“资产阶级反动路线”这个概念得到了肯定。自此，“批倒批臭刘、邓资产阶级反动路线”，“砸烂刘邓黑司令部”，成了造反派经常呼喊的口号。在基层单位，出现了点名批判刘少奇的大字报，但在公开出版的党报党刊上，还没有对刘少奇展开专门的批判，也没有点名。

1967年4月1日戚本禹的《爱国主义还是卖国主义？——评反动影片〈清宫秘史〉》的发表，标志着对刘少奇的批判完全公开化了。

戚本禹在这篇奇文中，还开了一个恶劣的先例，就是把“中国的赫鲁晓夫”、“党内最大的走资本主义道路当权派”作为刘少奇的代称。此时开始直到八届十二中全会，在各式各样的“大批判”文章中，虽然没有直接点刘少奇的名，但“中国的赫鲁晓夫”是谁，已是家喻户晓。

从4月1日开始，全国掀起了批判与打倒刘少奇的狂澜。此后一个余月的时间里，仅《人民日报》《光明日报》《解放军报》发表的有关“大批判”的社论便有：

4月8日，《人民日报》社论：《高举无产阶级的革命的批判旗帜》；《光明日报》社论：《打倒中国的赫鲁晓夫》。

4月11日，《解放军报》社论：《为彻底批判党内最大的走资本主义道路的当权派而战斗》。

4月24日，《人民日报》社论：《为什么要着重批判“打击一大片，保护一小撮”这个资产阶级反动路线的组成部分》。

5月8日，《人民日报》、《红旗》杂志编辑部文章：《〈修养〉要害是背叛无产阶级专政》。

从4月开始，报刊上发表的各种对刘少奇的“大批判”文章多如牛毛，连篇累牍用在这里才是恰如其分的。

为了彻底把刘少奇“批倒批臭”，尤其是为了在群众中“搞臭”刘少奇，在群众中树立刘少奇的“反面形象”，在这场“大批判”运动中，各单位还组织了无数的“大批判”大字报。

上海的“革命大批判”大字报颇具代表性。人字报不但在校园、在机关大院、在厂区内张贴，而且贴到了大街小巷。为此，《文汇报》还发表了《万里东风扫残云——赞街头革命大批判的大字报》的社论。社论如是说：

当前，在无产阶级革命派联合起来，集中火力，向党内最大的一小撮走资本主义道路的当权派及其在上海的代理人开展大批判、大斗争的伟大群众运动中，上海无产阶级革命派拿起批判的武器，把革命大字报汇成专栏，贴上大街小巷。这是大批判高潮中出现在上海街头的新事物，是把革命大批判既轰轰烈烈，又广泛深入地开展起来的好措施、好经验。我们举起双手欢迎它、支持它。

革命大批判的大字报专栏，是"团结人民、教育人民、打击敌人、消灭敌人的有力的武器"。它观点鲜明，文锋犀利，形式多样，图文并茂，醒目生动。每篇文章，每幅漫画，都是射向党内最大的一小撮走资本主义道路当权派心脏的利箭，使敌人原形毕露，丧魂落魄。

革命大批判的大字报紧紧抓住主要矛盾，牢牢掌握斗争大方向，把斗争的锋芒直指中国的赫鲁晓夫及其在上海的代理人，大长无产阶级革命派的志气，大灭党内一小撮走资本主义道路当权派的威风。

革命大批判的大字报狠抓住本地区、本单位、本部门的要害问题，顺藤摸瓜，顺藤挖根，提得高，挖得深，批得透，把革命的大批判与本地区、本单位、本部门的斗批改紧密结合起来，以利于进一步肃清党内最大的一小撮走资本主义道路当权派及其在上海的代理人在各个领域里散布的流毒。

革命大批判的大字报促进革命的大联合，它有助于把具有不同意见的革命派同志统一在共同的战斗目标之下，求同存异，消除分歧，并肩战斗，共同对敌。

把革命大批判的大字报贴上街头，就是好，好得很！

社论最后号召："把革命大批判的大字报贴上街头去"，"贴到每一条里弄去"，"贴满全上海的每一个角落"[①]。

---

① 《文汇报》1967年7月9日。

虽然把大字报贴满全上海的每一个角落没有做到，但这段时间以“批判”刘少奇为核心的大字报，在上海街头巷尾的确随处可见，触目皆是。

“革命大批判”运动中“批判”刘少奇的，主要是《论共产党员的修养》和所谓“黑六论”。

《论共产党员的修养》是刘少奇的代表作，在党内、在国内外都享有盛誉，要“批倒”、“批透”、“批臭”刘少奇，自然要把《论共产党员的修养》“批臭”。至于“黑六论”便是：①“阶级斗争熄灭论”；②“驯服工具论”；③“群众落后论”；④“入党做官论”；⑤“党内和平论”；⑥“公私溶化论”。在刘少奇的全部讲话和著作中，从来没有对这六个方面的内容作过论述。这完全是在林彪、江青、康生等人的组织、授意下，采取断章取义、随意引申、捏造事实、歪曲历史的方式，摘取几句刘少奇的话，然后扣上一顶帽子而成的。

◇ 陕西延安群众张贴大字报，批判刘少奇写的《论共产党员的修养》。

在报刊上大批《论共产党员的修养》和“黑六论”之时，大字报也遥相呼应，一张又一张的批判大字报铺天盖地。随意取几例，便可看出这些“万里东风扫残云”的大字报是怎么“扫残云”的。

在上海柴油机厂的《新上柴》“革命大批判专栏”中，贴有一张署名为“原联司一个成员”的大字报，题目是《我中了黑〈修养〉的圈套》，文曰：

前几年，上海党内最大的一小撮走资本主义道路当权派，为了吹捧中国赫鲁晓夫，在上海刮起了一阵学黑《修养》之风。厂内一小撮黑爪牙也跟着呐喊一气。当时上海黑《修养》一时买不到，这一小撮家伙竟派采购员到东北地区去购买。更可恨的是，在这次文化大革命中，我厂党内一小撮走资本主义道路当权派和“联司”一小撮坏头头迎合中国赫鲁晓夫推行资产阶级反动路线的需要，在厂内又刮起了一股学黑《修养》风，他们竟然胆大包天，不让我们在班前会学习《毛主席语录》，而学黑《修养》。

由于我学了黑《修养》，中了毒，成了奴隶主义的奴隶，我就不敢起来造“上级”的反。去年十月十三日，厂里来了几个“大人物”，有个部长说什么：“你们要相信市委，相信党。上面哪里会有保皇派呀？”等等。这样我相信了这些“大人物”，做了他们的驯服工具。“联司”一小撮坏头头就利用我们盲目服从的奴隶主义思想，欺骗和蒙蔽我们，使我说了错话，做了些坏事。

我为什么走了那末（么）长一段弯路呢？最近我从毛主席著作中找到答案。毛主席他老人家说：“共产党员对任何事情都要问一个为什么……绝对不应盲从，绝对不应提倡奴隶主义。”今天我重温了毛主席他老人家这个教导，感到十分亲切，我将永远不会忘记这一教导。[①]

在黄浦区长沙路鸿瑞里的大批判大字报专栏中有一张批“阶级斗争熄灭论”的大字报：

中国赫鲁晓夫开口“阶级斗争熄灭论”，闭口“阶级斗争熄灭论”，成天梦想资本主义复辟，颠覆无产阶级专政，我们决不能中他这套阴谋诡计。

毛主席教导我们：“千万不要忘记阶级斗争。”可是中国赫鲁晓夫却胡说：“现在国内敌人已经基本上被消灭了，地主阶级早已消灭了，资产阶级也基本上消灭了……”这真是闭着眼睛说瞎话。从我们鸿瑞里解放以来的情况看，两个阶级、两条道路、两条路线的斗争，一直没有停止过。被打倒

① 《文汇报》1967年9月13日。

的地主阶级的土地是分掉了，资本家的企业是公私合营了。但是，他们人还在，心不死。十多年来我们里弄同全国一样，曾经多次出现资产阶级复辟和无产阶级反复辟的阶级斗争。早在抗美援朝时期，我们街道地区有个狼心狗肺的资本家叫王康年，他惟利是图，不择手段，出卖大量假药，陷害我们最尊敬的志愿军同志。这难道能说是“阶级斗争熄灭”了吗？我们里弄有个反动资本家，他很欣赏中国赫鲁晓夫“赚多少钱都是合法的”那套滥调，也跟着叫嚷：“花花绿绿，胭脂花粉，大吃大喝，都是合法的。”并说：“我心不黑，每天有两瓶啤酒，两包大前门香烟，每月只要一百五十元零用就心满意足了。”难道这些家伙真是这样的心满意足了吗？不！他们永远是不会满足的。这些家伙反动的阶级本性是不会改变的。他们损人利己，惟利是图，削尖了头，见空就钻，公私合营后，这个反动资本家就乘机盗窃国家财产6800多元。这些铁的事实，证明中国的赫鲁晓夫所鼓吹的“阶级斗争熄灭论”，完全是复辟资本主义的反革命黑货。[①]

这种今天看起来非常可笑的大字报，可在当时却是作为大字报的样板挑选出来，刊登在影响不小的《文汇报》上的。这样的大字报，虽然理不直，气不壮，牵强附会，但毕竟遣词用语还比较文雅，而当时的众多“大批判”大字报中，除了满篇的“砸碎”、“砸烂”、“埋葬”之外，并无多少实际内容，更有许多大字报，通篇只有流氓式的骂娘语言。

“批判”刘少奇的“大批判”大字报与“文化大革命”初期的大字报不同之处在于，“文化大革命”初期的大字报基本上是自发性的，即使红卫兵写的大字报，也没有系统的组织安排，而“大批判”大字报，则是在基层组织的组织、部署下进行的。当时发动群众大写“批判”刘少奇的大字报，目的就是把刘少奇是“中国的赫鲁晓夫”的形象渗透到群众脑海中，把刘少奇“批深批透”，通过从思想上“批臭”刘少奇，为在政治上、组织上彻底“打倒”刘少奇作舆论准备和创造群众基础。

在通过“大批判”“批倒”、“批臭”刘少奇的同时，林彪、江青一伙加

① 《文汇报》1967年9月3日。

紧了对刘少奇的迫害，他们成立和控制了所谓的刘少奇、王光美专案组，用各种卑劣的手段制造了伪证，给刘少奇定上了“叛徒、内奸、工贼”的罪名，最后将刘少奇迫害致死，制造了共和国历史上最大的一桩冤案。

七、指向老一辈革命家的大字报

1.周恩来、朱德、邓小平成了大字报“炮轰”的对象

在“文化大革命”中，中共中央第一代领导集体中，除毛泽东外，刘少奇、周恩来、朱德、陈云、邓小平都受到了各式各样大字报的攻击。刘少奇、邓小平在“文化大革命”中被打倒，朱德、陈云靠边站了，其他老革命家也大多被打倒。周恩来虽然仍在苦苦支撑危局，但也几次险遭不测。对于这么一位任劳任怨、顾全大局、为党和人民事业鞠躬尽瘁的好总理，大字报也没有放过他。

1967年林彪、江青一伙制造所谓“二月逆流”事件后，余秋里、谭震林、谷牧、李先念、李富春、陈毅、叶剑英、徐向前等一个一个被点名公开批斗，被一张一张的大字报“炮轰”。由于周恩来运用各种手段保护了那些被林彪、江青一伙企图打倒的老干部，因而在反击“二月逆流”的狂潮中，周恩来竟被视为“二月逆流黑干将”的“保护人”和“总后台”，在江青等人的指使下，社会上出现了矛头指向周恩来的大字报。

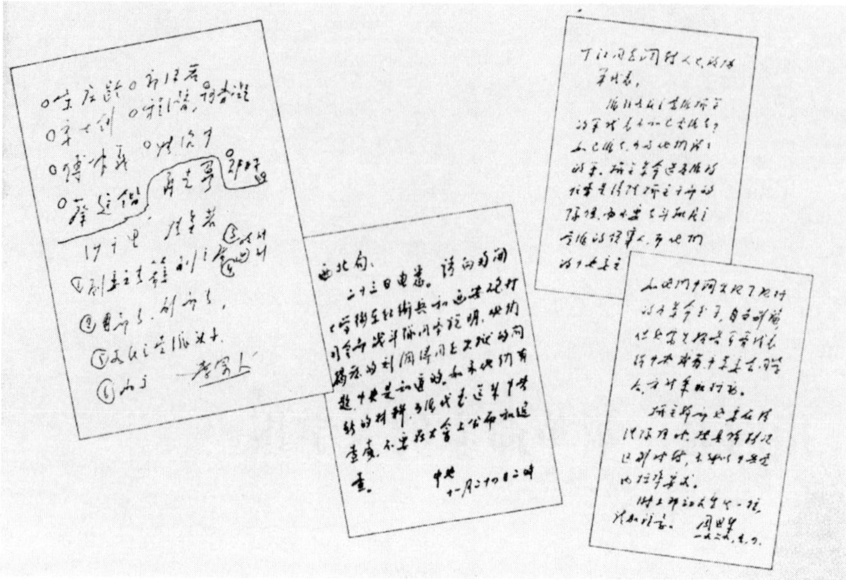

◇ 周恩来拟的关于保护党内外领导干部和上层民主人士的三份文电。

1967年3月24日，北京师范大学有人贴出了《给周总理贴大字报》的大字报，公然反对周恩来。但是，反对周恩来不得人心，这张大字报一贴出，立即遭到了人们的反对，师大校园里当天就出现了“苏东海等人炮打周总理罪责难逃”、“周总理是坚定的无产阶级革命家”、“谁反对周总理就是反革命”的标语。

这年三四月间，在中央文革小组的煽动下，北京及全国各地掀起所谓反击“自上而下的反革命复辟逆流”。到5月，反击“二月逆流”的狂潮达到了最高峰。江青等人清楚，他们彻底打倒老干部、实现篡党夺权最大的障碍正是来自周恩来。在林彪、江青一伙的授意下，从5月中旬起，北京又出现了直接攻击周恩来的大字报和大标语，声称：周恩来是“资产阶级反动路线的制定者和执行者之一，绝不是毛主席、林副主席的亲密战友，绝不是毛主席司令部的人”；“炮打周恩来是当前群众运动的大方向”、“炮打周恩来绝不是炮打无产阶级司令部”；“不仅要揪出中国的柯西金，而且要揪出中国的米高扬”；“要把矛头直指周恩来这个大黑窝”等等。一些造反派提出“炮打”周恩来的理由：总理是“老保”，保这个，保那个，结果保的都是坏人；国

◇ 20世纪60年代的朱德。

务院许多副总理都垮了，他们的错误不会和周恩来没有关系；周恩来的多次讲话与中央文革小组成员的讲话调子相差很远；周恩来是“二月逆流”的总根子等等。①

周恩来对此泰然处之。1967年5月15日，他在接见北京外国语学院的红卫兵代表时说：就我个人来说，你们搞全面材料也行，向我提抗议也行，贴大字报也行。我不怕打倒！干了几十年革命还怕这个？除非自己摔跤，走到反面。

社会上有人贴周恩来大字报的事反映到了毛泽东那里。毛泽东在一封反映外事口出现攻击周恩来大字报的来信上批示：“林彪、恩来同志，文革各同志：此件请阅。极左派的观点是错误的，请文革同志向他们做说服工作。”

在毛泽东的干预下，这股歪风被遏制下来了。

“文化大革命”爆发之时，被尊称为“朱老总”的朱德已是80岁高龄，林彪、江青一伙对这位功勋卓著的老帅也不放过。

在1966年5月的中央政治局扩大会议上，林彪在“批判”彭真、罗瑞卿等人时，指名攻击中央几位领导人，并特别点了朱德的名，说朱德不赞同他提出的“毛泽东思想是马列主义的顶峰”，是反对毛泽东思想。康生也附和

① 金冲及主编：《周恩来传（1949—1976）》下卷，中央文献出版社1998年版，第962页。陈扬勇：《苦撑危局——周恩来在1967》，中央文献出版社1998年版，第283页。

说，朱德“想超过毛主席”，“组织上入党了，思想上还没有入党，还是党外人士”①。

朱德对“文化大革命”中的做法很有看法。在一次中央政治局会议上，他说，现在有一个问题，就是把你打成反革命，把他也打成反革命。我看，只要不是反革命，错误再严重，还是可以改正的。一打成反革命就没有路可走了，这个问题要解决。在另一次会议上，他又说：现在，“文化大革命”运动搞到了破坏生产的程度，忘记了“抓革命、促生产”，这是新出现的问题，要注意解决。我们制止武斗那么久了，可是有些人还在武斗，甚至还有砸烂机器、烧毁房屋的，这里面有反革命分子在捣乱，要注意。

朱德的这些话，自然招致了林彪、江青一伙对他的怨恨。很快，他们掀起了一股“打倒朱德”的浪潮。

1967年1月中旬，在戚本禹的煽动下，中央办公厅的造反派对刘少奇、邓小平进行批斗。造反派在对刘少奇夫妇围攻与批斗时，也包围了朱德的家。康克清回忆说：

> 一天晚上，我回到家，中南海造反团的造反派们围在楼前，高呼“打倒”“炮轰”的口号，把大字报、大标语贴到我们家里，墙上、地下，到处都是。还提出要把我们从中南海里轰出去。当时，朱德还在玉泉山。他们一直闹到很晚才散去。②

当朱德从玉泉山回到中南海的家中，就接到造反派的“勒令”，要他去看批判他的大字报，交代“反对毛主席的罪行”。朱德只得去看了大字报，边看边用手中的拐杖敲打着地面，说大字报只有两个字是对的，那就是“朱德”，其他内容不知是从什么地方造出来的。

月底，戚本禹又煽动中国人民大学的造反派，把“批判”朱德的斗争引向社会。一时间，攻击朱德的大字报、大标语纷纷出现在北京街头。造反派还贴出海报，准备召开万人大会，公开批斗朱德，让康克清陪斗。只是由于毛泽东、周恩来的干预，批斗大会才夭折了。

---

① 金冲及主编：《朱德传》，人民出版社、中央文献出版社1993年版，第223、725页。

② 金冲及主编：《朱德传》，人民出版社、中央文献出版社1993年版，第223、725页。

1966年11月8日，聂元梓等11人贴出了诬蔑邓小平的第一张大字报：《邓小平是党内走资本主义道路的当权派》，诬称邓小平是“党内走资本主义当权派”的“第二号人物”。

◇ 1966年11月8日，聂元梓等人在北京大学贴出大字报，诬陷和攻击邓小平是所谓“走资本主义道路的当权派”。

大字报中“揭发”的所谓邓小平的“罪恶”，一是在中共八大作修改党章的报告中，“大反所谓个人崇拜”，说这是“赤裸裸的反对我们对伟大领袖毛主席的无限热爱、无限敬仰、无限崇拜的心情”。

二是1962年经济暂时困难时，邓小平“乘机大刮资本主义黑风”，“他在团中央的一次会议上，公开鼓吹在农村恢复单干，说什么‘不管黑猫白猫，能逮到耗子的就是好猫’”。

三是“公开反对文化革命”。“在邓小平主持的中央书记处会议上，曾对当时的文化革命作了这样的描绘：现在有人不敢写文章了，新华社每天只收到两篇稿子。演戏只演兵，只演打仗的。电影哪有那么完善？！这个不让演，那个也不让演。邓小平自已则诬蔑革命派说：‘有些人，就是靠批判别人出名，踩着别人的肩膀自己上台。对人家一知半解、抓住小辫子就批判半天，好自己出名。’邓小平还说什么学术观点、教育观点不一致不要紧，各种观点可以长期共存。”

11月10日，北京大学红卫兵“万山红遍”游击兵团也贴出了《从〈关于修改党章的报告〉看邓小平的反革命修正主义嘴脸》的大字报，对邓小平在中共八大上代表中共中央所作的《关于修改党的章程的报告》进行“批判”，还说什么“八大是有严重错误和问题的，当时许多同志认识不清”。

不难看出，这样的大字报中，除了一派胡言外，再也没有什么实质内容。可在那个荒唐的年代，这样荒唐的大字报又何其多也！

2.大字报轰倒“中国第四号人物”

在“文化大革命”这个是非颠倒的年月里，老一辈革命家几乎人人都被造反派贴过大字报，都被大字报“炮轰”过。大字报，既是打倒他们的先声，也是打倒他们的武器之一。

1966年11月20日，上海时代中学高二（2）班学生陆荣根，在北京贴出了第一批“炮轰”当时的中共中央政治局常委陶铸的大字报。后来，这几张大字报经《南方日报》整理后，报刊登了出来，《文汇报》等报纸还作了转载。从《炮轰陶铸》的大字报上，可以清楚地看出造反派是怎么用大字报攻击老一辈革命家的。

◇ 陶铸在广东肇庆。

1966年5月中共中央政治局扩大会议后，时任中共中央中南局第一书记兼中共广东省委第一书记的陶铸，被调任中共中央宣传部部长、书记处常务书记兼文办书记。在1966年8月的中共八届十一中全会上，陶铸被选为中央政治局常委，排位在毛泽东、林彪、周恩来之后，成为党内的第四号人物。随后，又被任命为国务院副总理、中央文革小组顾问。

陶铸到中央工作后，开始江青一伙对他还是持欢迎态度的，因为陶铸同刘少奇、邓小平没有很深的历史渊源，只有一般的工作关系，而陶铸性格直率、爱放炮，可以在日后借用来炮打所谓的“刘、邓资产阶级司令部”。但是，江青一伙很快发现，陶铸不是他们想象的那种人。

在中共八届十一中全会期间，中央政治局开生活会批判刘少奇、邓小平。江青私下里找陶铸，要他打头阵，向刘少奇、邓小平开炮。陶铸以刚来中央，不了解情况为由，拒绝了江青的要求，在会上一言未发。

中共八届十一中全会后，刘少奇、邓小平名义上仍是中央政治局常委，刘少奇仍是国家主席，但实际上刘少奇、邓小平已被拉下马了。但陶铸不是那种落井下石之人，仍把刘少奇、邓小平作为国家领导人对待。这年国庆，新华社要刊发一组国庆检阅的新闻照片，主管宣传工作的陶铸，仍旧批发了毛泽东和刘少奇在一起的照片。当他发现没有邓小平的镜头时，又指示新华社一定要有邓小平的照片，并让新华社采取补救措施。新华社将照片上的另一个人头隐去，换上邓小平的头像。这就是后来被江青一伙大肆渲染的“换头术”事件。陶铸的做法自然引起了江青等人的不快。

在对待一些重大问题上，陶铸更是与以陈伯达、江青为正副组长的中央文革小组有明显分歧：

中央文革小组反对派工作组，陶铸进京后赞同派工作组；

陶铸认为“文化大革命”中农村和城市中的企业不要搞大鸣、大放、大辩论、大字报，中央文革小组却坚持要在农村和企业搞“四大”；

陶铸强调要“抓革命、促生产”，不能以革命代替生产，中央文革小组说这是以生产压革命，搞经济主义；

陶铸认为对运动中的两派群众应同样对待，应做好两派群众的团结工作，中央文革小组却是支一派，压一派，挑动群众斗群众。

陶铸和中央文革小组不是一条道上的车，江青一伙也就对陶铸越来越不满，视他为眼中钉、肉中刺，必欲打倒而后快。

正是在这种背景下，陆荣根来到了北京，在繁华的前门大街，贴了一批“批判”陶铸的大字报。大字报共有两万余字，用去了整整60张大白纸。此时，陶铸还没有被打倒。

大字报集中“批判”的是陶铸的两本书：《理想·情操·精神生活》和《思想·感情·文采》。

《理想·情操·精神生活》一书收入了陶铸1959年写的《太阳的光辉》这篇文章，大字报说，这是这本书中的“第一号大毒草”，这篇文章是要全国人民在报刊上议论毛泽东和中国共产党的错误。

陶铸在《太阳的光辉》中说，广大人民群众以“东方红，太阳升”来形容我们伟大事业的朝气勃勃，以太阳来歌颂我们伟大、光荣、正确的党，“但是，又有谁说过太阳毫无缺点呢？尽管太阳是人类生存不可缺少的，但总还是有人批评太阳的某些过失。譬如当大暑天骄阳似火，晒得人们流汗的时候，人们就会埋怨，说太阳的光和热发射得过分了。而且大家都知道并且也都指出过，太阳本身还有黑点”。

这段话的意思，无非是在充分肯定中国共产党的同时，指出党也会有缺点、过失。可是大字报说，陶铸这是“把矛头对向毛主席和以毛主席为首的中国共产党”，说太阳的光和热发射得过分了，“是对毛主席和共产党的恶毒攻击”。

陶铸在《对繁荣创作的意见》中，谈到如何实现党对文艺创作的领导时说，党的领导并不是不论什么东西，事无巨细都去领导，如果要作家完全按照党员领导的想法去创作，看其眼色去修改，甚至创造出“我领导创作出思想，你作家出技巧”的“理论”来，这只会是乱指挥，不可能做到“百花齐放、百家争鸣”。

这段话并没有什么错。陶铸并没有否定党对文艺创作的领导。可是，大字报却牵强附会地把陶铸的话同反右派运动时储安平的“党天下”相提并论。大字报说：

> 听一听右派分子储安平的话：“但是在全国范围内，不论大小单位，甚至一个科一个组，都要安排一个党员做头儿，事无巨细，都要看党员的颜色行事，都是党员点了头才算数，这样的做法，是不是太过分了一点？”
>
> 这两个人语言是一个模子印出来的，抽象地“肯定”，具体地否定，都爱看眼色，都恨共产党。

陶铸位至中共第四把手，就凭这一点，也谈不上他“恨共产党”。如果陶铸恨共产党，他又何苦为党舍生忘死工作几十年？

陶铸在《对繁荣创作的意见》中说：“这些部门（人事部门）最大的缺点是在对非党干部的看法上，对非党的团结问题上有严重的偏差。我们对干部的看法，要建立在德、才兼备上面，干部当然要政治可靠，也要有才能才行；反之，一点才能也没有，这个人有什么大用呢？”

这话也没有什么不对，但大字报又把储安平的看法拿出来对照。储安平在1957年曾说：“这几年来，很多党员的才能和他所担当的职务很不相称。既没有做好工作，使国家受到损害，又不能使人心服，加强了党群关系的紧张。”“这几年党群关系不好，而且成为目前我国政治生活中急需调整的一个问题。”①

如果单看储安平的这几句话，并无大错，储安平被划为右派，是他提出了“党天下”的概念。可大字报却把陶铸与储安平这两段意思并不相同的话，硬扯在一起说：

“一位说要急需调整，一个说有严重偏差，一位说不相称，一个说要才能，话挺投机，都是信口开河。”

陶铸说：“有了政权而不很好联系群众，也可以使我们滋长官僚主义。对于这点，我们不能不有所警惕，不要因为有了政权便产生特权思想。”

这段话实在挑不出什么毛病，大字报于是武断地说：“这些东西是从1957年右派分子那里批发下来的。”

陶铸又说：“不能人家一谈工作上的缺点就认为是反对三面红旗。帽子一扣，谁也不敢说话了，这还有什么广大人民的积极性呢？还叫什么党的领导呢？”

大字报为此给陶铸扣了帽子：“和右派分子攻击我们‘政治沉闷、乱扣政治帽子，大家不敢讲话’，唱了一出双簧戏。”

在《对繁荣创作的意见》中，陶铸说过：“今天我们做的事业，不是替共产党做的，当然更不是替个人做的，做的都是人民的事业。”

陶铸的意思是说，共产党没有什么个人的私利，没有党派的利益，所做的一切都是为了人民。大字报却曲解说：

大家明白，为党为人民是完全一致的，共产党和人民是血肉不可分离的。个人指的就是我们最最敬爱的毛主席。陶铸把毛主席、共产党和人民对立起来，多么恶毒！让我们听一听右派分子储安平的话：“我认为党领导国

---

① 《人民日报》1957年6月2日。

家并不等于这个国家即为党所有。”从储安平的话里也可以听出个人是指毛主席。再听一听右派分子曲北韦的话：“我十分怀疑，中华人民共和国的权力属于人民呢？还是中华人民共和国的一切权力属于共产党？共产党是为人民服务呢？还是人民为共产党服务？”这是对陶铸的话的最好注解。陶铸和资产阶级右派分子一齐信口开河。

在《松树的风格》中，陶铸赞美松树说：“狂风吹不倒它，洪水淹不没它，严寒冻不死它，干旱旱不坏它。它只是一味地无忧无虑地生长。”“你看它无论是在严寒霜雪中和盛夏烈日中，总是精神奕奕，从来都不知道什么叫作忧郁和畏惧。”

这两段话，本是陶铸赞扬松树的生命力之强和松树的风格中包含着的乐观主义精神。可大字报却硬说这是“宣扬反革命气节，借此给右派分子打气”。

在《思想·感情·文采》一书中收录的《〈西行纪谈〉序言》中有陶铸的这么一句话：“目前，在社会主义建设时期，发展生产就是最直接最主要的群众利益。”文章写于1960年12月，当时，毛泽东还没有提出阶级斗争要“年年讲，月月讲，天天讲”，可大字报却指责说，陶铸在1964年出书时，对这句话不删不改，“当然是有意对抗毛主席指示”。

在1962年3月的全国话剧歌剧创作会议上，陶铸在讲到演传统戏和现代戏的关系时说：“这个时候一般就是不让演传统戏，逼大家演现代戏。梁山一百零八将都是逼上去的，有哪个是自觉的？”意思无非是通过不让演传统戏的办法，演出更多的现代戏来，而大字报却牵强附会地说：“陶铸把毛主席和共产党比作宋朝的统治者，把文艺工作者比作受压迫者，把毛主席让演革命现代戏号召称为‘逼上梁山’，而把大家都说成不喜欢现代戏，都不愿走这条路，没有一个是‘自觉的’，都是一个个走投无路，因为不准演牛鬼蛇神，被逼着走社会主义的路。”

1955年8月，陶铸为广州五所高等学校的教师作了《需要解决的三个问题的报告》，其中在说及关于《红楼梦》研究问题的批评时，陶铸说：

> 我们共产党所领导的国家是十分民主的，是十分自由的；只有对反革命分子，才没有民主，没有自由。有人说：“关于《红楼梦》问题，俞平伯只

写了一篇文章，你们写了一篇又一篇，为什么你们把对《红楼梦》有研究的俞平伯骂得这样，把俞平伯搞得几乎混不下去？”我们也认为，俞平伯先生对《红楼梦》是有研究的；但他的思想观点是错误的，必须批判的。当然，这只是思想方法问题，是学术思想论争问题，这是人民内部的问题。如果俞平伯先生愿意再讲，他可以讲的，愿意发表文章，他可以发表的，如果他不服，也可以反驳的。

大字报利用这段话攻击陶铸说：

那些资产阶级学术“权威”打雷，陶铸就下大雨。前面说有研究，点头称是；后面说骂得厉害。陶铸暗里应声：问题不大，人民内部问题也，还可反驳。真太照顾。这可以说纯学术问题，同理可得《海瑞罢官》也是这样。

1954年8月，陶铸在广州市高等学校青年团干部学习班上，作了《要树立社会主义思想》的讲话。在讲到大学生必须确立社会主义思想，应该努力树立共产主义世界观时说：树立共产主义世界观，“小学不可能提出这个问题，中学也早了一些，到了大学，每个人生活经验多些了，已能理解更多的社会科学知识，并且出了校门后就要担负起建设国家的责任，是提出这个问题的时候了”。

陶铸的意思是大学生必须树立共产主义世界观，而大字报却说这是与从小就树立无产阶级世界观相对立，“妄想使下一代不去接受无产阶级思想，让资产阶级思想在下一代中间自由泛滥”，推行修正主义教育路线，“明目张胆地和毛泽东思想对抗”。

大字报的结尾公然给陶铸扣上“反党反社会主义反毛泽东思想分子”的大帽子，叫嚷“必须把他打倒”。

大字报的作者陆荣根，仅是一个高二学生，居然写出两万余字的大字报，而且是从“理论”上“批判”陶铸，不能不承认此人在“造反”之前，还是读了不少书的，至少陶铸的两本书是读过了的。大字报中满篇的“左”的词句，可见“左”的东西给他的影响之深。如果没有这极左的“文化大革命”，陆荣根这样的学生，说不定在不长的时间里，能够成为颇有才华的理论研究人才。当时参加运动中的绝大多数人，参与写大字报的绝大多数作者，其出发点，是出于对毛泽东的无限信任、无限崇敬，出于“保卫毛主席”、“捍

◇ 批斗陶铸大会会场。

卫毛泽东思想”的责任感，他们并没有意识到自己的行为有什么不对。人们对“文化大革命”的认识，经历了一个相当长的过程，政治狂热的冷静需要一段时间。

在“文化大革命”中，大字报往往成了极少数野心家、阴谋家整倒老一辈革命家和广大老干部，篡党夺权，实现个人野心的工具。他们利用大字报大做文章，以诬陷迫害为能事。1967年9月，姚文元发表了他的长文：《评陶铸的两本书》，这篇长文，几乎是陆荣根大字报的翻版。比如：大字报中，指责陶铸《太阳的光辉》中说的“太阳本身上还有黑点”，是把矛头指向毛泽东和共产党，姚文元也说，“这不是赤裸裸的咒骂我们的党和伟大的领袖吗？”“文化大革命”中的许多“大批判”文章，其实不过是另一种形式的大字报罢了。

这张大字报贴出不久，陶铸也被林彪、江青一伙诬为“中国最大的保皇派”而被打倒了。

3.一张大字报引出“二月兵变”冤案

在“文化大革命”中，大字报千奇百怪，无奇不有。

在众多的大字报中，揭发、批判自然是其主题。问题是一个人接触、了解的东西毕竟有限，哪有那么多东西可揭发呢？于是，无中生有、道听途说，成了这种揭发型大字报的重要内容。好在那时人们贴大字报被视为“革命”举动，至于揭发的内容是否属实，这并不重要，“怀疑一切”、“打倒一切”是那个荒唐岁月的特征，要“打倒一切”，自然首先要“怀疑一切”。

自从聂元梓等人的大字报贴出来后，北京大学的校园就成了大字报的展览馆，有事写大字报，无事搜肠刮肚找点事写大字报，已成了许多人的主课。

不过，要在如山似海的大字报中，再贴出一张能产生轰动效应的大字报，也不那么容易，要引起人们的注意，最好有点爆炸性新闻。

一天，北大的几名学生和工作队员在一起开串联会。会上，有人揭发说，2月份北京军区曾要在北大驻一个团，在当时的情况下，调动那么多的军队，很明显是要搞政变。

当时，这个人不过是随便说说而已，但说者无意听者有心。会后，有个学生把议论的内容整理归纳，将所谈的“政变”改名为“二月兵变”，写了一张大字报。

于是，这张题为《触目惊心的二月兵变》的大字报便贴出来了。

大字报说，北京卫戍区曾派人来校联系，要在44楼驻一部分军队，还要在人民大学驻一部分军队，这是彭真、刘仁（中共北京市委第二书记）搞政变的准备。

这张大字报果然“触目惊心”，北大武装部得知大字报内容后，不敢怠慢，立即告诉了海淀区武装部。海淀区武装部感到事关重大，又立即报告了北京卫戍区。

北京卫戍区对此十分重视，立即派人调查，很快就查明了事情原委：

1966年2月，中央军委为了加强地方武装建设，决定在北京市组建一个团，归卫戍区建制，担负民兵训练、社会治安的任务。

这个团组建后，一时找不到营房。卫戍区副司令员李钟奇找到北京市副市长崔月犁借房。崔月犁答复说："由你们找有空房子的单位，找到后由市人委出面借用。"

北京卫戍区派人先到京郊的大兴、房山、丰台等地，都没有找到合适的房子。后来听海淀区武装部介绍说，有些学校的学生下去搞"四清"，学校里面有空房。

北京卫戍区得知后，即到北京大学、中国人民大学联系借房。

在人民大学，北京卫戍区的人先找到党委副书记赵德芳，赵德芳将此事向正在京郊苏家坨公社搞"四清"的校党委书记郭影秋作了汇报。郭影秋说：军队住学校影响学生的学习环境，而且学生搞完"四清"后马上要回学校，也没有多少空房可借。但是，如果上级认为必须要借，就打扫房子欢迎。

北京卫戍区司令员傅崇碧、政委刘绍义得知后，认为部队住学校不合适，决定不住学校。这个团组建后，就住在郊区的一个靶场。

"文化大革命"爆发后的北大是车水马龙、人山人海，来看大字报的，学习取经的，凑热闹的，摩肩接踵，络绎不绝。《触目惊心的二月兵变》的大字报，很快被传抄到了北京师范大学。

北师大物理系的一名学生看到这场大字报后，联想到北京卫戍区也曾到中国人民大学借房，就写了一张《郭影秋是什么人？》的大字报，质问已调任北京市委文教书记的郭影秋：彭真阴谋搞政变，要在人大驻兵，这事你知道不知道？

不久，这张大字报被康生获知，认为这是一个"搞臭"彭真、"搞倒"贺龙的好机会，于是利用这张大字报大做文章。

7月中旬，在中央文革小组的一次会议上，康生质问郭影秋："关于二月兵变的大字报你知道不知道？"

郭影秋说："没有看过大字报，但这件事我知道。"

康生又问："你知道，汇报过没有？"

郭影秋答称："没有汇报，我认为大字报的事是不可能的，是没有的。"

说话之中，康生给郭影秋看了一份材料，内容是说北大某人曾揭发有人欲在北大、人大驻兵，“兵变”确有其事。康生指着材料说：“二月兵变”明明是有的。

康生的这份材料又是怎么来的？原来，北大文革小组得到大字报后，找到大字报的作者，要他写一份“二月兵变”的材料，并说：“康生都点了，不是什么怀疑，而是实有其事。”既然如此，那人便将大字报上的话复述了一遍，作为正式材料交上去了。

过了半个月，康生在北京师范大学的群众大会上宣布：在今年2月底3月初，北京市彭真这个大黑帮，他们策划政变，策划把无产阶级专政推翻，变成他们资产阶级专政，他们计划之一是要在北京大学、人民大学每一个学校驻上一营部队，这个事情千真万确，而且在北大、人大看过房子，这件事是包含极大的阴谋的。

康生的话传开后，中国人民大学的一些学生于7月28日冒雨将郭影秋揪回学校批斗，一连斗了几个小时。

对于“二月兵变”这件事，在8月2日的人民大学师生员工大会上，处境已是十分困难的邓小平特地作了澄清。他说：“这个二月军事兵变的问题，我们查了，因为我们早知道这个事，我正式跟同志们说，没有这个事。”

这年8月，林彪策划“打倒”贺龙。林彪指使人写诬告材料，林彪本人也在军委常委扩大会上诬陷贺龙“搞颠覆活动”。康生明知这件事的底细，却与林彪一个口径煽风点火地说：贺龙私自调动军队搞“二月兵变”，在北京郊区修了碉堡，给体委发枪炮，炮安在什刹海，炮口对准中南海等等，散布谣言，与林彪一起图谋把贺龙“打倒”。

这张《触目惊心的二月兵变》的大字报引发的“二月兵变”冤案，只不过是“文化大革命”中无数无中生有、胡说八道的大字报中的一张。正是这样的大字报，制造出了一桩又一桩冤案。

4. “大字报整人，不可信”

随着“文化大革命”的全面展开，全国范围内的社会动荡局面的出现，广大老干部对这场所谓的自下而上的“革命”，也由开始时的疑惑和不理解，逐渐发展到抵制和反对。尽管限于当时的环境，他们对“文化大革命”本身不能进行否定，但他们对那种所谓“革命”方式，诸如批斗、抄家、大字报之类，是十分反感和反对的。陈毅便明确表示：“大字报整人，不可信。”

1966年6月1日晚上，中央人民广播电台广播了聂元梓等人的大字报。陈毅听完广播，感到十分惊讶，连夜去问周恩来：“这么大的举动为什么事先不给通知？”周恩来只好如实告诉他：“我也是在临近广播前才接到康生电话，说毛主席赞成这张大字报，并亲自决定今晚由中央台向全国播出。”

陈毅听完，撂下电话不满地说：“发动群众搞运动也应该有领导、有秩序地进行。广播这么一张大字报，不经过政治局讨论，个别人说了算，任意采取这样的行动，岂不乱了套！”①

过后不久，陈毅在一次群众大会上公开讲《人民日报》不该登聂元梓等人的大字报。这样的大字报登了后，还配发了评论员文章，影响不好。

但是，运用大字报、大辩论的方式发动群众，是得到了毛泽东和中共中央肯定的，在中共八届十一中全会通过的“十六条”中就这样说：

> 他们（指工农兵和青少年）用大字报、大辩论的形式，大鸣大放，大揭露，大批判，坚决地向那些公开的、隐蔽的资产阶级代表人物举行进攻。这样大的革命运动中，他们难免有这样那样的缺点，但是，他们的革命大方向始终是正确的。
>
> 要充分运用大字报、大辩论这些形式，进行大鸣大放，以便向群众阐明正确的观点，批判错误意见，揭露一切牛鬼蛇神。②

在这种情况下，陈毅当然不好公开反对大字报，而且在运动初期，他还在外交部鼓励干部用大字报揭露缺点、错误。他说：“我看，通过大字报揭露问题这个办法是很好的。成千成万的人响应号召，起来揭发我们党内和政府机关内部的缺点、错误，特别是领导同志的缺点、错误，然后加以改

① 杜易：《大雪压青松——“文革”中的陈毅》，世界知识出版社1997年版，第59、60页。

② 《人民日报》1996年8月9日。

正，这样可以使我们的党和国家不腐败，有无穷的生命力，继续前进。”①

陈毅号召写大字报时，大字报的危害还没有充分暴露出来，他认为大字报可以促进党和政府改进工作。

可是，等到大字报大批大批地贴出来，陈毅到外交部所属机关、学校去看了后，才发现大字报的弊端。当他看到一些不实事求是的大字报时，当即指出：贴大字报揭露问题是好的，但写大字报要以事实为根据，不能乱猜测，乱怀疑，什么都不相信，什么事都乱上纲。

大字报有个特点，可以随便地给人家扣帽子、打棍子，而贴大字报者可以不负什么责任，陈毅反对这种做法。他在“文化大革命”开始后不久的一次外交部翻译室座谈会上，严肃地说：

> 现在有人写大字报爱上纲上线，乱扣帽子。“黑帮”这个词在《人民日报》上出现后，人们就爱用这个词到处扣。其实他们根本没有搞清楚什么样的人是“黑帮”。写大字报不是提出问题、揭露问题，而是乱扣帽子，这就把大前提搞错了。有的人写大字报用什么“罪魁祸首”、“刽子手”、“滔天罪行”之类的词，追求惊心动魄。这样上纲上线，乱扣帽子，无助于解决问题，只会把局势搞乱，我坚决不同意这么搞！

陈毅举例说：

> 外语学院的同学贴出一张大字报说，外交部里有“黑帮”，陈毅是“黑帮头子”，但又说不出一点点事实作根据。我把这张大字报送中央了。真是黑帮揭出来很好。我不是黑帮怕什么？希望写大字报的人注意，犯有一般性错误的不要说人家是“黑帮”。至于被贴大字报的人，不是黑帮就不用怕。共产党员怕这个就不是共产党员，真金不怕火炼嘛！是好人，不怕别人说坏话，好人说不坏，坏人说不好。总之，贴大字报的人要根据事实揭发问题，被贴大字报的人也要实事求是地对待，说得对的就改正，说得不对的让人家自己去考虑。②

在“文化大革命”狂热的政治气氛下，陈毅的这番话，很难起到大的作

---

① 杜易：《大雪压青松——“文革”中的陈毅》，世界知识出版社1997年版，第59、60页。

② 杜易：《大雪压青松——“文革”中的陈毅》，世界知识出版社1997年版，第60—61页。

用，而他自己也成了大字报攻击的对象。

◇ 社会上反击“二月逆流”的传单和小报。

7月下旬，外交部有人贴陈毅的大字报，揭发陈毅6月份在一次外交部党组扩大会上，“恶毒攻击”毛泽东发动的“文化大革命”是“乾纲独断”。

“乾纲独断”陈毅是讲过，但不是6月份，而是8月初中共中央决定撤出工作组后，外交部副部长姬鹏飞对撤工作组想不通，去问陈毅。陈毅是赞成派工作组的，当姬鹏飞问他时，他满脸不高兴地说：“我也不清楚怎么回事嘍！说怎么样搞，就怎么样搞，现在我们是乾纲独断嘍！”①

大字报说陈毅6月份就讲过此话，完全是为了打倒陈毅而编出来的谣言。

这年9月14日，陈毅在外文出版局讲话，台下不断有人递条子要他回答问题，其中一张纸条上写道：“陈毅，你是不是反对毛主席？”

陈毅念完纸条上的问题后，严肃地说：“这个问题提得含糊不清，如果我是反对毛主席的，我还能当副总理，当外交部长？！如果问我‘是不是反对过毛主席’，我可以坦率地告诉你，我在革命初期，曾经犯过错误，反对过毛主席，很快认识到自己错了，就改正错误，决心跟着毛主席干革命。但是，

① 刘树发主编：《陈毅年谱》下卷，人民出版社1995年版，第1159页。

我不敢保证将来我就不反对毛主席的一些意见。”

鉴于社会上贴出的攻击他的大字报中，常采取断章取义的方式歪曲他讲过的话，陈毅特地重复说：“请你们注意，我讲的是‘我不敢保证将来不反对毛主席的一些意见’，你们若写大字报，一定要全文照抄，不要只写半句。”

这被陈毅不幸而言中。他讲话后不久，造反派就在贴出的大字报中说：“陈毅说，我反对过毛主席，我不敢保证将来就不反对毛主席。”而且将大字报到处张贴。后来，还将此编入了《陈毅黑话集》，供“批判”之用。

随着“文化大革命”之火越烧越旺，社会上造谣诬陷的大字报也越来越多，陈毅对这种大字报十分反感，他愤慨地说：“大字报作为人民内部揭发缺点、错误的一种方法，是可以的，但利用它来搞运动，就容易被别有用心的人用来整人，害人不浅哪！一张胡说八道的大字报，轻则让人背上黑锅，重则可以整死人。他们贴了我那么多的大字报，真正善意指出我缺点、错误的有几张？”①

1966年11月14日，在外交部小礼堂召开的外交部红卫兵大会上，陈毅说：

> 自5月中央政治局扩大会议以来，我讲了很多话，现在我还要坚持讲下去。我已作好准备，落个被罢官、撤职、坐班房，这都不要紧哟。有人劝我“老总”少讲一点话。他们都是好心哟。我压了又压，可是压不住，有啥子办法？
>
> “文化大革命”以来，我一张大字报也没写，是个落后分子，你们写了几百张，是“先进分子”哟。现在外交部里大字报的名堂可多哟，什么“罪魁祸首”呀，什么“刽子手”呀，什么“滔天罪行”……哈哈，就由你一张大字报定了吗？这不解决问题，是纸老虎，是在追求惊心动魄。
>
> 有人在大字报中说我陈老总讲话不符合《人民日报》社论，他说他的，但我不改变我的看法。我这个当外交部长的经常在估计形势，我是靠这个吃饭的。但这场“文化大革命”我是完全没有估计到，是很不自觉，很不理解的。②

① 参见杜易：《大雪压青松——“文革”中的陈毅》，世界知识出版社1997年版，第62页。

② 刘树发主编：《陈毅年谱》下卷，人民出版社1995年版，第1174—1175页。

另一次，陈毅在外交部司局长会议上愤慨地说，有的人躲在背后，叫娃娃们出来写大字报整人，这是什么品德？陈毅这话，明显是针对林彪、江青一伙的。

1967年2月11日和16日，陈毅和叶剑英、谭震林等老革命家，同中央文革小组的张春桥等人，进行了两次面对面的斗争，这便是后来震撼全国的所谓大闹怀仁堂的“二月逆流”事件。

2月16日晚上，陈毅在中南海外事口会议室接见归国留学生代表，带着怀仁堂斗争的激情一口气讲了7个小时。在说到大字报时，他告诫这些刚回国的留学生说：

“你们刚回国，情况不太了解，我可以告诉你们，大字报不以事实为根据，上纲上线，乱扣帽子，不可信啊！”

“现在胡说八道的东西太多了。我看到一张红卫兵小报，大标题是《打倒杨尚昆之弟杨尚奎》，这真是滑天下之大稽！一个是四川人，一个是江西老表，怎么是兄弟呢？大字报、小字报，胡说八道是会整死人的，是要出人命的啊！”

“现在大字报越来越多，越来越吓人，字越来越大，水平越来越低。我一直反对大字报上街，这也成了我执行资产阶级反动路线的一大罪状。我主张大字报不要上街，不是我个人害怕，是从党的利益出发。现在看来，大字报上街危害性越来越大，等于向敌人告密。”①

“文化大革命”期间的大字报之风，也波及我国的一些驻外使馆，有的外交人员也热衷于“造反”、“夺权”，大字报铺天盖地，大喇叭成天广播，把使馆搞得一塌糊涂。

陈毅对这种局面十分担忧，决定想办法加以制止。1967年2月6日，他批送给周恩来一份电报，建议内外有别，驻外使馆一律不准搞大字报、大辩论。周恩来又呈送给了毛泽东，毛泽东签发了这份电报，对稳定驻外使馆起了重要作用。

---

① 杜易：《大雪压青松——“文革”中的陈毅》，世界知识出版社1997年版，第63页。

林彪、江青一伙制造所谓“二月逆流”后，一批批诬蔑、诽谤、叫嚷要“打倒陈毅”的大字报贴上了街头。4月初，有红卫兵问陈毅对此怎么看，陈毅回答：贴大字报是群众的权利，至于内容正确与否是另一回事。我相信好人说不坏，坏人说不好，是非自有公论。

八、大字报画卷中的特殊一页

1.要揪出“林副统帅”的大字报

在“文化大革命”中，林彪、江青利用大字报，向老一辈革命家身上泼一盆又一盆污水，大字报成了他们打倒、迫害老干部的工具。可是，随着这场“革命”的深入，人们对林彪、江青一伙的面目也逐渐有了认识。于是，人们也用大字报去揭穿野心家的阴谋。林彪和中央文革小组的康生、张春桥等人，也被大字报“炮轰”过一阵。

王藕（舒赛）就是第一个贴了反林彪大字报的人。

王藕，原名祝振容，又名祝成龙，长期使用舒赛的笔名。王藕1917年9月出生于湖北江陵，中学时就参加了中共地下党领导的学潮。抗战爆发后在共产党员的引导下，积极参加抗日宣传活动，1938年10月秘密参加中国共产党。1941年，她在豫鄂边区任手枪队指导员，经常化装进入敌占区进行侦察活动。在一次到敌占区侦察时，王藕身陷敌兵重围，因寡不敌众被俘。在敌人的监狱中，她坚贞不屈，在边区领导人陈少敏的关怀下终被营救出狱。随后，她担任中共襄南中心县委社会部长兼公安局长，成为边区第一个女公安局长。抗战胜利后，她经延安到东北工作。

新中国成立后，她因反对个别领导的不正之风，多年顶风坚持上诉而受到了不公正待遇。1958年被开除党籍、撤销职务。1960年又被公安机关拘捕。随即，她被所在单位以“无理取闹”为由开除公职，戴上“坏分子”的帽子，被送去劳动教养，还几次被强行送到精神病院去检查，以便证明她有“精神病”。两年后被保外就医，到北京靠亲友接济生活。当时担任中共中央中南局第一书记的陶铸得知她的情况后，给她寄来了300块钱，但她只接受了老首长的一片恩情，钱却送去了中组部，她不愿因自己连累老首长。

“文化大革命”开始后，林彪顿时如日中天，成了一人之下、万人之上的中国第二号人物。在东北工作期间，王藕也算是林彪的部下，但她对这位深居简出、高深莫测的“林总”一向印象不大好。“文化大革命”爆发后，她看到一个又一个的老干部被当作“黑帮”、“走资派”、“叛徒”相继被打倒，只有林彪却青云直上，成了“接班人”。对这种现象，王藕起初是疑惑不解，随后又把思考的焦点落在林彪身上。

王藕通过对林彪大量言行的分析发现，这个“口号不离口，语录不离手”的毛泽东“亲密战友”，才是真正的“打着红旗反红旗”的“大黑帮”，“是睡在毛主席身边的一只老虎”。

从1966年8月起，王藕开始用小字报批判林彪，对林彪的一些言行逐一批驳。

林彪大量印发《毛主席语录》，她说：“这是非常有害的断章取义。”

林彪在中共八届十一中全会上说：“这次要罢一批人的官，升一批人的官，保一批人的官。组织上要有个全面的调整。”她说：“这是国民党的一套，一朝天子一朝臣。”

林彪提出要“念念不忘阶级斗争，念念不忘突出政治，念念不忘无产阶级专政，念念不忘高举毛泽东思想伟大红旗”。她说：“我看林彪本人虽念念有词，也难做到。这些口号看起来顶左，实际上华而不实。”

王藕把自己的想法写成小字报后，送往中组部转呈毛泽东，她希望毛泽东看到这些材料后，能警惕林彪的野心。但这些材料送上去后，如石沉大海，未见任何反响。

为了唤起更多人的共鸣，王藕想到了大字报这种形式。

10月下旬，她在王府井百货大楼、北京站、国务院门口、西单、府右街北口，共贴了五张反林彪的大字报，但由于没有直接点林彪的名，在那段大字报层出不穷的日子，这几张大字报很快就被别的大字报覆盖了。

王藕并不灰心，她卖掉了收音机，买回了一批红纸和金粉。从11月起，她将大字报改写为她所称的“红报”，一个月内，她共写完了19张。

11月11日，王藕来到所在地的派出所，交上了改名为“王咏”的书面通知。

12月2日至3日的上午，王藕将1张大字报留在家里，带上余下的全部18张，拎上一桶糨糊，骑上自行车，直奔高校密集的海淀。

王藕意识到自己的行动也许会招来杀身之祸。行前，她给弟弟留下了一封短信：“我可能再也回不来了，如果我死了，请将我的尸体埋在母亲的坟旁。”这一天，她一口气贴了12张，第二天，又将剩下的6张全贴了出去。这些大字报分别贴在西单菜市场、中组部、北京大学、清华大学、王府井大街、北京站、石景山钢铁厂等地。王藕的大字报这样写道：

誓死揪出在毛主席身边的真正的资产阶级阴谋分子

真正的黑帮头子林彪，是阴险恶毒的政治阴谋分子，是彻头彻尾的修正主义者，是混入党内的国民党党徒、资产阶级阴谋复辟分子，是不折不扣的无产阶级的阶级敌人、反革命……反革命林彪阴狡谄媚，拼命制造个人迷信，拼命制造政治术语、专用词，不过是为了制造政治、思想甚至组织上的混乱，然后趁机浑水摸鱼，暗害、整倒中国共产党的优秀党员、骨干，再进一步则要打倒毛主席，实现其篡党篡政，进而篡军的阴谋。这才是令人怒发冲冠的真正罪行……一切革命者，尤其是接班人，必须冷静地认清林彪的嘴脸，勇敢地、坚决地站起来揭发、清算林彪的罪行，不迷信军功、地位，不被什么“毛主席的亲密战友”之类显然有毛病的别有用心的宣传所蒙蔽。历来的亲密战友大有人在，如今为何独独突出林彪一人?！巍巍林彪乎，即令是出类拔萃的元帅，比起多少共产党人鲜血凝成的伟大革命事业来，岂不是沧海一粟？林彪提“四个第一”、“四个念念不忘”不合实际。每个人都有思想、有杂念，也有个人问题，不可能什么时候都突出，都念念不忘。这些口号看起来挺“左”，实际上华而不实……毛泽东思想是我党各项工作的指导方针，林彪却说是“最高指示”，明显带着行政命令的味道，也有地位等级的味道。这就把毛泽东思想庸俗化了。看起来是抬高，实际上是在贬低……

在大字报的原文中，王蕙开始是直接提的林彪，但一想如果这样，说不定一贴出就会被林彪的爪牙撕掉，又将凡是有“林彪”的地方全改为“小老虎”。可这样人们看了又难明白指的是谁，王蕙灵机一动，又提笔将“虎”字改得很特别，最后一笔上挑很高，使人一看就知道大字报矛头指向的是林彪。

王蕙的大字报贴出不久，就有人向海淀区和西城区公安分局报告了，这两处公安局又马上报告了北京市公安局军管会。公安局军管会立即下令追查写大字报的王咏。

不到24小时，军管会就接到报告：大佛寺东街旁门甲五号院内，住着一名孤身无业妇女，名叫王蕙，此人最近经常写大字报，还给派出所写过两条《毛主席语录》。经核对，笔迹与大字报的笔迹相符。很快，派出所找出了王蕙那张声明改名为王咏的字条。

事实已经清楚了，为了避免打草惊蛇，获得更大的成果，公安局军管会没有立即拘捕王蕙，而是一天24小时监视。结果发现她除了给住在院内的外地来京串联的红卫兵烧炉送水，骑一辆破凤凰牌自行车去看大字报外，回到家里或者伏案疾书，或者听广播，很少有人与她来往，也没有其他可疑之举。三天后，军管会下令将王蕙拘捕。

1966年12月7日傍晚，北京市公安局军管会的人向她出示了拘捕证。王蕙轻蔑地笑了一下，提笔在拘捕证上写道：“拒绝签字！因为林彪本人说过要搞大民主，为什么我贴了一张红报就拘留我？”

几分钟后，王蕙被带上了警车，随后被投入了监狱。

从当晚12点到次日凌晨5点，公安局对王蕙进行了长达5小时的审讯。接着在一周的时间里，她又被一次又一次地提审。在审讯记录中，可以看出王蕙的凛然正气：

问：你先讲讲你的红报内容针对谁的？你写的招降纳叛、残害忠贞是什么意思？

答：我是针对林彪一个人的……我虽然不知道党内的事情，但我不相信我们党内会有那么多人有问题，我认为这都是林彪搞的……林彪在八届十一中全会上的讲话，说这一次要罢一批官，升一批官。我认为这是国民党的一套……打倒罗瑞卿也是一个例子，我没有见过罗瑞卿，但我相信他是个好干部，林彪把他整下去，我想不通……给刘少奇主席贴那么多大字报，为什么没有人管？我觉得刘少奇写《论共产党员的修养》对党是有贡献的，他没有在报上发表什么讲话，而林彪那么多讲话有问题，也没有人批判。学生头脑比较简单，林彪大喊反对资产阶级反动路线，学生就大反河北省委、天津市委、华北局，还要一反到底。我认为批判刘少奇的材料理由是不充分的。

林彪总是讲整那些走资派，现在红卫兵连学校党的领导也不听了，使党的组织瘫痪了，这都是受林彪讲话的影响……为什么老讲整走资派，单单把这些好干部整了呢？这是不是残害忠贞？

问：你对林彪的提法有看法，是从什么时候开始的？

答：从看到林彪给工交系统公开信后开始写批判文章。

问：你讲讲你过去对林彪同志是采用什么方法攻击的？

答："文化大革命"开始后，我看林彪要搞资产阶级篡权，还有人服从他，跟着他跑。我认为林彪是反毛主席的，我要捍卫毛主席。

问：毛主席是支持林彪的。林彪同志是毛主席培养起来的。你的矛头指向谁，很清楚。

答：林彪在天安门上讲话时毛主席在他身边。这我知道。我认为毛主席是受了林彪的蒙蔽……

问：你的气焰不要太嚣张了。你要自觉些。你要知道大街上有多少红卫兵贴大字报批判你，还到处找你。把你搞到这里来是便宜了你，你不要继续坚持你的反动立场了。

答：我坚持的是正确立场……你这样讲是对我压服……林彪大权在握，我今天反对林彪，林彪及林彪分子会杀害我，但我坚持马列主义、毛泽东思想，死而无愧，死而无悔……

问：你不要这样嚣张！人民政府有它的法律，你这样闹，我们不怕。

答：不怕？我给林彪贴几张大字报，为什么那么快就撕掉了？为什么把我弄来坐牢？

问：你应当改变你的立场，你继续坚持反动立场没有好下场。

答：应该改变立场的是林彪。

问：不准诬蔑林彪同志。你交代一下文化大革命以来你给哪些人写过信？

答：这个你问不着。我没有回答的必要。你让我叛党不行！

问：你早就叛党了，中国共产党早就开除了你。

答：党在某个时候做出错误决定是有的……虽然党这么多年不承认我，可是我得有党的原则。一个马列主义者，应当尊重这个原则。在法庭上你们审查我和组织的关系，不行。

……

在王藕被捕一周年后，公安局对她进行了最后一次审讯：

问：最近你思想上考虑通了吗？

答：依然如故。

问：你还是不认罪？

答：我是不可能认罪的。

问：你不认罪，我们照样可以处理你。

答：你们现在给我戴上脚镣手铐，这是不符合毛泽东思想的。我是一个马克思主义者，你们这样做不感到惭愧？告诉你们，我王藕千刀万剐都不怕！你们这里牛鬼蛇神当权，你们对我这样一个人怕得要命，对我这样的陷害，简直是堕落之至。

今天你们找我谈什么？

问：看你有没有转变。

答：我不是会转变的！因为我是马列主义者，我忠于马列主义。

1969年10月，王藕被押解到山西临汾第三监狱。1971年5月，王藕因患肺结核病得不到及时治疗而去世，年仅54岁。[①]

16年后，王藕被彻底平反。

① 参阅东方人：《第一个炮轰林彪的人》，载《梦魇系列·事件卷——"兵变！""兵变！"》，四川人民出版社1993年版。铁民：《王藕第一个贴了反林彪的大字报》，载《炎黄春秋》1997年第11期。

1966年11月15日，北京农业大学附属中学高三年级的两名学生，化名“伊林·涤西”，在清华大学内贴出了一张大字报——《给林彪同志的一封公开信》（以下简称《公开信》），对林彪的许多言论进行公开驳斥。

《公开信》主要是针对林彪9月18日在军事院校负责人会议上的讲话而写的。

林彪在这次讲话中说：

“马克思、列宁的书太多，读不完，他们离我们太远。在学习马克思列宁主义的经典著作中，我们要99%地学习毛主席著作，这是革命的教科书。”

“毛主席比马克思、恩格斯、列宁、斯大林高得多。”

“毛泽东思想是最高水平的马克思列宁主义。”

“毛主席这样的天才，全世界几百年，中国几千年才出现一个。毛主席是世界最大的天才。”①

大字报对林彪的这些说法表示异议，指出：林彪讲话中“关键地方的提法是非常错误的”，林彪对待毛泽东和毛泽东思想的态度也是极端错误的。

《公开信》认为林彪在陪同毛泽东接见红卫兵时的六次讲话也是错误的。《公开信》说：

> 就拿九月十五日的讲话来说，这个讲话过早过分地强调了“一小撮反动的资产阶级分子，没有改造好的地富反坏右分子”炮打无产阶级司令部的严重性，其实各省市“炮打司令部”火热的大多数是学生，即使提出者之中，大多数也不肯定“炮打司令部”所指的就是黑司令部，而是放几炮轰轰看，或炮打其中个别一些人，或“司令部”某些强大的保守措施，可您没讲清“炮打司令部”这方面的意义，您强调“我们国家领导权是掌握在无产阶级手里”，强调专政的正确方面——不需要改进的方面，却没有敏锐地察觉到文化大革命开展来突出来的问题，即改善无产阶级专政，革新社会主义制

① 转引自马齐彬等编写：《中国共产党执政四十年》（增订本），中共党史出版社1991年版，第277页。

度。党和政府组织形式需极大的改变，十七年前建立的人民民主专政的中华人民共和国已经陈旧，极需创造出一个适合中国历史特点的，世界上从来没有的国家机器。这些没有强大火力的摧毁，没有强大炮轰的振（震）撼，没有高温度的熔炼，实现得了吗？

《公开信》甚至说："如果毛主席的接班人不能像毛主席那样，中国党还会面临法西斯党的危险，再说一遍，无情的辩证法将会请您'靠边站'。"

《公开信》虽然对林彪的一些做法、说法提出了疑问，但它是在肯定林彪的前提下，对一些他们不同意见的观点提出来请林彪予以"解释"，因而作者说："有错误就得批判，不符合毛泽东思想的地方就要指出，难道您是不可有批评意见的吗？（有些首长讲话似乎对您提出批判意见是不可以的）我看您是不会同意这样做的。"①

这封《公开信》以大字报形式贴出只有半天的时间，就被当作"毒草"和"反革命"大字报而被撕掉。为了宣传自己的观点，大字报的作者又将其印制成传单四处散发。

这张大字报的出现震惊了中央文革小组，中央文革小组下令将作者逮捕。12月中旬，作者被捕入狱。

2."为什么中央文革小组的老虎屁股摸不得"

就在林彪被"炮轰"前后，北京出现了一系列把主要矛头对准中央文革小组的大字报。

1966年10月12日，北京广播学院贴出了《中央文革小组必须来我院检查》的大字报，署名"险峰"，认为陈伯达、康生、江青等人前一阶段在广播学院做的一些事情，不符合毛泽东思想，不符合"十六条"。

11月25日、29日，12月2日，北京航空学院红卫兵"八一纵队"相继贴出《一问中央文革小组》《二问中央文革小组》《三问中央文革小组》的大字报。这些大字报批评中央文革小组只支持少数派批判"资产阶级反动

① 这张大字报的内容，见余习广主编：《位卑未敢忘忧国——"文化大革命"上书集》，湖南人民出版社1989年版。

路线”，却没有注意团结其他同学，进而扩大了由于“文化大革命”学生中出现的矛盾。大字报说：“最近又有一批人采用新的形式，继续推行资产阶级反动路线，把另一批人打成‘反革命’、‘右派’、‘保皇派’、‘修正主义分子’……并且全国通缉，四处捉拿，游街道，开斗争会，搞人身攻击，与前一阶段相比，真是有过之而无不及。”①

11月27日，北京林学院学生李洪山贴出了《剖析戚本禹同志的讲话——评戚本禹同志11月12日的讲话》的大字报。12月2日，北京林学院“红卫兵战斗兵团”等组织，贴出了《看中央文革小组在无产阶级文化大革命中执行了一条什么路线？》《踢开中央文革小组，紧跟毛主席闹革命》两张大字报，认为中央文革小组在运动中执行“左”倾路线。

11月28日，在北京举行的“文艺界无产阶级文化大革命大会”上，江青在讲话中声称，要“彻底揭发、彻底清算”所谓“旧北京市委、旧中宣部、旧文化部互相勾结、对党对人民犯下的滔天罪行”和所谓“党内以反对毛主席为首的党中央的无产阶级革命路线为目标的资产阶级反动路线”。针对江青的讲话，李洪山又写出了《江青同志的讲话把运动引向何处？》的大字报，认为江青的讲话是极其错误和别有用心的。

12月4日，清华大学贴出大字报《中央文革小组的路线性错误必须批判》。

12月9日，清华大学又贴出《给毛主席一封公开信》的大字报。信中说：“10月3日之后，北京的运动犯了方向、路线的错误。”

12月10日，北大“虎山行”贴出大字报《毛主席的大民主万岁》。大字报说：“运动阴暗面很大”，“许多人厌战情绪上升”，“群众中对立情绪日趋严重”，“炮击中央文革小组是运动发展到今天的必然，是运动发展的关键的关键”。大字报质问道：“为什么中央文革小组就批评不得？老虎屁股摸不得？一摸就砸狗头！”②

这些大字报，大多是以正确去反对错误，当然也有以“左”对“左”的，

① 转引自江沛：《红卫兵狂飙》，河南人民出版社1994年版，第165页。

② 王年一：《大动乱的年代》，河南人民出版社1988年版，第159页。

但它有一个共同的特点：把矛头对向中央文革小组，这必然招致中央文革小组的镇压。12月14日，陈伯达等人与红卫兵组织“红三司”、北航“红旗”代表座谈，康生在会上说：“对反革命分子实行严厉的镇压，这是最大的民主。”“凡是反对毛主席和林副主席的就是反革命，他们不是群众，是群众的敌人。”江青也附和说：“别忘了咱们是无产阶级专政。”12月中旬，公安机关逮捕了写大字报、大标语批评和反对中央文革小组及林彪的人。12月17日，李洪山被逮捕。另有一些人因为《致林彪同志的一封信》的作者伊林·涤西被捕鸣不平，或替“虎山行”的大字报作辩护，也被逮捕。这次对林彪、江青一伙力量并不算强大的抵制和反抗，很快被林彪、江青等人镇压下去了。

1967年1月，中央文革小组顾问康生，也被大字报“勒令”了一次。

在“文化大革命”中，奸险狡诈的康生成了林彪、江青一伙的帮凶，今天说这个老干部是“叛徒”，明天又称那个老干部是“特务”，指鹿为马、作恶多端。康生又长时间领导情报部门工作，因此，他的“揭发”更有分量。不过，康生隐藏很深，又不像中央文革小组的其他几个大员那么抛头露面，因而使人一时难以认清他的真面目。不是不报，时候未到。到1967年1月中旬，炮打康生的大字报在北京贴出来了。

大字报首先出现在清华园，只见大字报上写道：

△康生明里是人，暗里是鬼。演鬼戏，是他鼓动的。他凭着三寸不烂之舌，煽动文艺界去演鬼戏。他拍着胸，打着保票，夸下海口，“不要怕，大胆地去演，出了问题，就说康生批准演的，一切后果，由我承担”。可是一转身，又是他康生把演鬼戏的、写鬼戏的都打成“黑帮分子”，有的已被迫害死了。

△康生诡计多端，心黑手狠，是玩弄权术的阴谋家。《二月提纲》从头到尾他都是参与了的；他又是一贯正确，入污泥而一尘不染；不但把自己洗刷得一干二净，还立了功。

△康生不是治世之能臣，而是乱世之奸雄。他走到哪里，哪里就成了多事之秋、是非之地。他吃人的法术很多，施阴谋，设陷阱，残害多少国家的栋梁，他是两手沾满鲜血的刽子手！

△康生是冯道式的人物，两面三刀，朝秦暮楚，有奶便是娘。为了达到他个人的目的，什么都能干，什么他都能出卖。[①]

几天后，中央党校也贴出了打倒康生的大字报，其中一张《勒令》特别引人注目：

“正告老奸巨猾的康生，你这个制造天下大乱、祸国殃民、残害无辜的野心家、阴谋家、两面派、刽子手，你作恶多端，罄竹难书，限你二十四小时之内，必须交代你的滔天罪行。如不交代，誓与你血战到底。”[②]

清华大学和中央党校贴大字报的消息，很快就传到了康生耳朵里。虽说他此时大权在握，但毕竟本人亲自出面不好，于是请江青替他解围，江青又让陈伯达去处理。陈伯达不假思索就想到让清华“造反派”头目蒯大富干这事最合适，何况清华离党校又近。

1月20日凌晨，陈伯达与蒯大富通了一次电话，告诉他中央文革小组宣布贴康生大字报的中央党校红战团是反动组织，清华“井冈山”必须与红战团脱离关系，不再支持红战团，否则将认为“井冈山”与中央文革小组决裂。同时，关锋也在电话中对蒯大富说：清华贴了一些攻击康生同志的大字报，建议你们挺身而出痛加驳斥。

蒯大富得到陈伯达的指令，立即行动，组织“井冈山”四处张贴“康生同志是坚定的无产阶级革命家”、“炮打康生同志，就是炮打中央文革”的大字标语。与此同时，康生亲自布置中央党校的“造反派”搜查红战团骨干。“打倒康生”之火，就这样被扑灭了。

1967年1月和1968年4月，针对“文化大革命”中的暴发户张春桥，上海群众贴出了《一问张春桥》、《为什么？——20个问张春桥》和《张春桥的反动家谱》等大字报，成为上海两次“炮打张春桥”活动的组成部分。

在1967年7月的武汉“七二〇”事件中，武汉群众组织“百万雄师”，不满中央文革小组成员王力对群众组织支持一派、压一派的做法，把声讨王力的大字报、大标语贴满了武汉的街头巷尾。其中一张题为《王力究竟是

---

① 叶永烈：《陈伯达传》，作家出版社1993年版，第384—385页。

② 叶永烈：《陈伯达传》，作家出版社1993年版，第385页。

人还是鬼——深思几个为什么》的大字报说："王力自窃取中央文革小组成员以来，一贯以极左面貌出现。在他插手的四川、内蒙古、江西、河南、湖北、浙江、云南等，均出现大抓'谭氏'人物，大搞武斗，大流血，大混乱，大破坏，工厂停工。这是为什么？王力是不是挑动群众的罪魁祸首？把王力揪住，交给湖北3200万人民，与各兄弟省革命群众一道，进行斗争，挖出这颗埋在毛主席身边的定时炸弹，是有理，还是有罪？打倒王力！王力从中央文革滚出去！"

"文化大革命"中贴出的一系列针对中央文革小组的大字报表明，广大群众虽然还未能完全认识到"文化大革命"是全局性的错误，是全国性的大动乱、大灾难，但他们对"文化大革命"中的许多做法开始不满，对中央文革小组一伙人的所作所为表现出了极大的愤怒。

3.外交官们写大字报保陈毅

"二月逆流"事件发生后，陈毅被林彪、江青一伙视为"二月逆流黑干将"，处境日益困难。林彪和中央文革小组那些人，在中央的各种会议上都把陈毅当靶子，动不动就批斗一通。陈毅发言，他们抓住个别词句批一顿；陈毅不发言，他们又说，陈毅向来喜欢发言，今天为何不讲话，也批一通。

中央文革小组一伙人不满足于在上面批陈毅，还竭力煽动造反派组织群众性批判。他们无视周恩来宣布的纪律，将老同志"大闹怀仁堂"的发言加以歪曲、篡改，通过北大、清华造反派，向社会迅速扩散。

陈伯达、戚本禹在接见外交部造反派时，名义上是"做工作"，实际上是向"造反派"交底："揪斗"陈毅的障碍是周恩来，中央文革小组支持"揪斗"。

在陈伯达、戚本禹的煽动下，北京外国语学院、北京第二外国语学院造反派组成"揪陈大军"，从1967年7月15日起，涌到外交部门口安营扎寨，他们拦截车辆，阻塞交通，妨碍正常的外事活动，想压周恩来交出陈毅。

周恩来没有屈服造反派的压力，坚持批判陈毅要以小会为主，不许会场悬挂有"打倒"和"三反分子"字样的标语。周恩来亲自出席外事口召开的各种大小"批陈"会议，以这种方式保护陈毅。在8月17日的大会上，造反派违背事先的约定，在会场上挂出"打倒陈毅"的大标语，周恩来极为愤慨，当众陪陈毅退场，以示抗议。8月26日，"造反派"包围了外交部办公大楼，陈毅被困在楼内几个小时，周恩来得知后，严正警告造反派："谁要在路上拦截陈毅同志的汽车，我马上挺身而出；你们今天要冲会场，我一定出席，并站大门口，让你们从我身上踏过去。"

林彪、中央文革小组制造各种事端，要彻底打倒陈毅，并搞垮周恩来，但他们的阴谋却没有得逞。

8月7日，王力在接见外交部造反派讲话时，公开煽动说"外交部可以夺权"，由此引发了火烧英国驻华代办处等严重的外交事件。关锋在起草《红旗》杂志8月1日的社论时，提出"要把军内一小撮走资本主义道路的当权派揪出来"，造成了各地冲击军事机关、抢夺武器弹药、派系武斗激化等严重后果。周恩来抓住这两件事向毛泽东作了汇报，并让人将王力8月7日的讲话材料带给了在上海的毛泽东。

毛泽东在经过考虑后，下决心解决王力、关锋和戚本禹的问题。他在"王八七"（王力在8月7日的讲话）讲话记录稿批了"大大大毒草"五个字，又让杨成武报告周恩来，先把王力、关锋抓起来，戚本禹暂时不动，以观后效。猖獗一时的王力、关锋随即被隔离审查。1968年2月，戚本禹也得到了同样的下场。

在这种情况下，外交部的广大干部迫切要求陈毅回到外交部工作，1967年11月和1968年2月，外交部的司局级干部和驻外大使，贴出了两张反对打倒陈毅的大字报。

"文化大革命"爆发后，我国驻外使馆的大使们相继调回国内参加运动，不少大使还受到造反派的批斗。"王八七"讲话被毛泽东定性为大毒草后，外交部的极左思潮也受到了批判，大使们的处境有了改善。

这时，对大使们的批斗也有所减少，造反派内部开会的时候，他们就把大使、参赞们赶到食堂去自学。在自学过程中，大家免不了互相交换意见，大使们普遍对为什么要打倒陈毅想不通。

不过，在食堂说话毕竟不方便，大使们觉得应找个可靠的地方，最后商定到驻法大使黄镇和驻阿尔及利亚大使曾涛家比较合适。黄镇家是幢小楼，只住了黄镇和被造反派赶得无处可居的耿飚。曾涛家住在国务院对面，是个独门独户的四合院，而且位置适中，往来方便。

大使们第一次串联是去了曾涛家，议论的话题自然是集中在陈毅。大家认为陈毅是周恩来在外交上的得力助手，是忠实执行毛泽东的外交路线和外交政策的。

第二次串联是在耿飚家。在议论的过程中耿飚提出："造反派能写大字报，为什么我们不能写大字报阐述我们的观点？"

耿飚的提议立即得到大家的赞同。大使们商定，这张大字报中不提打倒陈毅、姬鹏飞、乔冠华的问题，而是揭发想打倒陈毅的外交部两位副部长的问题，并一致推举由任仲曦起草大字报。

大字报写好后由耿飚、黄镇修改，然后一共串联了26位大使在大字报上签名。为了慎重起见，他们决定把大字报先送到周恩来那里。经过联系，大字报直接送到了国务院收发室。

11月12日，周恩来接见了归国的各驻外大使。在提到大使们的大字报时，周恩来对其内容没有发表意见，只是说，你们二十几个人意见是一致的吗？大家异口同声地答：是一致的。

第二天，26人签名的大字报贴出去了，贴在外交部的墙上。

大字报说，"现在有一股反中央、反总理、攻击无产阶级司令部的黑风，一再侵袭我部；而王力'八七'讲话这株大毒草出笼以后，我部竟发生了篡夺中央外交大权，大量核心机密失窃，对革命群众和革命干部实行白色恐怖，违法乱纪，胡作非为……使我部运动和外交工作一度脱离了毛主席革命路线的轨道，使党和国家遭受不可弥补的损失，给七亿中国人民丢了脸"①。

大字报一贴出，立即引起了众人的观看，产生了很大反响。中央文革小组却抓住这件事不放，诬称为"二月逆流"新反扑。大字报贴出一个星期后，参加签名的许建国被捕。黄镇则被造反派找去揭发大字报的"幕后操

① 参见《耿飚回忆录》，江苏人民出版社1998年版，第237页。

纵者”，遭到黄镇拒绝。结果，造反派动辄召开他的批斗会，并罚黄镇每天去外交部打扫厕所。

1968年2月，戚本禹被隔离审查后，外交部开展对极左思潮的批判。在这一过程中，外交部的一批司局级干部，对极左思潮横行，肆意整人，篡夺中央外交大权，干扰外交工作的不满情绪终于迸发。他们经过酝酿，决心站出来对极左思潮进行一次公开的批判，并给陈毅说说公道话。于是，1968年2月13日，他们贴出了一张题为《揭露敌人，战而胜之——批判“打倒陈毅”的反动口号》的大字报。参加这张大字报签名的共有91人，后来又被称为“91人大字报”。

关于这张大字报的内容，陈毅当时的秘书杜易回忆说：

> 大字报开始先阐述了外交部从1967年4月起，围绕着“打倒陈毅”和反对“打倒陈毅”的问题展开的一场惊心动魄的斗争的情况和性质。大字报认为：这场斗争绝不仅仅是关系陈毅同志个人的问题，而是关系到对待毛主席和以毛主席为首的无产阶级司令部的态度问题，关系到外交部究竟由什么阶级掌权和执行什么路线的问题。一小撮阶级敌人坚决要打倒陈毅，广大无产阶级革命派，遵照伟大领袖毛主席的教导，坚持对陈毅同志要“一批二保”。这场斗争是一场资产阶级复辟和无产阶级反复辟的斗争，是外交部阶级斗争和路线斗争的焦点。阶级敌人的阴谋必须揭穿，“打倒陈毅”的反动口号必须批判。
>
> 大字报列举大量事实，说明陈毅同志是毛主席司令部的人。
>
> 40年来，陈毅同志一直是跟着毛主席闹革命的。在各个历史时期，他执行毛主席的革命路线，在毛主席的领导下，为党和人民建立了重大的功勋。
>
> 第二次国内革命战争初期，陈毅同志虽然犯过错误，但是，他很快就认识和改正了错误。从此，他就一直是忠于毛主席，忠于毛泽东思想的。红军长征后，他出色地坚持了南方地区的游击战争。
>
> 抗日战争时期，陈毅同志坚决执行毛主席的正确路线，反对王明的投降主义路线，同项英进行了坚决的斗争。1940年他遵照中央指示，不顾项英反对，率军北上，打开了江北局面，对建设新四军，开辟华中根据地，发展华中抗日游击战争，作出了重大的贡献。

解放战争时期，陈毅同志坚决执行了毛主席的政治路线和军事路线，戎马倥偬，南征北战，为中国人民的解放事业立下了汗马功劳。

在10年的外事工作中，他协助周总理,领导外交部，坚决执行了毛主席的革命外交路线。他坚决反对帝、修、反，坚决支持各国被压迫民族和被压迫人民的革命斗争，宣传伟大的毛泽东思想，反对“三和一少”的修正主义错误路线。毛主席革命外交路线在国际斗争中所取得的伟大胜利，是同陈毅同志分不开的[①]。

大字报指出，陈毅的光荣革命历程表明，他是毛主席司令部的重要成员。正因为如此，他一直遭到国内外阶级敌人的反对，绝不能让把陈毅当作走资派而打倒的阴谋得逞。

大字报还对造反派的政治阴谋作了有力的揭露，对那些攻击陈毅的所谓“三反”罪行的材料进行了驳斥。大字报指出：阶级敌人只有一小撮，打倒陈毅违背广大革命群众的意愿。提出“打倒陈毅”群众没有责任。但是，这股妖风为什么能刮起来？为什么许多同志顶不住压力，看不清阶级敌人的阴谋，也跟着喊“打倒陈毅”的口号，这是值得深思和引以为戒的。

大字报认为，外交工作中的极左思潮动摇和损害了无产阶级司令部的权威，动摇和损害了毛泽东的权威；篡夺了中央外交大权，破坏了无产阶级专政，干扰了毛泽东的革命外交路线，破坏了毛泽东的国际战略部署。

大字报最后写道：

一小撮阶级敌人在陈毅问题上制造的混乱，已开始得到澄清，被颠倒了的是非，正在被颠倒过来；目前国际形势一片大好，对外斗争急需进一步开展。伟大领袖毛主席号召我们抓革命、促生产、促工作、促战备。我们敬爱的周总理日理万机，十分劳累，我们外交部和驻外使领馆广大革命同志一起，热烈欢迎陈毅同志尽快回来主持部务。我们将在以陈毅同志为首的部党委的领导下，把外事工作搞得更好[②]。

这张大字报反映了外交部广大干部的心声，表明林彪、江青一伙“打倒

① 杜易：《大雪压青松——“文革”中的陈毅》，世界知识出版社1997年版，第181—182页。

② 刘树发主编：《陈毅年谱》下卷，人民出版社1995年版，第1199—1200页。

陈毅”是不得人心的。大字报贴出后，乔冠华在去陈毅家中谈外事方面的问题时，把司局长、大使、参赞们贴大字报的事告诉了陈毅，并扼要地介绍了大字报的内容。陈毅听后语重心长地说：“天下自有公道在，有人出来说公道话当然好，但弄不好写这样的大字报又是给我帮倒忙啊！”

◇ 20世纪60年代的陈毅。

陈毅说大字报会“帮倒忙”不是没有根据的。

“91人大字报”在这个时候主张澄清陈毅问题上的是非，要求恢复陈毅的工作，势必涉及对“文化大革命”如何估计等敏感问题，包括对一年前的所谓“二月逆流”如何认识评价问题。而当时，毛泽东虽然同意解决王力、关锋、戚本禹等三人的问题，但对“文化大革命”本身，他是容不得他人怀疑的，这就是说，真正解决陈毅问题的时机还不成熟。这事处理不好，势必被林彪、江青一伙利用而大做文章，反而出现对陈毅不利的局面。

陈毅的估计果然没有错。这张大字报贴出后，影响很大，林彪、江青一伙千方百计地要“打倒陈毅”，并由此作为突破口打倒周恩来，对这些大使、司局长们公开为陈毅说公道话岂能甘心？他们抓住这件事，大肆攻击外交部是右派翻天，并诬蔑这是“二月逆流新反扑”，在外交部掀起了批“右倾翻案”的恶浪。

周恩来自“文化大革命”以来，就一直想方设法保护陈毅。为了避免事态的进一步扩大，减少中央文革小组攻击陈毅的借口，1968年2月24日，周恩来奉“无产阶级司令部”之命，批评了“91人大字报”。

陈毅理解周恩来的良苦用心。2月28日，他写信给周恩来，表示完全同意周恩来的批评。经周恩来批准，陈毅的信于3月1日在外交部机关公布。

3月6日，陈毅在外交部“大联筹”（革命大联合筹备委员会）召开的大会上做了检查，他说：这张大字报以“打倒陈毅”的口号作为革命与保守、正确与错误的分界线是错误的。

为了保护大字报的签名者，陈毅又说：“‘打倒陈毅’的口号是根据我的一些严重错误提出的，希望在大字报上签名的同志也来揭发我的错误。”

外交部的造反派当然不会放过这次反扑的机会。91位大字报的签名者固然都在各自的单位做检查，不同程度地受到批判，很多没有签名的领导干部包括部领导也要进行自我检查，接受群众批判。

陈毅的处境也没有改善。这年10月的中共八届十一中全会上，陈毅再次受到林彪、江青一伙的攻击和责难。张春桥、姚文元控制的上海市委，竟发函给陈毅说，上海××万党员一致推举你作为右派代表参加中共九大。

4.一张感人至深的大字报

在“文化大革命”极其混乱的情况下，周恩来也遇到了各种各样的明枪暗箭，但他置个人安危于脑后，以“我不下地狱，谁下地狱”的精神，为保证党和国家机器的正常运转，耗尽了心血。

仅以1967年1月为例，周恩来除了参加中央有关会议、处理重大事件外，仅据其工作台历统计，还与中央、地方、军队负责人谈各类问题88次，接见红卫兵、造反派及群众代表114次。

无可比拟的繁忙工作，使周恩来每天连吃饭的时间都没有。1967年4月，为了使“广交会”如期开幕，周恩来连续工作36个小时没有休息。平时的睡眠时间也少得不能再少，常在批阅文件当中不知不觉睡着了，但如果工作人员此时劝他去卧室睡觉，反而会引起他的不高兴。那些堆积如山，又标着“十万火急”的文件，他必须及时批阅，许多重要问题必须由他及时处理。否则，后果难以预料。

长期超负荷的紧张工作，使周恩来患上了心绞痛和“频发室性早搏”。

看到这种情况，周恩来身边的工作人员都十分着急。为了使他对自己健康问题引起足够的重视，工作人员认为，首先是必须请周恩来改变一下工作节奏和生活习惯，每天要有一定的休息和睡眠时间。但是，工作人员都了解周恩来，一般的劝说办法难以奏效，可想出一个什么办法使他接受大家的建议呢？工作人员颇伤脑筋。

此时正值北京城里是大字报的海洋，连中南海里也贴出了各式各样的大字报。于是，有人提议说："我们也造总理一点反，给总理贴一张大字报。"这个主意一出，立即得到了众人的赞同。据周恩来的保健医生张佐良回忆：

1967年2月3日傍晚，我们几个人相约聚在警卫值班室，酝酿片刻后，由总理的赵秘书执笔，大伙儿你一句我一言，七嘴八舌拼凑大字报内容，草稿拟就后，大家对大字报作了点文字润色便自由签名，我们工作人员都签了名，来西花厅的陈毅、李先念和李富春等领导人亦签名支持。这也算是"革命群众"的舆论，以多数压少数，让总理"表态"。大字报写好以后贴在哪里呢？大家一致同意贴在总理办公室的门上，真是"英雄所见略同"：一是醒目，总理一到办公室门口就看到它，督促他；二是可以制造舆论，让到西花厅来的首长也支持我们这张大字报的用意。①

大字报的内容如下：

周恩来同志：

我们要造你一点反，就是请求你改变现在的工作方式和生活习惯，才能适应你的身体变化情况，从而你才能够为党工作得长久一些更多一些。这是我们从党和革命的最高的长远的利益出发，所以强烈请求你接受我们的请求。

在大字报上签名的还有聂荣臻、叶剑英等领导人。

第二天，周恩来从卫生间来到办公室门口，一眼就看到门上那张大字报，先是有点困惑地"嗬"了一声。在驻足看完大字报后，说了句"嗯，嗯，好么……我考虑一下再给你们答复"就进办公室去了。

2月4日，周恩来在大字报上写下了八个字："诚恳接受，要看实践。"

---

① 张佐良：《周恩来的最后十年——一位保健医生的回忆》，上海人民出版社1997年版，第177页。

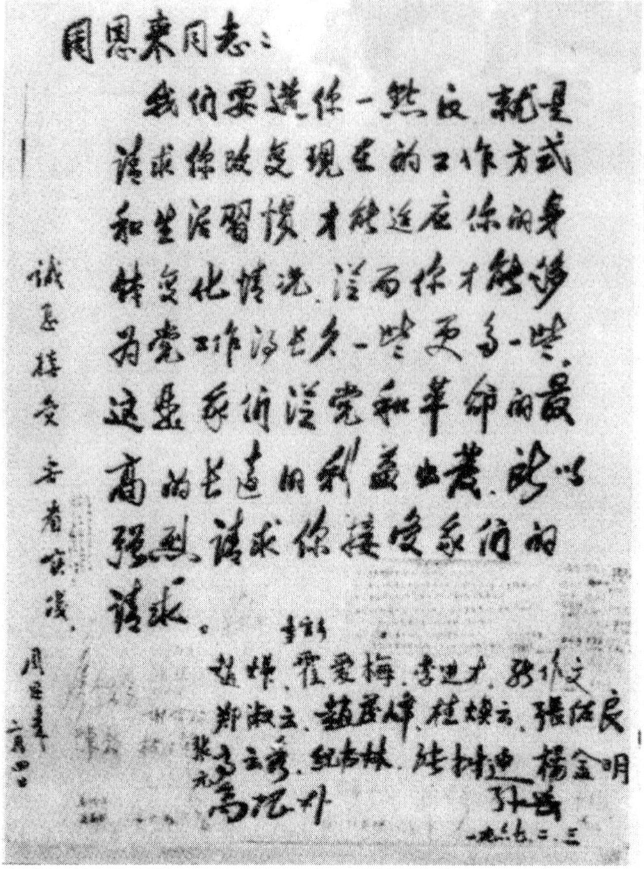

周恩来同志：

我们要送你一点礼 就是请求你改变现在的工作方式和生活习惯 才能适应你的身体转变化情况 从而你才能够为党工作得长久一些 更多一些 这是我们从党和革命的最高的长远的利益出发 所以强烈请求你接受我们的请求。

赵炜、霍爱梅、李进才、张作文、郑淑云、桂焕云、张佐良、张树迎、杨金明、高振普、孙岳

一九七三.二.三

诚恳接受 要看实践。

周恩来 二月四日

◇ 周恩来身边人写的请求他休息的大字报。

2月6日，邓颖超提出了五点建议，让工作人员写在大字报的下方：

一、力争缩短工作时间，改为白天工作。

二、开会、谈话及其他活动之间，稍有间隙，不要接连工作。

三、每日工作安排留有余地，以备临时急事应用。

四、从外面开会、工作回来，除紧急事项，恩来同志和有关同志不要立即接触，得以喘息。

五、会要开短些，大家说话简练些。恩来同志坚持努力实践，凡有关同志坚持大力帮助。

然而，这张大字报并没有起多大的作用。面对混乱的局势，雪片似的告急电文，一次又一次的会议，一场接一场的接见，使周恩来无法放下心来休息。他对身边的工作人员说："我不能休息。你们看，这么多的文件都等着我批，这么多的事要等着我办，我能休息吗？"[1]

① 金冲及主编：《周恩来传（1949—1976）》下卷，中央文献出版社1998年版，第971页。

九、大字报在“文化大革命”后期

1.大字报参与“反潮流”

1971年“林彪事件”之后，在周恩来的主持下，教育战线上的极左倾向开始得到一定程度的纠正。1972年5月16日至6月20日，国务院教科组召开综合大学和外语院校教育革命座谈会，提出要落实党的干部政策和知识分子政策，加强基础理论教学，重视基础理论的发展与科研工作。

同年8月3日，《人民日报》发表了天津市教育局革委会的文章《切实加强党对教学领域革命的领导》。文章强调要划清提高教学质量与“智育第一”的界限，调动教师的积极性，加强基础知识教学和基本技能训练。在此前后，《人民日报》《光明日报》等还相继报道了各地教育行政部门和学校整顿教学秩序的情况，并且介绍了一些地方和学校落实党的干部政策和知识分子政策的经验。与此同时，学校中的部分教师陆续被安排到教学与科研工作岗位，一些原来的领导干部重新担任了校内的各级领导职务。

1973年4月，国务院批转了教科组《关于高等学校一九七三年招生工作的意见》，提出“要重视文化考查，保证入学学生有相当于初中毕业以上实际文化程度”。这一年的大学招生实行了文化考查，这在“文化大革命”以来还是首次。在高等学校的文化课受到重视的同时，中小学校的教学秩序也逐渐在好转，教学质量也有了一定的提高。

可是，江青一伙却不能容忍这种局面继续发展下去，他们首先是树立了张铁生交白卷的典型，接着又对湘剧电影《园丁之歌》大加批判，并以批此剧为引子，在全国范围内展开对“资产阶级教育路线回潮”的批判。

1973年12月10日，《北京日报》以《一个小学生的来信和日记摘抄》为题，发表了北京市中关村小学五年级学生黄帅给该报的信和部分日记。黄帅的信是她和班主任老师之间产生矛盾后，家长让她写的，日记则是按照反“师道尊严”的需要摘编的。《北京日报》为此在编者按中说：“这个十二岁的小学生以反潮流的革命精神，提出了教育革命中的一个大问题，就是在教育战线上修正主义路线的流毒还远没有肃清，旧的传统观念还是很顽强的。”

半个月后，《人民日报》全文转载了黄帅的信和日记摘编以及《北京日报》的按语，并且又另加了编者按，称黄帅“敢于向修正主义教育路线开火”，进而提出“要注意抓现实的两个阶级、两条路线、两种思想的斗争”。随后，各地报刊、电台、电视台对其广泛宣传，从而在全国各地中小学迅速掀起了一股批判“师道尊严”、批判“修正主义教育路线回潮”的浪潮。

在这场学生批老师的大批判运动中，大字报再次充当了重要的角色。

黄帅的信发表后仅6天，北京市永定门中学初三（六）班的学生便写出了一张“革命”大字报响应，大字报的标题为《是拉还是推》，其中说：

对犯错误的同学是拉还是推？两种不同的做法，反映了两条不同的教育路线。

有个别老师看到同学犯错误，不是按照毛主席的“惩前毖后，治病救人”的方针去教育人，而是一棍子把人打死。你对犯错误的同学不理不睬，还对其他同学讲：“××不是好人，不要和他一起玩”、“××完了，是不可救药的了”。这难道是一个人民教师对待有缺点错误的学生的正确态度吗？

毛主席说：“共产党员对于落后的人们的态度，不是轻视他们，看不起他们，而是亲近他们，团结他们，说服他们，鼓励他们前进。”毛主席和党把你派到学校来培养无产阶级革命事业接班人，家长把子女送到学校，交给老师，可是你作为人民的教师，就是这样对待学生！

十二月十二日的《北京日报》编者按指出，师生是同一战壕的战友。你这样做是把学生看成同一战壕里的战友了吗？相反，这是把学生推到另一个战壕里。

教师同志，请你深思，你没有失职吗？不要忘记你的职责是为无产阶级培养革命事业接班人。

自我进入中学以来，老师和我的关系一直很紧张。原因如何呢？当然我的缺点是主要的，但我也没有感到老师的温暖。这次进行党的基本路线教育，是教育老师和我的好机会，也是帮助我和老师改正错误的开端。通过批林批孔运动，我们师生应当团结战斗，并肩前进。

我即将毕业了。希望老师对新接的班不要再用对待我这样的办法了，要为教育事业贡献你的毕生精力，忠诚党的教育事业，不要辜负党对你的希望。①

大字报虽然承认师生关系紧张的主要原因是自己的缺点，但通篇的内容都是对老师的责问和教训，与其说是学生向老师提意见，倒不如说是学生对老师作训示。

既然这张大字报是在“反潮流”精神的鼓舞下写出的，那么老师自然也不能顺潮流而只能和学生一起反潮流，早已戴上了“臭老九”帽子的教师们，哪敢再搞“师道尊严”呢？所以大字报一贴出，数位老师立即贴出大字报响应，称赞学生的“革命大字报”，而且很快找到以前师生关系不好的答案，这便是“修正主义教育路线破坏了我们的师生关系”。怪不得以前给这位学生做工作的领导、老师、同学尽管很多，但总是不生效。于是老师们在大字报中表示：“今天在同一战壕里，共同批判修正主义教育路线，使我们师生之间的关系亲密无间，革命情谊更加深厚——一句话，老师和同学都在同一时间，认识了革命的首要问题，找到了革命的主要敌人。”②

① 《人民日报》1974年2月11日。

② 《人民日报》1974年2月11日。

自从黄帅的信和永定门中学的大字报发表之后，引起了全国各地中小学生的仿效，这些其实并不懂“资产阶级教育路线”、“修正主义教育路线”、“师道尊严”为何物的青少年，纷纷写贴大字报，使刚刚好转的教育秩序再次被打乱，一些学校出现了“干部管不了，教师教不了，学生学不了”的局面。

大字报被用在教育战线上“反潮流”的同时，还被用在工业战线上“反潮流”，成为“批判修正主义办企业路线”的工具。

所谓“批判修正主义办企业路线”，起始于上海港务局第五装卸区部分工人贴了一张《要当码头的主人，不做吨位的奴隶》的大字报。大字报指责所在的第五装卸区领导不坚持无产阶级政治挂帅，而是吨位挂帅，只要完成吨位，就可得到表扬和提早下班。领导不是把工人当作码头的主人，而是视为吨位的奴隶，这是修正主义办企业路线的反映。大字报最后说：“我们要当码头的主人，决不做吨位的奴隶。我们管码头，不仅要管生产，管多装快卸，更要管路线。”

2月1日，《人民日报》发表了这张大字报，并在编者按中说，大字报“抓住了当前企业管理中的要害问题，具有普遍的现实意义”，提出党委如不抓“大事”（即抓阶级斗争、路线斗争），“文化大革命中已被批判的东西也有可能重新出现，社会主义企业仍然有可能走到修正主义路上去”。

《人民日报》不但发表了这张大字报，而且很快召开了有北京第一机床厂、北京仪器厂等五个企业的干部工人参加的座谈会，大批“修正主义办企业路线”，认为上港五区的领导搞的那一套，实际上是林彪鼓吹的愚民路线，要工人埋头生产，不问路线，以便复辟资本主义，所以需要肃清孔老二的“唯上智与下愚不移”和林彪的“天才论”反动思想的影响。“工厂企业党委要抓批林批孔这个头等大事，只有抓住了这个头等大事，才能抓住阶级斗争和路线斗争这个纲，才能促进社会主义企业生产更快地发展。”①

紧接着，《人民日报》又发表了“上港五区几个共青团员”于这年1月14

① 《人民日报》1974年2月10日。

日贴出的《并肩战斗，共同批修——致上港五区干部的一封信》的大字报。大字报说：

我区工人一张革命大字报《要当码头的主人，不做吨位的奴隶》发表以后，一个轰轰烈烈的揭矛盾、促转化的活动正在兴起。一个尖锐的问题提出来了：群众起来了，领导怎么办？

我区领导的态度是：你贴我支持，你揭我欢迎，你提我接受，你批我就改。就这样行了吧？不够！

“你贴我支持”。态度是好的，但不够。群众贴出大量的大字报，并不只是为了要领导表个态，检讨一番，而是要求领导站在群众的前头，把压力变为动力，带领广大群众，迅速改变海港面貌，沿着毛主席的无产阶级革命路线前进。

“你揭我欢迎”。也还不够。工人这张大字报，不是对哪个领导有成见，整哪一个人，而是批判修正主义路线，促进生产力的发展。我们的斗争目标是批判修正主义路线，我们的斗争对象是刘少奇、林彪。我们的领导不应该把自己放在群众运动的对立面，而应该看到我们都是同一条战壕里的战友。面临共同的敌人，我们要一起冲锋。

“你提我接受”。也还不够。如果领导不是严于解剖自己，把自己的思想向群众亮出来，群众怎么能帮在点子上呢？领导不光是听听意见而已，应该主动地向群众学习，又带领群众前进。这样才能更好地形成生动活泼的政治局面。

“你批我就改”。群众提了意见，如果不改，当然不好。问题是怎样去改。若就事论事，头痛医头、脚痛医脚地去改，可能改不到要害上。要改在要害上，必须开展革命大批判，从路线上划清界限，从思想上提高认识。比如调度的那块黑板吧，我们看不要急于摘掉它，摘掉这块黑板是容易的，但是去不掉我们有些同志头脑里修正主义路线的流毒。不批判修正主义办企业路线，摘掉了这块黑板，还会出现没有黑板的黑板，吨位挂帅还会改头换面重新出现。这几天，有些同志在考虑如何解决这块黑板记进度问题。我们说：“且慢！”只要我们批判修正主义，真正发动了群众，黑板记进度问题也就容易正确解决了。

我们希望全区干部行动起来，和工人群众站在一起，并肩战斗①。

受上港五区大字报的影响，一些工矿企业也贴出了类似的大字报。这些大字报把企业干部严格管理、抓生产任务的完成看作是“修正主义办企业流毒”的影响，上纲上线为“偏离了毛主席的无产阶级革命战线，是现阶段两个阶级、两条路线斗争的反映”。

也就在这年1月27日，天津地毯二厂三车间的四名工人写了一张《偏离革命路线的三天》的大字报。如果单从这个标题来看一定很严重，那么到底是怎么一回事呢?

原来，在这年春节前的1月19日、20日、21日三天，这个车间的领导提出：“凡是完成机台规定指标后再超过百分之三，就可以提前回家。”应该说，这不但没影响生产任务的完成，而且可以使职工得到多一点休假时间。可是，这四名工人却不这么看，他们在大字报中说：“这种做法我们认为在方向、路线上是错误的，它同刘少奇搞的‘三自一包’的‘包产到户’是一类货色，这样做偏离了毛主席的革命路线。”②

在贴大字报前，这几个工人曾向厂党委反映了车间的情况，可是厂党委“不是果断地作出决定，加以制止，而是任其错误继续下去”。于是，他们就向厂党委贴了这张大字报。

这张大字报贴出来之后，厂党委和车间党支部立即开展了讨论，并贴了大字报表示支持，但这“只是迫于形势，思想上并没有解决问题”。有的党委常委认为，三车间的做法算不上是方向、路线性错误，有的支部委员则认为这是小题大做。

事情被地毯公司党委和市纺织局党委得知后，这两级党委却认为大字报揭露了修正主义办企业路线回潮的严重问题，具有普遍意义，便分别写出大字报以示支持，并派主要负责人带队到地毯二厂蹲点，以提高地毯厂党委成员的认识。厂党委终于明白三车间的做法是“把无产阶级文化大革命中批判过的修正主义的那一套又搬了回来，就是回潮，就是倒退”。通过

① 《人民日报》1974年2月20日。

② 《人民日报》1974年2月24日。

学习马列主义和毛泽东著作，批判林彪、孔老二的“克己复礼”，批判林彪的“天才论”和孔老二的“唯上智与下愚不移”及“中庸之道”，地毯二厂党委和三车间党支部终于解决了“在两个阶级、两条路线斗争中的大是大非问题”[①]。

上港五区和天津地毯二厂的大字报，反映出来的根本不是什么“修正主义办企业路线”的问题，而是经过“文化大革命”，企业的各种规章制度遭到严重破坏，企业的所谓“抓革命、促生产”，变成了只抓“革命”不促生产，同时也反映出经过“文化大革命”，“左”的思想给人们的影响是何其深也。

《人民日报》对上港五区和天津地毯二厂两张大字报的肯定，使“要当码头的主人，不做吨位的奴隶”的口号，传遍到全国。在这个口号的影响下，许多港口不敢抓装卸和疏运吨位的指标，使得港口压船情况再度严重，在港船舶经常保持在240—250艘，给国家造成了巨大的经济损失。

自从1969年中共九大召开以后，召开四届全国人大就摆上了党和国家政治生活的重要日程。就在筹备四届全国人大、修改宪法的过程中，先是发生了庐山事件，接着又发生了林彪集团自我爆炸的九一三事件，致使召开四届全国人大的时间一再推迟。到1974年，批林整风运动大体结束，召开四届全国人大的条件已基本成熟。

在1973年8月的中共十大上，江青集团成员全部进入了中央政治局，王洪文还被选为中共中央副主席，张春桥也跻身于常委之列，这使他们的野心得到了部分满足。

但对权欲熏心的江青一伙来说，一时的权欲满足反而刺激了他们更大的野心，他们的目标是夺取党和国家的最高权力。四届全国人大召开在即，江青集团也就紧锣密鼓地妄图在四届全国人大上由他们组阁。

对于江青集团来说，拼凑一套班子并不难，难的是必须排除组阁的障碍。这个障碍就是周恩来和已经恢复了国务院副总理职务的邓小平。

① 《人民日报》1974年2月24日。

1974年新年伊始，江青集团发动了声势颇为浩大的“批林批孔”运动。其实，他们真正的用意并不是批林，也不是批孔，而是使用影射史学批周公。但是，批周公的实际效果并不大，一则是他们不敢明目张胆地批判周恩来，周恩来在群众中的威信太高；二则正因为他们不敢明言批周公，群众也往往是就批林批孔而批林批孔，所以他们的目的并未达到。接着，他们又企图以批“走后门”来打倒周恩来和一大批老干部，但毛泽东不允许他们偏离“批林批孔”的大方向，其阴谋也就没有得逞。

于是，他们又一手制造了矛头对向周恩来和邓小平的“风庆轮事件”。

“风庆轮”是江南造船厂为交通部上海远洋运输公司设计、制造的一艘万吨级远洋货轮。船造好之后，上海远洋运输公司在接收前的试航中发现质量问题。交通部远洋局得知情况后，担心国产主机和雷达等“五大件”设备性能不能适应远航，为了安全起见，规定“风庆轮”跑近洋。对交通部的这个规定，江青集团在上海的党羽诬蔑攻击说，交通部的人对国产船是如何如何的百般刁难，是“崇洋媚外”的典型，等等。

1974年1月，姚文元为准备发动“批林批孔”回到上海搜集材料。在一次小型会议上，造反派出身的上海市革委会常委金祖敏反映，闵行区的几家工厂任务吃不饱，而北京“部里的人”却喜欢从苏联进口发电设备。有些设备明明自己可以解决，但喜欢进口，包括电机厂、造船厂出的产品。可见，最近“崇洋媚外”思想有所抬头。上海市革委会主任马天水也在一旁帮腔说：“这是一股进口风。”

◇ 国产“风庆轮”。

姚文元一听，感到里头大有文章可做，便马上要上海搞几个材料交给他。

为了炮制材料，江青集团在上海的爪牙陈阿大跑到江南造船厂，说什么这个厂是王洪文做过工宣团长的，现在你们求稳怕乱，是倒退。对有些人要敢批敢斗，你不向他进攻，他就向你进攻，等等。

经过陈阿大煽风点火，江南造船厂一些人贴出了《远洋公司是崇洋公司》的大字报，提出“我们要革命，风庆轮要远航”。

《文汇报》得知后，立即要去了大字报原文，刊登在内部刊物《文汇情况》上。马天水看到之后，立即指示上海远洋运输公司革委会将全文照抄成大字报，在公司的显著地方贴出来。

随后，上海其他船厂也纷纷前往上海远洋运输公司贴大字报。一时间，公司里贴满了各式各样批判“崇洋媚外”思想的大字报。

其时，江青集团在辽宁的爪牙也与上海遥相呼应，让大连红旗船厂贴大字报，攻击交通部天津远洋分公司是“天字号崇洋公司”。

在压力之下，交通部同意“风庆轮”远航。

这年9月底，“风庆轮”远航欧洲后返抵上海，江青集团立即大做文章。先是由张春桥下令在船到上海时组织盛大的欢迎仪式，由《解放日报》《文汇报》发表评论员文章，大批特批“造船不如买船，买船不如租船”的所谓“洋奴哲学”，声称“要彻底批判代表儒家卖国主义路线的崇洋媚外思想”。接着，江青又在新华社内部刊物《国内动态》清样上批示：“交通部是不是毛主席、党中央领导的中华人民共和国的一个部？国务院是无产阶级专政的国家机关，但是交通部确有少数崇洋媚外、买办资产阶级思想的人专了我们的政。”“政治局对这个问题应该表态，而且应该采取必要的措施。”

江青批示后，王洪文、张春桥、姚文元都表示“完全同意”江青的意见。只有邓小平在材料上画了个圈，周恩来也仅在上面批了“已阅”两个字。

江青一伙之所以一再攻击买船，其奥妙在于周恩来是主张买船的。

20世纪70年代初，全球性的石油危机致使运输业萧条，船队运输不景气，八成新的船按原价50%就可以买到手，一条万吨级的轮船只需原价的20%即可买下。为此，周恩来提出要买回一批船以加强中国的运输力量，搞上几年就会连本带利都赚回来。经周恩来批准，外贸部动用贷款买回了一批船。

对于江青一伙的纠缠，周恩来、邓小平没有理睬。在这年10月的一次中央政治局会议上，江青一伙突然向邓小平发难，当场要邓表明态度，承认这件事是“崇洋媚外”、“洋奴哲学”，遭到邓小平的严辞反驳。于是，江青、张春桥、姚文元便围攻邓小平。邓小平忍无可忍，愤而退场。

2.大字报使军报变相停刊

“文化大革命”爆发后，军队也不安宁。1967年8月，解放军报社的肖力与另外几人合作贴出了《解放军报向何处去？》的大字报，给军报党委罗列了好几条“罪状”，随即引来一些人的响应，并得到了林彪的支持，从而使军报领导班子垮了台。1967年8月，肖力又与他人合作，贴出了《反复辟、反保守、誓将革命进行到底》的大字报。在大字报贴出的第二天，陈伯达代表中央文革小组去解放军报社，表示对肖力等人的支持，并组成了以肖力为首的《解放军报》总编辑组。

自此之后，解放军报社的领导班子，如走马灯似的，换了一茬又一茬。报社既无社长，又无总编辑，只有“总编小组”或“领导小组”。

到1973年，经过“批林整风”，国内的政治经济形势有了一定程度的好转，《解放军报》也出现了相对稳定的局面。当时担任总政治部主任的李德生，派工作组去了军报，听取群众对领导班子的意见，于年底提出了以华楠为社长的报社领导班子名单，报请中央军委批准。

但这个领导班子却不合江青的心意，原因是报社原来实际上是由“造反派”掌管的，新班子中，只有两名党委委员是“造反派”的成员，这就意味着江青一伙失去了军报这块重要的舆论阵地。当时，“两报一刊”掌握了中国的舆论大权，“两报”之中有一报便是《解放军报》。

对这种情况的出现，江青自然不会甘心。

1974年1月17日，《解放军报》发表了一篇短文，题目为《既要讲批评又要讲谅解——空军某部航修厂党委搞好革命团结的体会》（以下简称《体会》），刊登在“党团生活”版上。

这篇文章说，这个厂的党委以前开展党内批评，有时连“鸡毛蒜皮”的小事也争论个"你是我非",结果不但是非"断"不清,还使党委成员之间产生了"隔阂"。

后来,他们联系学习毛泽东的《党委会的工作方法》后,悟出了一个道理:"批评与谅解是相辅相成的,讲批评能做到思想上的统一,讲谅解又能避免无原则纠纷。要搞好'一班人'的团结,就要把两者结合起来。"

这篇文章内容、观点并没有什么错,而且也是按照当时流行的写法写的:遇到问题学毛著,学了毛著心里亮堂堂,问题也就迎刃而解。

可是,就是这么一篇不到1500字的文章,江青等人却对此大动干戈。

1月28日,江青、张春桥、王洪文严厉指责了这篇文章。张春桥说:"最近,军报有篇谈批评与谅解的文章,1月17日发的,是很坏的,《人民日报》可以写文章批它。"王洪文则说这篇文章"写得很坏"。江青更是气冲冲地说她对军报"气得很"。

当时在场的,除了他们几人外,还有《人民日报》总编辑鲁瑛。

按照江青等人的旨意,鲁瑛让在北京卫戍区某部六连蹲点的《人民日报》记者,以"四个战士"的名义,炮制了一篇《这样介绍"体会"对吗?》(以下简称《对吗?》)的文章。

《对吗?》这篇文章指责《体会》离开了当前"批林批孔"的大方向,不讲党委在事关大局的两条路线斗争中如何坚持原则,敢于斗争,而宣扬所谓谅解来达到团结,实际上是宣传中庸之道。

中庸之道是孔子的一条重要罪状,也是林彪尊孔的表现之一,当时批林要批孔,这是一条重要理由。

既然是宣传中庸之道,《对吗?》便给军报扣上了一顶大帽子:"磨灭工农兵斗争的锋芒,阻碍运动的发展;搞折中、调和,取消这场严重的政治斗争。"

这篇文章送到王洪文那里后,王洪文批示道:"解放军报社组织群众认真讨论一下这封战士的来信,要发动群众揭开报社的阶级斗争盖子。"

姚文元则批示:"告军报加一个有自我批评的按语在《解放军报》发表。"

就这样,江青一伙在既未报告中央军委,又未通知总政治部的情况下,规定军报在一版头条发表《对吗?》一文。

2月15日，《解放军报》奉命发表了这篇文章，同时刊登了经过江青、张春桥、姚文元修改审定的按语。按语说："斗则进，不斗则退，不斗则垮，不斗则修。我们发表这篇文章，在讲团结的时候，离开了马克思主义的斗争哲学，歪曲了毛主席的教导，大讲谅解，貌似全面，实际上宣传了折中主义、中庸之道。"

军报按语最后承认发表《体会》一文是"一个原则性的错误"。

江青一伙为什么要对军报的这篇文章大加讨伐呢？谜底并不难揭开。

军报的《体会》一文，是根据周恩来1973年4月在空军党委第五次全会代表会上的讲话精神写的。周恩来在讲到党内团结问题时，强调要"大事不含糊，小事不纠缠"。在江青一伙的眼里，周恩来是他们篡党夺权的最大障碍，他们向军报发难，是醉翁之意不在酒，在于弄倒"周公"也。

事情并未就此了结。

2月27日，《解放军报》在一版发表了《不为个人谋特权，全心全意为人民》的通讯，介绍甘肃省民乐县武装部部长自觉同旧观念"决裂"，不为亲朋好友"开后门"的事迹。就这么一篇内容并无什么问题的文章，江青、张春桥却大打出手，指责其是"有意对抗中央"、"干扰中央的战略部署"、"转移了'批林批孔'的大方向"。

这篇文章，反映的是干部不搞特殊，不"走后门"，为何又干扰了中央部署，转移"批林批孔"大方向呢？

其实，批"走后门"问题的始作俑者正是江青。

1974年1月24、25日，江青擅自召开驻京部队"批林批孔"动员大会，又参加了中共中央、国务院直属机关"批林批孔"动员大会。在后一个会议上，江青俨然以党中央"批林批孔"主要负责人身份出现，置周恩来等中央领导人于被领导、被指责的地位。

在江青的策划下，迟群、谢静宜在会上发表长篇煽动性讲话，借介绍《林彪与孔孟之道（材料之一）》的产生过程，大谈所谓"反复辟"的主题，称"修正主义仍然是当前的主要危险"，强调"批林批孔"要联系的现实之一，就是批"走后门"。

江青把"批林批孔"与"走后门"问题硬扯在一起，是有险恶用心的。

这里批的“走后门”，主要是指一些领导干部的子女通过非正常渠道参军、上大学，以逃避“上山下乡”。江青批“走后门”，主要是要利用人们对“走后门”等不正之风的不满，整倒中央、地方和军队的一批领导干部。

迟群、谢静宜等人的讲话，经过姚文元的整理，准备下发，但被毛泽东制止了。毛泽东当时要求斗争的大方向是“批林批孔”，他对突然冒出一个“走后门”问题甚为不满。毛泽东在叶剑英给他的一封信上批示道：“现在，形而上学猖獗，片面性。批林批孔，又夹着走后门，有可能冲淡批林批孔。小谢、迟群讲话有缺点，不宜向下发。”[①]

中共中央还为此发出了一个1974年8号文件，指出对领导干部送子女“走后门”参军、上学的问题，应调查研究，放在运动的后期妥善解决。

现在，军报发表了一篇关于领导干部不“走后门”、不搞特殊的文章，江青等人却使出他们翻手为云、覆手为雨的手段，倒打一耙，问罪军报了。

这篇通讯发表后，江青派到北京军区第三十八军某部八连蹲点的某人，立即感到一个到江青那里讨功的机会到了。在他的策动下，八连所在团报道组立即炮制出了一篇题为《解放军报个别人究竟想把批林扎孔运动引向何方？》的大字报。大字报说：“军报在中央下发8号文件之后，发表了《不为个人谋特权，全心全意为人民》一文，继续反对特殊化，是妄图调和这场严重的阶级斗争、两条路线斗争，把批林批孔的熊熊烈火扑灭。”

江青得知此事，十分高兴，立即派人到八连传达她的指示：江青同志看过八连对《解放军报》2月27日一篇通讯提出的批评意见以后讲，这篇文章是对抗8号文件的，我们没有看出来，包括我在内，八连同志看出来了。还说：江青同志希望八连同志重写一张大字报，张贴到解放军报社那里去，要联系过去解放军报一个阶段不批孔、一个阶段批林批孔不结合、这一阶段又干扰大方向的情况。

不但如此，江青还接见大字报的作者，夸奖大字报写得好、水平高，给作者照相、送书，一副得意忘形的模样。

这张大字报就这样以八连的名义贴到了解放军报社。

---

① 《建国以来毛泽东文稿》第13册，中央文献出版社1998年版，第377页。

江青嫌这还不够，在贴八连大字报的当天，即3月7日，江青又派两人到北京卫戍区某部六连传达她的指示：《解放军报》2月27日发表了一篇文章，八连的几个战士对这篇文章写了批评信，认为在中央8号文件下达以后，发表这篇文章，干扰了“批林批孔”大方向。八连根据江青同志的指示去贴了大字报，一个副社长出来接待，讲了一些话，说连队到军报贴大字报，没有先例，出了问题，你们要负责。最后还是贴上了，贴得高高的。江青同志说：八连和六连都是我的点，搞得都很好。六连要支援八连，六连要去几个同志，去贴大字报。解放军报社的斗争是很复杂的，八连的大字报贴出以后，触动不大，盖子不好揭。军报引导方向，这关系到几百万人向哪里走的大问题，是事关路线、事关大局的重大任务①。

在江青的煽动之下，六连第二天便把声援八连、声讨军报“个别人”干扰“批林批孔”大方向的大字报，贴到了军报的办公楼。

大字报给军报扣上“干扰运动大方向”这么一顶大帽子，军报里的一些人，为了表示与“个别人”划清界限，也纷纷贴出大字报，表示支持八连、六连的行动。

在内外夹击之下，签发那篇“不走后门”稿子的报社领导被迫做检讨。

江青看到火烧起来了，仍感到火劲不够大，又给八连煽风说，军队内部可能有坏人，看报要看出问题，有什么问题可以再贴大字报。

凭着江青这几句话，八连果然又看出了“问题”。3月13日，一张题为《根子在哪里？》的大字报，又贴到了解放军报社。

这张大字报是典型的牵强附会。3月9日的《解放军报》报道了延安枣园军民“批林批孔”的消息，在同一个版面上，刊登了成都军区某部九连在原来的恶霸地主刘文彩的庄园同贫下中农一起“批林批孔”的消息。因为是同属军民共同批林批孔的稿子，便划归到同一个版面上。

经过几年“文化大革命”的磨炼，人们的政治神经特别敏感，一些人的想象力尤为丰富。八连的某些人从这两篇并不怎么起眼，且都是“批林批孔”的文章里，发现了一个大问题：枣园是伟大领袖毛主席的故居所在地，

---

① 园丁：《军报变相停刊事件始末》，《我所经历的政治运动》，中央编译出版社1998年版，第358页。

怎么能与恶霸地主的庄园相提并论，而且枣园军民在批“克己复礼”时，报道中用了“怒火熊熊”作标题。于是，大字报给军报扣上了“影射攻击了伟大领袖毛主席”这顶大得吓人的帽子。

大字报还给军报扣了一顶“公然支持”某师负责人“分裂中央的反动行为”的大帽子。为何给军报扣这顶帽子？是因为在3月1日的《解放军报》上，发表了工程兵某师勤务连是怎么“批林批孔”的消息，而这个师的师政委有“分裂中央的行为”。

说这位师政委“分裂中央”，完全是江青等人的诬陷。在3月初的那次“批林批孔”动员大会上，江青对叶剑英指手画脚，迟群、谢静宜在台上耀武扬威，作长篇讲话。这个师政委在台下议论说，江青以什么身份给叶帅作指示？她代表谁讲话？迟群、谢静宜在军队有什么职务，为什么敢那么讲话？如此等等。

不料，这位师政委的议论，被人写成了简报反映了上去，张春桥、王洪文便把“分裂党”的大帽子扣了过来。

按理，这么一份绝密级的简报，作为连队一级是看不到的，而且也不可能知道登报的那个连队就是这个工程兵师的，由此不难看出这张大字报背后的阴谋。

随后，张春桥、王洪文指使报社的造反派对报社领导进行批斗。3月11日，张春桥在报社宣布，军报停止编发自己的稿件，全用新华社的稿件。

此后的五个多月时间里，《解放军报》虽然还在照样出版，但自己没有发稿权，变相停刊达178天。①

3.全面整顿中的大字报

正当江青反革命集团紧锣密鼓地策划“反击右倾翻案风”的时候，广州出现了一张署名“李一哲”、把矛头对向江青一伙的大字报，大字报题为《关于社会主义的民主与法制》。

① 此节参见园丁：《军报变相停刊事件始末》一文，载《我所经历的政治运动》，中央编译出版社1998年版。

“李一哲”实际上是大字报作者的笔名。大字报的作者分别是广东美术学院留校待分配的毕业生李正天，原广州十七中高中毕业生、回城待分配青年陈一阳，广东水产制品厂锅炉工人王希哲。他们在各自的名字中取一个字，便组成了“李一哲”这个笔名。

“李一哲”在大字报中公开指出：“封建性的法西斯体制是我们无产阶级专政的主要危险，反对封建依然是我们继续革命的一个重要内容。”

大字报对江青一伙打击迫害老干部进行愤怒的质问：“难道林彪一伙制造的从中央到地方的成千上万的假案平不得么？难道大批虽然犯过这样那样错误，但经过长期考验证明对党忠诚的老干部就不应该再使用？邓小平……这些同志根本就不应该进入中央委员会是不是？即使给他们出路，也要把帽子拿在手里随时给他们再戴上是不是？”

大字报指出：江青一伙不允许批林彪的“左”，而只是批所谓右，是因为林彪与江青一伙“你中有我，我中有你”，认为当年王明批李立三的历史正在重演。

大字报强调解决民主与法律是当前中国最迫切最重要的问题。

1974年11月10日，“李一哲”把大字报贴在广州市北京路口。大字报贴出之后，影响很大，也使江青一伙大为震惊，据说王洪文曾声称要动员100万人来批判这张大字报。当时的中共广东省委也将大字报定性为“反动大字报”，并组织专门班子——“宣集文”来对大字报展开批判，大字报的作者被打成“反革命集团”而投入监狱，同时还牵连了一大批的人。

1979年2月，中共广东省委公开为“李一哲”平反。

1975年2月23日上午，一张震动上海的大字报贴在复旦大学食堂门口，上面写道：

> 革命的共产党员、共青团员、工农兵学员、教职员工们，要积极行动起来，密切注意当前运动的大方向，剥开张春桥、林彪一类反革命修正主义的画皮。
>
> 张春桥是打着红旗反红旗的政治骗子。他在篡改和歪曲党的基本路线和政策，以达到他们用资产阶级专政代替无产阶级专政，变社会主义为资本主义的反革命目的。

大字报末尾，作者署上了自己的真实姓名：光学系工农兵学员刘秀英。

大字报一贴出，立即引起了许多人观看。复旦大学贴出反张春桥的大字报的消息，也很快传到了江青集团在上海的爪牙的耳里，马天水等人立即派人去复旦大学揭下了这张大字报。

马天水诸人看了大字报后说：“这是疯狂攻击中央领导，是反革命呼吁书”，并指示马上将刘秀英隔离审查。

随后，马天水用电话向张春桥报告了复旦大学出现的“反动”大字报的情况。接着，又给张春桥写了一封长信，并附上刘秀英的大字报，派亲信乘飞机到了北京，送给了张春桥。

第二天，张春桥便亲笔批示：“昨晚马天水在电话中说了这件事，我请他注意弄清情况。”

又过了两天，即2月26日，王洪文也为此作了批示：“应查清刘秀英作案的思想根源，是否有别人挑动。”

按照王洪文、张春桥的旨意，马天水等人立即兵分两路，一路直赴刘秀英的老家河南濮阳，逮捕了刘秀英的姐姐（因为此前刘秀英在给她姐姐的信中谈到自己对张春桥等人的不满），并对曾与刘秀英有过接触的人，包括她的老师、入党介绍人，甚至推荐她上大学的干部都进行传讯逼供，以追查刘秀英的“反动思想根源”和挖所谓的“后台”。

另一路兵马则在复旦大学对刘秀英组织一场又一场的批判会，但刘秀英没有屈服，即使在隔离审查和批斗的过程中，她仍写了两篇批判张春桥和姚文元的文章。这样一来，罪加三等，马天水亲自下令将刘秀英拘捕，投入监狱。1976年7月，刘秀英被开除党籍、学籍，戴上“现行反革命分子”的帽子，押送回原籍劳动改造。

粉碎江青反革命集团后，中共上海市委彻底为刘秀英平反。①

“李一哲”和刘秀英的大字报表明，不是“翻案不得人心”，恰恰相反，是“批邓、反击右倾翻案风”不得人心。

---

① 详见《人民日报》1978年11月30日。

1975年5月，针对“文化大革命”中文艺萧条的情况，毛泽东提出要调整文艺政策和知识分子政策。5月3日，毛泽东在中央政治局会议的讲话中指出：“教育界、科学界、文艺界、新闻界、医务界、知识分子成堆的地方，其中也有好的，也有马列的。”

7月初，毛泽东在同邓小平的谈话中指出：“样板戏太少，而且稍微有点差错就挨批。百花齐放都没有了。不能提意见，不好。”①

过了几天，毛泽东作了关于文艺问题的书面谈话，他说：“党的文艺政策应该调整一下，一年、两年、三年，逐步逐步扩大文艺节目。缺少诗歌，缺少小说，缺少散文，缺少文艺评论。”

“对于作家，要惩前毖后，治病救人。如果不是暗藏的有严重反革命行为的反革命分子，就要帮助。”

“鲁迅在的话，不会赞同把周扬这些人长期关起来，脱离群众。”

“处分人要注意，动不动就要撤职，动不动就要关起来，表现是神经衰弱症。林彪不跑，我们也不会杀他，批是要批的。”②

7月18日，长春电影制片厂张天民（电影《创业》的剧作者）分别给毛泽东和邓小平写信，对江青和文化部核心小组批判故事片《创业》“在政治上和艺术上都有严重问题”的“十条意见”提出不同看法，并建议重新上映。

《创业》是反映大庆石油工人艰苦创业精神的影片，但影片摄制完成后，江青一伙对其横加指责，罗列了十条罪名，禁止在全国上映，并且组织批判。

7月25日，毛泽东对来信作了批示：“此片无大错，建议通过发行。不要求全责备，而且罪名有十条之多，太过分了，不利于调整党的文艺政策。”③

8月，北京的文艺工作者开始学习讨论毛泽东对《创业》的批示。北京音乐学院作曲理论系的青年教员李春光，在2日和4日系里组织的学习讨论会上作了三次发言，得到好评。

会后，李春光将发言作了系统整理，于8月8日以《在学习讨论会上的发

① 《建国以来毛泽东文稿》第13册，中央文献出版社1998年版，第443页。

② 《建国以来毛泽东文稿》第13册，中央文献出版社1998年版，第446—447页。

③ 《建国以来毛泽东文稿》第13册，中央文献出版社1998年版，第450页。

言》为题，将发言内容作为大字报贴了出来。大字报表面是把矛头指向“文化部头头”，实际上是直接指向江青的。

大字报说：“主席的《七二五批示》惊天动地。我和许多同志一样，心里很激动，《七二五批示》说出了我们的心里话。”

“主席批示是一把火，伟大的马克思主义真理之火。谁想扑灭是办不到的。”

紧接着，大字报对江青反革命集团控制的文化部展开质问：

文化部对待《批示》的态度如何？从今天的传达会来看，我很不满意。部核心组最后有个表态。我对这个表态的评论是四个字：言之无物。你们犯那样的错误，为什么连发动文化部全体党员、干部、职工、学生给你们提意见，帮助你们认错、改错这样的话都说不出来？为什么不发动群众帮助你们分析、批判《十条》？《十条》说，对于《创业》“不可等闲对待”，这句话很好，完全适用于《十条》本身。《十条》是个带原则性、带政策性的大问题，决“不可等闲对待”，应当让群众研究、分析、批判。不批判《十条》，不利于领会主席《批示》。正如《创业》是一部政治上、艺术上都不可多得的好作品一样，《十条》也是一篇内容上，乃至语言上都不可多得的奇文。“奇文共欣赏，疑义相与析”，应该发动群众严肃批判。我认为《十条》在理论上是荒谬的，逻辑是混乱的，作风是霸道的，政治上是有害的，不利于安定团结，是和安定团结唱反调、唱对台戏的，是反对安定团结的。如果贯彻《十条》，还有什么安定团结？

你们搞这个《十条》，一不要马克思主义，二不要民主集中制，三不要群众路线，四不要无产阶级纪律，你们是目无王法！这么搞，究竟是为什么呢？究竟怀着一颗什么心呢？

大字报质问于会泳等人：“你们文化部头头有没有行帮？你们有没有‘哥儿们义气’，有没有‘好处想着点’，‘问题兜着点’？有同志发言尖锐地提出这个问题，而且指出你们有行帮，而且指出你们是文艺界最大的行帮。我对这个意见表示支持，对于这种敢于直言的马克思主义的精神表示钦佩。”

大字报还质问于会泳等人是怎么对待党的干部政策的：

例如干部政策。毛主席说，我们不能一朝天子一朝臣。说要团结干部的百分之九十五。说批判错误路线不要着重于个人责任。说共产党只能搞任人唯贤，不要搞任人唯亲。文化部执行了多少？文化部的老干部解放了几个？使用了几个？难道真是洪洞县里没有好人，都该打翻在地，永世不许翻身？别人不了解，我讲一个马可，审查了六、七、八、九年，没有发现敌、特、叛之类问题，大体上是犯了路线错误。我和马可不熟，他根本不认识我。但据我看，马可这样一个同志，当年满怀激情，响应毛主席《在延安文艺座谈会上的讲话》的伟大号召，参加过歌剧《白毛女》的创作，还有另一些好歌。这些作品鼓舞过千百万革命战士冲锋陷阵，杀敌立功，总算是做过一点小小的好事吧？功劳不敢和你们比，比你们小一万倍，总还是有一点吧。我听说他向群众做检讨，末尾一句话是：如果允许的话，愿以有限之余生，为党和人民做一点力所能及的小小的工作。这句话你们听见没有？犯了点错，认了，下决心改，请求给一点小小的工作，以期将功补过。这个要求你们不能给予一点点小小的考虑吗？九年时间不算短，一个干部一生能有几个九年？这类事情群众早有意见，不能讲，讲了就犯罪。①

这张大字报义正辞严，语言尖刻，旗帜鲜明，击中了江青一伙的要害。江青一伙在中央音乐学院的党羽看到这张大字报后，十分害怕大字报的内容在社会上迅速扩散，立即让人将煤堆在贴大字报的那堵墙前，把大字报遮住。

国务院政治研究室负责人之一的邓力群得知有这么一张大字报后，便派人去音乐学院去抄大字报，由于大字报已被煤堆遮住看不全，去抄大字报的人便到李春光那里要来了大字报的底稿，交给了邓力群。

邓力群看了大字报，认为大字报虽然语言比较尖刻，有些提法也不很妥当，但批评的内容是深刻有力的，应该向上反映。于是，他写了一份简报，连同大字报抄件一起，交给了政研室的另一负责人胡乔木。胡乔木又将大字报抄件和简报送邓小平呈毛泽东。

① 夏杏珍：《当代中国文艺史上特殊的一页——一九七五年文艺调整述论》，《新文学史料》1984年第4期。

毛泽东看后批示道：“此件有用，暂存你处。”将大字报退还给了邓小平。

随着“反击右倾翻案风”中邓小平再次挨整，这张大字报也果真“有用”，于会泳造谣说：“邓小平已将李春光的大字报作为12月份搞政变的材料了。”

1976年6月，李春光被“隔离审查”。

4.“反击右倾翻案风”中的大字报

在四届全国人大一次会议上，邓小平被选举为国务院第一副总理。随后，周恩来病情加重，在毛泽东的提议下，邓小平主持党中央和国务院的日常工作。于是，邓小平开始了大刀阔斧的整顿，使各方面的形势有了明显好转。

◇ 1975年1月3日至18日，四届全国人大一次会议在北京举行。会议任命了以周恩来为总理、邓小平等为副总理的国务院组成人员。图为大会主席台。

然而，江青一伙却从整顿一开始就进行顽固的阻挠、抗拒并伺机反扑。他们不断地到毛泽东那里诬告邓小平，加之毛泽东也不能容忍邓小平系统地纠正“文化大革命”的错误。这样，从1975年11月开始，中华大地上又掀起了一场所谓“反击右派翻风”运动。大字报又一次泛滥起来。

这次大字报滥觞于清华园。

1975年8月，清华大学党委副书记刘冰、惠宪钧、柳一安和党委常委、政治部主任吕方正四人联名写信给毛泽东，揭发清华大学党委书记迟群的问题。信中说：迟群在党的十大和四届全国人大之后，由于没有当上中央委员和部长，对毛主席和周总理极端不满，公开攻击党中央和中央领导同志，在群众中造成了恶劣影响，另外还揭露了迟群在政治、思想、工作和生活作风等方面的严重问题。10月，刘冰再次给毛泽东写信，继续揭发迟群对毛泽东、周恩来的不满，公开攻击中央领导人，迟群是假左真右，以及与谢静宜大搞阴谋活动等问题。这两封信都是由邓小平转交的。

10月下旬，毛泽东对这两封作出批示：

> 清华大学刘冰等人来信告迟群和小谢。我看信的动机不纯，想打倒迟群和小谢。他们信中的矛头是对着我的。我在北京，写信为什么不直接写给我，还要经小平转。小平偏袒刘冰。清华大学所涉及的问题不是孤立的，是当前两条路线斗争的反映。①

这段批示，除了第一句话，其余都与事实不符。在与外界的联系几乎隔绝的情况下，毛泽东再次对形势作了错误的估计。

以传达这份指示为起点，开始了所谓“反击右倾翻案风”。

11月3日，中共北京市委书记吴德在清华大学党委扩大会上传达了毛泽东的这个批示，清华大学开始了对刘冰等人的批斗，大字报也随之出现。据刘冰回忆：

> 第二天，二教楼会议室贴满了大字报，其中最为显眼的是《走资派还在走》和《投降派确实有》两张。前者是对着我的，后者是对着惠宪钧、柳一安、吕方正同志的。两张的内容是一样的，但为什么冠以不同的标题呢？似乎表明了他们“区别”对待、进行“分化”的策略。②

11月18日，清华大学举行全校师生员工万人大会，在全校范围内开展

① 《建国以来毛泽东文稿》第13册，中央文献出版社1998年版，第486页。

② 《我所经历的政治运动》，中央编译出版社1998年版，第388页。

“大辩论”，实际上是开展大批判。清华大学的大字报也随之升级，专门开辟了大字报区。

这年11月，清华大学政治部副主任吴炜煜写了一篇《论走资派还在走》的大字报。迟群看到后，立即对吴炜煜说：“你的大字报提出了一个很重要的问题，就是走资派还在走。这将在今后有很大影响，你应当继续写下去，不要放弃这个题目。”在迟群的指使下，吴炜煜连续炮制了多篇“论走资派还在走”的大字报，其中有三篇还被刊登在《人民日报》和《北京日报》上。

吴炜煜在那篇发表在《人民日报》的题为《走资派还在走，革命派在战斗》的大字报中说：

> 群众揭发的大量事实无可辩驳地说明，走资派还在走，首先是指他们还在糟蹋马克思主义关于阶级斗争和无产阶级专政的学说，是指他们继续推行刘少奇、林彪修正主义路线，是指他们否定无产阶级文化大革命的理论和实践，妄图改变以阶级斗争为纲，改变党的基本路线，从而改变国家的社会主义性质。①

大字报对邓小平进行了不点名的公开攻击：

> 去年上半年，在伟大领袖毛主席的号召下，学习无产阶级专政理论的群众运动蓬勃兴起……这个群众运动逐步深入，触及了资产阶级及其在党内的代表人物命根子。本来就对无产阶级文化大革命心怀不满的党内那个不肯改悔的走资派，看到群众越学理论越提高觉悟，他要翻文化大革命的案就越来越难了，惶惶不可终日，于是，提出以“三项指示为纲”这个否定阶级斗争为纲的、彻头彻尾的修正主义纲领，想要扭转学习无产阶级专政理论、反修防修的方向，阻止对资产阶级和资产阶级法权的批判。接着，就公开打出复辟的旗帜，提出“只要人家说你复辟了，你的工作就干好了”，在“全面整顿”的口号下，向无产阶级文化大革命和革命的新生事物实行全面的反攻倒算。②

大字报还说什么“党内那个不肯改悔的走资派把自己打扮成‘最急于把

① 《人民日报》1976年3月5日。

② 《人民日报》1976年3月5日。

四个现代化搞上去的人’，实际上，是认为按照毛主席的路线不能提高生产，想要改变我国的社会主义制度，大搞资本主义复辟”。“党内那个不肯改悔的走资派把自己打扮成‘最关心安定团结’的样子，事实上，却在挖安定团结的基础”。如此等等，一篇长达数千字的大字报，满纸都是颠倒黑白之词。

这张大字报的恶劣之处，还在于提出了“走资派还在走”的概念，提出了所谓“党内那个不肯改悔的走资派”的称号。在1976年4月之前，虽然报刊上对邓小平的批判没有直接点名，但全国上下对“党内那个不肯改悔的走资派”指的是谁几乎无人不晓，怪不得迟群要对这张大字报大加“赏识”。

◇ 1975年11月，由于毛泽东不能容忍邓小平系统地纠正“文化大革命”的错误，又发动了所谓“批邓、反击右倾翻案风”运动。图为清华大学的大字报专栏。

在所谓“反击右倾翻案风”的过程中，迟群、谢静宜控制下的清华、北大，充当了急先锋，报刊上对两校的“反击右倾翻案风”的情况，连篇累牍地作了报道。在迟群、谢静宜的指使下，清华、北大贴出了一批又一批的“反击右倾翻案风”的大字报。这些大字报的内容，与当时报刊上刊载的批判文章并无二致，只不过在言语上更露骨罢了。

北大哲学系一年级“社来社去班”第三小组的学员，写了一张题为《右倾翻案风与孔孟之道》的大字报。“右倾翻案风”与孔孟之道本是风马牛不相及的，但大字报的作者硬是牵强附会地将其扯在一起，说什么“为复辟奴隶制奔走呼号的孔老二早已被扫进了历史的垃圾堆，但是新旧阶级的较量，新旧事物的斗争，直至今天仍在继续。教育界奇谈怪论炮制者，对教育革命中出现的新生事物横加指责，这像孔老二要‘克己复礼’一样，就是要恢复修正主义的旧事物”[①]。

清华大学工业自动化系自动化专业三(1)班的工农兵学员，写了一张大字报，开始时题目叫《到底谁拖了四个现代化的后腿》，大字报武断地说，拖四个现代化后腿的正是右倾翻案风。据说大字报的作者通过学习毛泽东著作，思想认识提高了一步，乃把题目改为《右倾翻案风要搞现代化，还是要复辟》。大字报声称：“不讲阶级斗争，不讲路线，现代化或者搞不成，或者在一个时期暂时搞上去了，但最终还要垮下来，或者搞帝国主义、社会帝国主义的现代化。右倾翻案风以‘四个现代化’作大棒，扼杀社会主义新生事物，向无产阶级进攻。这就说明，他们搞现代化是假，复辟资本主义是真，卫星上天是幌子，红旗落地才是真意。”[②]

这期间，北大、清华的大字报，其内容都是千篇一律的“反击右倾翻案风”。1976年1月至4月，按照张春桥的指使，迟群组织编造了《邓小平言论摘录》；按照江青的授意，迟群又摘出了《邓小平言论与马列毛主席教导对照》《邓小平言论与孔孟之道对照》《邓小平言论与机会主义路线头子言论对照》等诬陷材料，以“清华材料组”的名义，在清华、北大用大字报加以公布，通过来清华、北大参观的人，向社会上扩散。“反击右倾翻案风”中的大字报，实际上成了江青一伙诬陷、攻击邓小平的工具。

一时间，清华、北大到处贴满了“反击右倾翻案风”的大字报，报刊舆论一宣传，再加上江青一伙有意利用两校作“反击右倾翻案风”的样板。于是，来两校参观、学习大字报者络绎不绝。“反击右倾翻案风”的鼓噪声最响的1976年三四月间，中央新闻电影制片厂还特地拍摄了清华大学开展

---

① 《文汇报》1976年2月6日。

② 《人民日报》1976年2月6日。

教育革命大辩论、“反击右倾翻案风”的新闻纪录片《坚决反击右倾翻案风》，影片一开头，就是清华校园里的大字报区人山人海，日夜川流不息，各色人等从四面八方赶来看大字报的场景。据新华社1976年1月26日的一则通讯说：“北京市许多中、小学师生，冒着严寒，步行来清华，边看大字报，边作摘记，直到天上星星出来才离开。有的即将出国的援外人员，明天早晨就要启程了，今天下午还特地赶来，看大字报，参观教育革命展览。据学校统计，截至目前已接待20多万人次。”①

不但国内的人来清华、北大看大字报，就是来访的外宾也特地安排来参观大字报。据当时的报道：这年2月25日，美国前总统尼克松和夫人“观看了清华大学反击右倾翻案风的大字报，参观了校办工厂和图书馆”②。3月18日，老挝党政代表团在华国锋、姚文元的陪同下，到清华参观访问，参加了师生座谈会后，“老挝战友随后来到大字报区，观看了那些揭发、批判党内那个不肯改悔的走资派的修正主义纲领的大字报”③。

在“反击右倾翻案风”中，贴大字报的又何止北大、清华，全国从大学到小学，写、贴大字报又一次成了主课，请看：

从“反击右倾翻案风”开始到1976年2月下旬，山东大学贴出了2000多张大字报。

武汉大学化学系无机化学专业的工农兵学员在1975年秋就贴出了《修正主义仍然是当前教育战线的主要危险》的大字报。大字报一贴出，武大党委“满腔热情地给予支持”，“在很短的时间里，全校师生员工就贴出了2000多张大字报”④。

复旦大学来自西藏的四位农奴出身的工农兵学员，一连熬了几个夜晚，用不大熟练的汉文写下题为《决不容许为旧制度招魂》的大字报，来“批判党内不肯改悔的走资派抛出的这个反动政治纲领（指三项指示为

① 《人民日报》1976年1月27日。
② 《文汇报》1976年2月26日。
③ 《人民日报》1976年3月19日。
④ 《人民日报》1976年2月4日。

纲——引者)”[①]。

北京化工学院广大师生员工“同仇敌忾，针对右倾翻案风否定以阶级斗争为纲，篡改党的基本路线，复辟资本主义的实质展开了革命大批判”，3个月来，全院共贴出大字报4000份[②]。

到1976年2月初，北京西城区60所中学的近10万师生，在“教育革命大辩论”中，贴出大字报15万份[③]。

上海科技界在“向科技界的右倾翻案风猛烈开火”时，“科技单位的大院里大字报铺天盖地”，《文汇报》为此在1976年2月连续数次刊出了《上海科技单位大字报巡礼》。

《巡礼》“巡”出了些什么，不妨列举几例：

> 《红旗》杂志一九七六年第二期《回击科技界右倾翻案风》的文章发表后，理论组的同志放弃春节休假，认真学习，结合科技战线的实际，写出了《决不允许为修正主义科研路线翻案》的大字报。列举事实，揭露了为刘少奇修正主义路线翻案的反动实质。指出：“科技阵地以往长期为剥削阶级所霸占，资产阶级偏见和传统势力根深蒂固。文化大革命前的十七年，刘少奇一伙在科技界推行一条修正主义路线。”过去生理研究所就是在这条黑线控制下，实行“专家治所”的。那时等级森严，资产阶级专家“权威”鼓吹“技术第一”、“业务挂帅”；搞“三脱离”，反对与工农相结合；反对科研为无产阶级政治服务。在文化大革命中，在毛主席革命路线的指引下，工宣队进驻了上层建筑，加强了党的一元化领导，使研究所改变了旧貌。但是，右倾翻案风的鼓吹者，却别有用心地说：“到底什么是修正主义科研路线，谁说得清楚？”明目张胆地翻无产阶级文化大革命的案，为刘少奇修正主义路线鸣冤叫屈，妄图让资产阶级重新专无产阶级的政，用心何其毒也[④]。
>
> ——摘自《巡礼》之一

在中国科学院上海有机化学研究所的大字报专栏上，十分醒目地贴

① 《人民日报》1976年2月19日。
② 《人民日报》1976年3月2日。
③ 《人民日报》1976年2月9日。
④ 《文汇报》1976年2月7日。

着该所综合车间部分工人的一张大字报:《无产阶级专政是我们的命根子!》。这张大字报一针见血地指出:“在有阶级存在的社会里,任何战线、任何部门,不是无产阶级专资产阶级的政,就必然是资产阶级专无产阶级的政,二者必居其一。右倾翻案风的鼓吹者不让在科技战线提无产阶级专政,不正是为了在这条战线搞资产阶级专政吗?!”

问题的实质就在这里:他们不要无产阶级专政,要的是资产阶级专政。

文化大革命前的上海有机所又是怎样的情景呢?写这张大字报的工人同志告诉我们,那时的有机所,推行了一条修正主义的科研路线。资产阶级知识分子任意扩大资产阶级法权,鼓吹“技术至上”,搞“三脱离”,整天追名逐利,在所内更是等级森严①。

——摘自《巡礼》之二

上海生理研究所的大字报栏里,二室理论小组贴出的一份题为《揭露“三项指示为纲”的反动实质》的大字报,尖锐地指出:“‘三项指示为纲’是党内那些坚持刘少奇、林彪的修正主义路线,至今不肯改悔的走资派抛出的修正主义纲领,它的矛头直指我们伟大领袖毛主席,直指毛主席的革命路线。我们必须以马列主义、毛泽东思想为锐利武器,彻底揭露它的修正主义的实质。”②

——摘自《巡礼》之五

不但大学、中学、工厂、研究所贴出了“反击右倾翻案风”的大字报,连小学生也被发动起来。上海蕃瓜弄小学的教师和“红小兵”共写出了2000多张大字报。其中毕业班一小学生“认真学习无产阶级专政理论,查阅了大量资料,写出了一份《否定阶级斗争,取消无产阶级专政是一切修正主义的共性》的大字报”,对考茨基诬蔑马克思的无产阶级专政学说,赫鲁晓夫的“全民国家”、“全民党”,刘少奇的“阶级斗争熄灭论”,“现在一小撮不肯改悔的走资派鼓吹‘多纲论’”进行批判。③

小学毕业生充其量也不过十三四岁,居然能写出这样的大字报,批驳

① 《文汇报》1976年2月12日。

② 《文汇报》1976年2月25日。

③ 《文汇报》1976年2月10日。

如此多的“谬论”，不是报道者在瞎说，就是大字报是他人捉刀所为。“反击右倾翻案风”中的大字报，究竟是如何出笼的，由此也可窥见一斑。

◇ 北京评剧团的大字报专栏。

“反击右倾翻案风”中，大字报虽然也为数不少，但与十年前“文化大革命”刚爆发时相比，却只能是小巫见大巫。广大群众对所谓“反击右倾翻案风”本来就不满，对大字报也已逐渐厌倦。

5.大字报与“四五运动”

1976年1月8日，周恩来逝世，全国人民无比悲痛，以各种方式寄托自己对人民的好总理的哀思。但是，江青一伙却竭力压制群众的悼念活动，而且借口开展“反击右倾翻案风”，对邓小平进行批判，使一度好转的政治、经济形势再度恶化。江青集团的倒行逆施，激起了广大干部群众的愤怒。于是，1976年4月，爆发了以首都天安门为中心，悼念周恩来、反对“四人帮”的声势浩大的群众运动，即“四五运动”。在这场运动中，群众接过大字报这种武器，把它对准“四人帮”，被迫“以其人之道，还治其人之身”。

从一定意义上讲，矛头对向“四人帮”的大字报，成为“四五运动”的先声。

“四人帮”利用“反击右倾翻案风”，压制人民对周恩来的悼念，打击迫害邓小平，把中国闹得乌烟瘴气，引起了广大人民群众的强烈不满。不满的发展便是反抗，在选择何种表达不满和反抗方式时，人们首先想到了大字报。

从1976年2月开始，矛头指向“四人帮”的大字报在全国各地不时贴出。

2月初，一张署名为“一工人”的大字报出现在重庆最繁华的解放碑交电公司大楼东侧的墙上，题目是《提请注意》。大字报上写道：“请注意当前斗争的新动向”，“批‘右倾翻案风’的矛头到底对着谁”，“警惕一伙野心家篡夺党和国家的领导权”。

2月18日，重庆钢铁公司技术员白智清将一张《我的祖国》的署名大字报，也贴到了交电大楼上。大字报把“四人帮”比作“丧尽天良的牲畜们”，斥责他们近几年使“多少个烟囱停止冒烟，多少部机器停止运转，多少辆火车停止运行，钢产量大幅度下降，国家财政赤字上升……”赞颂邓小平主持工作的1975年“钢产量是近十年来净增最多、上升最快的一年，是国民经济、人民生活全面恢复的一年”。大字报责问道：“是谁，到底是谁，葬送了国家的富强、民族的昌盛、人民的幸福，并且连国家与民族赖以生存的经济条件也不放过。”

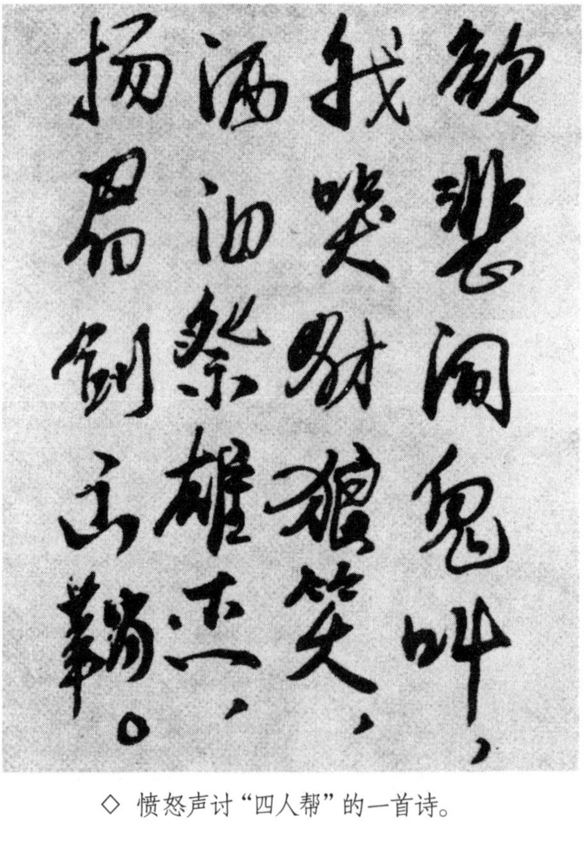

◇ 愤怒声讨“四人帮”的一首诗。

3月4日，白智清又将题为《试问，是哪家主义？——评张春桥〈破除资产阶级法权思想〉》的大字报，抄成12张，贴在成都闹市区盐市口，大字报矛头指向张春桥：

“最近，有人迫不及待地在上海街头公开刷出了《要马克思主义的理论家张春桥当总理》的大幅标语，对于这种明目张胆地反对党中央、反对毛主席的反革命行动，我们不能再沉默了。”

“事实告诉大家，张春桥不是马克思主义者，而是打着共产主义旗号，贩卖杜林修正主义黑货，给国家，给革命，给人民带来严重灾难的地地道道的修正主义分子。当年反马列的赃证俱在，写在白纸上的卖身契和登在报上的黑货都同样是赖不掉、包不住的。”“我深信，在天安门广场上那千千万万给总理守灵的人们、那千千万万自动给总理戴黑纱的朋友，都希望国家富强、民族昌盛、人民幸福……”

3月7日，浙江省级机关的李力、潘旭等人在杭州解放街百货商店的玻璃橱窗上贴出署名“冯火”的大字报：《马天水想干什么》，接着又贴出了《在举国哀悼周总理的时候马天水在干啥？》、《马天水贩卖政治谣言必须彻底追查》的大字报。

3月10日，贵州贵阳市紫林庵墙头，出现了一份长达80余页的大字报《对目前形势和新的历史任务的几点看法——给毛主席、党中央和全国人民的信》，在大字报上署名的有贵阳制药厂李洪刚、郭成望、王大卫、陈明云，贵阳无线电厂叶忠源，贵阳永恒精密电表厂黄维鸣，贵阳黔灵印刷厂卢炎。

为了写这张大字报，他们七个人整整花了五天的时间，三易其稿，写成后的稿子用了90多页稿纸。然后，他们抄成了80多页的大字报，并将大字报内容油印300余份材料，在郑州、武汉、长沙等地散发，又将油印材料通过邮局寄发到全国各地。

3月11日，福建三明市农机公司赵大中在三明市列东街头贴出《论扩大共产主义思想的宣传——批判党内走资本主义道路的当权派张春桥》的大字报。其中说：“张春桥这个人物是十分可疑的，曾有几万人揭发他是叛徒”，“揭发和批判党内还在走的走资派张春桥是十分必要的”。“我把他的罪行公之于众，可以唤起人们的注意，张春桥是个坏人！万一他的阴谋得逞，也要叫他的日子不好过。这样，我杀头也甘愿。”

这张大字报贴出后，有张署名“洪风”的大字报对赵大中的大字报进行攻击。赵大中的妻子就毅然贴出《来而不往非礼也——评洪风》的大字报予以反击。

与此同时，全国其他一些地方也出现了矛头对向“四人帮”的大字报。

3月5日，《文汇报》在刊登新华社播发的沈阳部队指战员学习雷锋的一篇新闻稿时，竟将周恩来关于学习雷锋的题词删去。3月25日的《文汇报》新闻稿《走资派还在走，我们就要同他斗》中，竟然说：“党内那个走资派要把被打倒的至今不肯改悔的走资派扶上台”，明目张胆地攻击周恩来和邓小平。这两件事，激起了广大人民群众极大的反感。数天之内，《文汇报》收到抗议信、电报420多封，接到抗议电话1000多次。可是，张春桥等人却公开对《文汇报》表示慰问，给予嘉奖。消息传开，更加激起群众的愤怒。

从3月25日开始，南京大学校园出现了大批揭露和驳斥《文汇报》的大标语和大字报，南京的其他一些高校和工厂也出现了类似的大字报。3月20日和28日，南京市许多学生、工人和市民举行悼念周恩来、反对“四人帮”的集会和游行，贴出“打倒张春桥”等标语，并将标语刷在开往北京和上海的列车上。3月底到4月初，杭州、郑州、西安、太原、福州等地的群众，也举行了悼念周恩来的活动。

3月30日，王洪文对自己一伙在《人民日报》的心腹说：“南京事件的性质是对着中央的”，并说：“那些贴大字报的是为反革命复辟制造舆论。”4月1日，中共中央向各地发出关于“南京事件”的电话通知，错误地指出：“最近几天，南京出现矛头指向中央领导同志的大字报、大标语。这是分裂以毛主席为首的党中央、扭转批邓大方向的政治事件。”要求立即采取有效措施“全部覆盖”，并且要追查事件的“幕后策划人”和“谣言制造者”。

但是，反抗“四人帮”的群众烈火已经燃烧起来，要扑灭就不那么容易了。

从3月底开始，北京群众自发地汇集到天安门广场，在人民英雄纪念碑前敬献花圈、花篮及张贴传单、朗诵诗词、发表演说，深切怀念周恩来，愤怒痛斥“四人帮”。到4月初，悼念活动达到了高潮。4月5日，天安门广场的群众受到了错误镇压。这就是有名的“天安门事件”。

在“天安门事件”中，写诗、赋诗、朗诵诗词，成为群众斗争的武器。

◇ 人民英雄纪念碑前抄诗的人群。

值得一提的是，在“四五运动”遭到镇压以后，仍有人以大字报的方式，对这场错误镇压表示抗议，仅举两例：

4月6日清晨，北京卫戍区某部职工何志强，用亲眼目睹的广场群众被镇压的事实写成了大字报：

周总理的丰功伟绩与日月一样永存，这个悼念活动都被镇压，那么九百六十万平方公里的土地上还有没有讲理的地方？宪法上讲了那么多民主，现在连悼念周总理的民主权利都被剥夺，难道新宪法是给外国人看的新古董吗？

我们亿万工农兵跟着毛主席和老一辈无产阶级革命家打出来的江山，用辛勤汗水筑起的高楼大厦，绝不是她（他）们能干出来的。他们利用手中的权力，打人、抓人，但不能说明他们正确。如果他们有勇气，到纪念碑前对着烈士的英灵回答几个问题：

周总理是不是伟大的无产阶级革命家？

群众悼念周总理对不对？

你们为什么不让悼念？

把国民经济搞上去你们反对，难道让中国工人停在二级工的水平上吗？

写完大字报，何志强将大字报带到天安门广场的小楼前准备张贴，这时发现走得太匆忙，忘了带糨糊，便返回到住在广场不远的南河沿姨家取糨糊。但刚走出广场不远，就连人带大字报一起被抓去，当天就被关进了监狱。

湖南祁东县邮电局职工黎菊元，在4月11日晚上写了一张题为《镇压群众，罪该万死》的大字报。上面写道：

首都革命群众，为了坚持马列主义的真理，为了共产主义的伟大事业，自觉地组织起来，在天安门广场举行了震撼全世界的集会，这绝不是什么反革命政治事件，而是革命群众运动的伟大创举。[①]

这张大字报写好后，黎菊元于4月15日寄往北京。

5月3日，黎菊元被捕。6月15日，黎菊元被开除团籍，判处12年徒刑。

“四五运动”之后，那些写、贴将矛头对向“四人帮”的大字报的群众，几乎全都不同程度地受到江青集团的迫害，有的被逮捕，有的遭通缉，有的受批斗。这些大字报作者的遭遇，充分说明，所谓大鸣、大放、大辩论、大字报并不是真正意义的社会主义民主，在江青集团的淫威之下，人民群众并不真正享有行使“大鸣、大放、大辩论、大字报”的权利。江青集团可以利用大字报作为他们篡党夺权的工具，但绝对不会允许人民群众运用大字报来反抗他们的倒行逆施。

---

① 与“四五运动”相关的大字报内容，均引自：《丙辰清明纪事》，人民日报出版社1980年版。

十、大字报历史的终结

1.被大字报撵走的中央组织部部长

以1976年10月粉碎江青集团为标志，经历了整整十年的“文化大革命”总算画上了一个句号。

在“文化大革命”中，大鸣、大放、大辩论、大字报尤其是大字报被广泛运用，其作用和身价被抬到了吓人的高度，造成了一种足以左右人们意志的政治压力，人人都要“拿起笔来作刀枪”。先是口诛笔伐“三家村黑帮”，接着是向“资产阶级反动路线”开火，又被利用来摧毁“资产阶级司令部”，到最后成为“反击右倾翻案风”的武器。

如果说，在“文化大革命”开始时，人们有些还相信可以通过大字报来揭露矛盾和解决问题，那么，随着“文化大革命”的结束，人们对大字报终于逐渐失去了信心，也逐渐失去了热情。

“文化大革命”结束后的一段时间里，尽管宪法里还保留着有关“四大”的条文，但那种铺天盖地的大字报场面再也见不到了。

不过，这时大字报依旧被人使用。在粉碎江青集团后拨乱反正的过程中，中组部和《红旗》杂志社出现的大字报，颇能体现这一历史进程的一个侧面。

1977年的春天，在负责全国干部工作和组织工作的中共中央组织部大院里，贴出了一批针对中组部部长郭玉峰的大字报。大字报说："郭玉峰不下台，老干部出不来。"

郭玉峰原是某部军政委，"文化大革命"期间受到康生的赏识，调到中组部，先是担任业务组负责人，后来成为中组部核心领导小组组长和中组部部长。

粉碎林彪、江青集团后，许多在"文化大革命"中受到迫害的老干部纷纷到中组部上访。按理，被称为"干部之家"的中组部，不但应热情接待，而且应为恢复老干部的工作尽量创造条件。可是，作为"文化大革命"既得利益者的郭玉峰，对恢复老干部的工作持消极乃至反对的态度，致使许多来访的老干部被拒之中组部门外，他们的问题无法解决，恢复工作更是无从谈起。

舒同是党内有名的书法家，延安的抗日军政大学的校牌就是他的手迹。舒同也是资格很老的干部，担任过华东局宣传部长、华东军区政治部主任、中共山东省委第一书记和中共陕西省委书记。"文化大革命"期间，舒同受到林彪、江青集团的诬陷迫害。粉碎"四人帮"后，舒同到中组部上访，郭玉峰虽然派人同他谈了话，但当舒同想住进万寿路中组部招待所时，招待所的人却把他的手提包扔了出来，要他"从哪里来到哪里去"。

舒同这样一位党内外知名的老干部，都受到如此待遇，郭玉峰对待老干部的态度由此可见一斑。当时，仅在中央机关，就有6000名干部的问题需要解决却得不到解决。广大老干部对郭玉峰的这种做法非常不满。

就是原来在中组部和中监委工作的老同志，郭玉峰也是一直对他们采取歧视、刁难、压制的态度。随着时间的推移，老干部们终于忍无可忍，迫不得已，只好用大字报作武器，与郭玉峰展开斗争。

1977年春天，围绕中组部推选党的十一大代表活动，中组部的老干部以袁任远、张策、杨士杰等为代表，纷纷贴郭玉峰的大字报。一时间，中组部内贴满了老同志写的大字报。不少大字报认为，这些年来，中组部在郭玉峰的把持下，真正成了"针插不进、水泼不进的阎王殿"。老同志的大字报还把当时的中组部的特点概括为"门难进、脸难看、话难听、事难办"。这些大字报说：

"对头脑正常的人来说，判断一个人当然不是看他的声明，而是看他的行动；不是看他自称如何如何，而是看他做些什么和实际是怎样一个人。我们虽然备受摧残，但幸运的是头脑还都正常，我们都看得很清楚郭玉峰是个什么人。"

"你自己眼中有梁木，怎能对你弟兄说，'容我去掉你眼中的刺'呢？你这假冒伪善的人！你先去掉你自己眼中的梁木，然后才能看得清楚你眼中的刺。"

"郭玉峰，你要知道，你继续糟蹋坑害党的干部，就是对人民的犯罪。"

郭玉峰看到满院的大字报态度又怎么样呢？据戴煌在其所著的《胡耀邦与平反冤假错案》一书披露：

> 郭玉峰听说院子里贴了为数甚多的大字报，不免大吃一惊。他的妻子到院子里转了转，看了看。郭玉峰感到很委屈。他认为他对全国五七干校几十万干部的分配工作是作过一些努力的，只是由于张春桥、王洪文等人的一再责难，才未能如愿。甚至于，汪东兴也打电话责问过他："郭玉峰，你让把干校撤销啦？！"
>
> 如果郭玉峰的委屈确有某种根据，那么"全国最强"[①]仅仅是康生们眼中的"强"，在解放全国受苦受难的广大干部方面，也还是碰到"硬核桃"就软了下来的。
>
> 接着，大院里就有些似乎自愿为郭玉峰解围的人，以整洁院落为借口，用水龙头洗刷墙上的大字报。可是，老干部们又在后面跟着贴……[②]

老干部们前前后后贴了三个月的大字报。在这段时间里，中组部老干部党支部书记杨士杰，把人家撕下来的大字报，一捆一捆地送到人民日报社，另有一些大字报送给了时任中共中央党校副校长的胡耀邦。

---

① 康生将郭玉峰调到中组部时，曾对中组部的全体工作人员说："我给你们调来一个全国最强的军级干部。"

② 戴煌：《胡耀邦与平反冤假错案》，中国文联出版公司、新华出版社1998年版，第41页。

看了这些大字报，胡耀邦认为落实干部政策已到了刻不容缓的地步，要解决这个问题，就必须突破层层阻力。为此，他组织人撰写了《毛主席的干部政策必须落实》一文，以“本报评论员”的名义，发表在1977年11月27日的《人民日报》上，引起了巨大反响。

与此同时，中组部里老干部的大字报仍旧不断地送到人民日报社。人民日报社国内政治宣传部主任王泽民，按照总编辑胡绩伟和副总编辑安岗的要求，将大字报整理了一篇一万多字的《情况汇编》——《从一批老同志的大字报看郭玉峰在中组部的所作所为》。文章在经过胡绩伟和安岗的修改定稿后，送给了叶剑英和当时负责中央宣传工作的耿飚。

这一下，郭玉峰的日子就很难过了。据《胡耀邦与平反冤假错案》一书记载：

> 一天夜晚，党的副主席汪东兴在人民大会堂接见中组部的老干部袁任远、杨士杰、张策、郭述申等同志。郭玉峰奉命而至时，中组部的很多同志已在座。汪东兴问郭玉峰：你对在座的这些老同志怎么样？
>
> 郭玉峰面不改色地回答：很好啊！
>
> 汪东兴掏出了《人民日报》的《情况汇编》，让郭玉峰细细地看，然后说：“对老同志的住房、用车等等，你都要安排好，不能再在生活方面为难老同志。”郭玉峰连声答应：“好好好。”
>
> 可是，不论汪东兴还是郭玉峰，对审干结案、安排工作的大事，却只字未表。即便对老同志在生活上必须给予照顾的这种小事，郭玉峰回到中组部后也是滴水未漏，更谈不上开会传达。老干部们又一次掀起了张贴大字报的高潮，愤怒声讨郭玉峰欺上瞒下的两面派勾当，要求党中央尽快撤换他。否则，所谓全面落实干部政策和平反冤假错案，只能又是一场白日梦。①

这样一来，郭玉峰在中组部再也待不下去了。1977年12月，中共中央任命胡耀邦为中组部部长。胡耀邦一上任，就大刀阔斧地开展落实干部政策和平反冤假错案的工作。

---

① 戴煌：《胡耀邦与平反冤假错案》，中国文联出版公司、新华出版社1998年版，第44页。

2.红旗杂志社大院出现了大字报

粉碎“四人帮”后的两年间，“文化大革命”虽然已经宣告结束，各项工作也有所前进，但由于指导思想仍在坚持过去“左”的一套，所以这两年是处于徘徊中前进的状态。

这种局面的存在，引起了党内党外的强烈不满，于是，引发出了一场全国范围内的关于真理标准问题的大讨论。

1978年5月11日，《光明日报》以特约评论员的名义，发表了《实践是检验真理的唯一标准》这篇文章。文章重申实践是检验真理的唯一标准这个马克思主义认识论的基本原理，尖锐地指出“四人帮”加在人们头上的精神枷锁还没有打碎，对“四人帮”设置的禁区要“敢于去触摸，敢于去弄清是非”，应该勇于在新的实践中研究新的问题。

实践是检验真理的唯一标准

本报特约评论员

检验真理的标准只能是社会实践

理论与实践的统一，是马克思主义的一个最基本的原则

（下转第二版）

◇ 1978年5月11日，《光明日报》发表了《实践是检验真理的唯一标准》一文，引发了一场全国性的关于真理标准问题的大讨论。

这篇文章的意义在于从理论上否定了“两个凡是”的错误主张，因而它一发表，立即引起了广泛的关注。

文章发表后的第二天，《人民日报》和《解放军报》就作了转载，全国绝大多数省、市、自治区党委的机关报陆续作了转载。真理标准问题的讨论就这样拉开了序幕。

当时在中国的舆论工具中，最重要的是《人民日报》、《解放军报》、《光明日报》、《红旗》杂志，外加新华社和中央人民广播电台。

在真理标准问题的讨论中，上面的三报持积极参与态度，而且是支持这场讨论的。

作为全国影响最大的报纸，《人民日报》不但转载了《实践是检验真理的唯一标准》一文，而且还顶住压力，在6月16日发表了中国社会科学院哲学研究所邢贲思的文章《关于真理标准问题》。

邢贲思的文章从理论观点上支持了《实践是检验真理的唯一标准》一文，并对干部群众中存在的一些认识问题，作了较有说服力的解释，与《光明日报》的《实践是检验真理的唯一标准》一文起到了相互呼应的作用。

新华社全文播发了这篇文章。6月18日，《光明日报》《解放军报》作了全文转载。

6月26日，《解放军报》发表特约评论员文章《马克思主义的一个最基本的原则》，系统地回答了对于实践是检验真理的唯一标准的原则所提出的责难，对真理标准问题的讨论起了有力的推动作用。

马克思主义的一个最基本的原则

《解放军报》特约评论员

林彪、"四人帮"对理论与实践关系的根本颠倒

理论指导实践的过程，同时也就是实践检验理论，而使理论得到补充、纠正、丰富和发展的过程

◇ 《解放军报》发表的《马克思主义的一个最基本的原则》一文。

9月26日，《人民日报》又以特约评论员的名义，发表了《一切主观世界的东西都要经受实践检验》，拓展了真理标准问题讨论的范围。第二天，《光明日报》《解放军报》又作了全文转载。

与此同时，北京和其他地方的报刊也相继开展了真理标准问题的讨论。

奇怪的是，在真理标准问题的讨论中，作为中共中央最重要的理论刊物的《红旗》杂志，却在半年的时间里一直对此保持沉默。

《红旗》杂志自1958年创刊以来，与《人民日报》《解放军报》合称“两报一刊”。“两报一刊”长期执中国宣传舆论的牛耳。然而，在这场解放思想的大讨论中，《红旗》杂志却采取了所谓“不卷入”、“不介入”的态度。

何止是“不介入”，实际上还在唱反调。

《实践是检验真理的唯一标准》发表后的第四天，即5月15日，时为毛主席著作编委会办公室主任的熊复，调任《红旗》杂志总编辑。到任的当天，他在同杂志社的几个负责人见面时，就对《实践是检验真理的唯一标准》一文和《人民日报》特约评论员文章《贯彻执行按劳分配的社会主义原则》提出批评，说这些文章有问题，他有不同意见。他还说：现在，是要强调坚持马列主义、毛泽东思想的基本理论，不是要强调发展和创新。这里有个维护毛主席旗帜的问题。有些人抓住实践和真理的问题作文章，到底要干什么？

5月18日，汪东兴对熊复说，“《红旗》要一花独放，对真理标准问题就是不表态”。

第二天，熊复对杂志社的干部传达了汪东兴对《红旗》的指示：

《红旗》的任务是完整而准确的宣传马列主义，着重从理论上完整而准确地宣传毛泽东思想，捍卫毛泽东思想，同各种离开毛泽东思想的倾向作斗争。

要注意党内外的思想动向与理论动态。思想理论战线很活跃，需要了解这方面的情况，有些什么倾向，离开毛泽东思想的倾向。

汪副主席很关心《红旗》的工作，要我在理论方面很好把关，有什么问题多向中宣部平化同志请示，也可以向汪副主席报告①。

两个月过去了。这期间，邓小平讲话，各报发表文章，科学家和理论工作者表态，各方面都在关注真理标准问题的讨论。这样一来，熊复坐不住了，终于布置写关于真理标准问题的文章，但他同时又说："关于实践标准的文章，要写，但要注意对马列主义、毛泽东思想不应强调发展和创新，不应强调新结论代替旧结论，而应强调坚持和维护马列主义、毛泽东思想的基本原理。"

到9月，文章写出来了。文章的标题初稿时是"实践标准是马克思主义认识论的基础"，熊复请示汪东兴后，提出标题要改，改为"《实践论》的认识论"，只讲一般的认识原理，不专门讲实践标准问题。由于作者不同意这样改，标题在发表时改为《重温〈实践论〉——实践标准是马克思主义认识论的基础》。

按照熊复的要求，文章一改再改，一直改到这年12月。而在这半年的时间里，《红旗》杂志发表的依旧是"以阶级斗争为纲"，批"党内走资本主义道路的当权派"，批所谓"彭德怀反党集团"的文章，诸如《认真学习毛主席关于人民公社的理论》《无产阶级专政与社会主义民主》等。本来还准备发表批判彭德怀的文章——《篡党夺权的一个大阴谋》，并安排在第11期，只是由于在这年11月的中央工作会议上，陈云肯定了彭德怀，提出要为彭德怀平反，这篇文章才胎死腹中。

此间，还发生了谭震林文章发表受阻之事。

这年12月26日，是毛泽东诞辰85周年，《红旗》自然要发表文章纪念。

8月，《红旗》杂志编辑部决定约请谭震林写一篇回忆毛泽东领导井冈山斗争的文章。谭震林是井冈山时期的老同志。在"文化大革命"中曾与林彪、江青一伙作坚决斗争，被打成"二月逆流黑干将"，还被诬陷为"叛徒"，受到严重迫害。《红旗》杂志编辑部派人向谭震林约稿。谭震林说：写文章不能只讲历史，要从现实着眼，要我写文章，我就写实践是检验真理的唯一标准，说明毛泽东思想是从实践中来，又经过革命实践的科学真理。

---

① 转引自沈宝祥：《真理标准问题讨论始末》，中国青年出版社1997年版，第257页。

10月下旬，谭震林的文章写出了初稿，送到了《红旗》杂志编辑部。熊复看后，认为文章第四部分是写真理标准问题的，应删掉。责任编辑认为，文章是谭震林写的，以个人名义发表，未经作者同意不能删去。

这边还在为删与不删争论不休，那边谭震林又送来了修改稿，把第四部分的内容作了充实。谭震林给编辑部的信中说："文章只作了一点小的修改，主要是实践是检验真理的唯一标准，这一点原文上是有的，只是不够突出，不够明确，我把它加强了。"他还说，如果编辑部还有什么修改意见，在想好后，到他家去当面商量。

这一下真把熊复弄得哭笑不得，但他仍坚持要删去真理标准问题部分，并提两条处理意见：一是派人去请谭震林删；二是如果谭不同意删，就照其原样印出送中央政治局常委审查。

编辑部的人带着熊复的意见去见谭震林。谭震林说：文章材料可以动，观点不能动。真理标准讨论是全党的大事。告诉熊复，这样丢不了党籍，住不了牛棚，有谁要辩论，找我好了。这篇文章我想了两个月，想出了两句话：凡是实践证明是正确的，就要坚持；凡是实践证明是错误的，就要改正。

熊复无奈，只得将文章送给汪东兴审阅。汪东兴自己看了后，让华国锋、叶剑英、邓小平、李先念等人表态。结果，邓小平、李先念明确表示支持，华国锋、叶剑英画了圈，也就是表示同意。汪东兴见此，只好批道："退熊复同志办。"

熊复看了这些批示，却感到不好办，只得再去请示汪东兴。汪东兴也无可奈何，只得说，那只好这样。文章终于送到印刷厂去排印。

真理标准讨论问题已开展了半年之久，而作为党中央机关刊物的《红旗》杂志在"不介入"的名义上，实际上唱反调，结果致使《红旗》杂志一步一步走向被动。《红旗》杂志内部的很多人对这种状况也越来越不满，不少人从其内心讲，是支持真理标准问题讨论的，《红旗》杂志发生的不正常现象，使他们早就憋了一肚子的气，在经过几个月的忍耐之后，这股气终于憋不住了。

1978年11月23日，在《红旗》杂志社院内，王忠明、邢雁两人贴出了一张大字报，提出对《红旗》杂志当前一些问题的看法，对熊复提出了尖锐的批评。大字报说：

作为党中央理论刊物的《红旗》杂志，理所当然地要大力参加讨论。但是，《红旗》杂志至今没有发表过一篇文章，保持沉默。为什么会出现这种状况？我们从熊复同志对这个问题的态度可以找到答案。熊复同志不止一次地表白，他并不反对实践是检验真理的标准，没发表过文章，也没有作过讲谈。事实并不如此。他刚来《红旗》不久，就在一次会上针对《光明日报》发表的《实践是检验真理的唯一标准》的特约评论员文章说："我有不同意见，在这里表明我自己的观点，这些文章有问题。"最后，熊复同志在召集一些同志座谈宣传问题的会上，有的同志提到《红旗》没有刊登实践是检验真理的唯一标准的文章，很被动，熊复同志激动地说："你被动什么，我并不感到被动"，"这没有什么关系，不要怕这种人"，"有人跳得很高，其实，他做了些什么，中央很清楚，我今天不点他的名"。我们要问熊复同志，这难道不是反对吗？

熊复同志还表白说，他授意一位同志写过文章，我们看看写的这篇《重温〈实践论〉》是一篇什么样文章呢？这篇文章全文两万多字，除了教科书式的毫不联系实际地讲了理论和实践的关系外，很大篇幅反驳所谓"怀疑论""不可知论"和"海外奇谈"，这种文章实质上跟实践是检验真理的唯一标准的讨论唱反调。

发生在一九七六年清明节的天安门事件是悼念敬爱的周总理，愤怒声讨"四人帮"，完全是革命行动，反映了亿万人民的心愿，熊复同志对这个事件抱什么态度呢？今年第十期《红旗》登载的《评姚文元》一文中的第二部分"用笔杆子杀人"，原来上海写作组同志写的全部内容是揭露"四人帮"怎样歪曲天安门事件的事实真相，制造白色恐怖，经过熊复同志的手，把它砍掉了，这是为什么？现在华主席、党中央为天安门事件完全彻底平反了，这是我国人民政治生活中的一件大喜事，但是，至今没有看到熊复同志的态度，他既不传达中央的指示，也不组织机关同志学习，这又是为什么？从这里可以看到熊复同志对敬爱的周总理是什么感情？前一个时期，机关批判姚文元和他的亲信利用《红旗》反对周总理的罪行，同志们要求曾在总理身边工作过的熊复同志讲一讲周总理的丰功伟绩，但他一再推托，根本不讲。

六月中旬，在一次揭批“四人帮”的核心小组扩大会上，熊复同志用嘲讽的口吻说：“有人竟用老干部的名义，发表给青年的复信，说过去上当受骗是难免的，这是什么话，这不是明目张胆地鼓吹投降主义，鼓吹投降有理吗？”说：“那封信是错误的”，是“根本违背毛泽东思想的”。大家知道，四月十日《人民日报》发表的一位老干部给青年的复信，是胡耀邦同志写的，熊复同志对这样一封信竟破口大骂，其用意何在？在这次会上，熊复同志还耸人听闻地说：“现在思想理论界很混乱，有些人不是不懂理论，为什么提出一些怪问题？”还说：“这样严重的情况，不应当引起我们的深思吗？”熊复同志在这里这样提出问题，不知为什么？

熊复同志还多次在会上说：“现在文章中为什么不提走资派呢？不是有死不改悔的走资派吗？”在七月三日的全社大会上，他竟然号召全社同志要对付可能出现的死不改悔的走资派。在目前情况下，提出这样的问题，其用意何在？①

这张大字报一贴出，立即在《红旗》杂志社内外引起了轰动，很多人为它拍手叫好，也感到舒心，觉得说出了自己的心里话。

在大字报贴出的第三天，熊复在大字报的旁边贴了一张小字报，题为《为大字报的出现而欢呼》，算是对大字报的答复，内容如下：

读了王忠明、邢雁同志的大字报，我非常高兴，为这张大字报欢呼。

王、邢两同志对我的工作提出了尖锐的批评。总的来说，《红旗》的运动和工作落后于当前的形势，究其因由，与我的领导思想和工作作风分不开，我要负全部的责任。我认为，这样的批评中肯。我诚恳地接受王、邢二同志的批评。可见王、邢二同志的批评是善意的。因为，他们提出问题来，要迅速改变《红旗》的落后面貌，紧紧跟上新长征的步伐。摆在我们面前的是一个尚未解决的大问题。

至于我，从王、邢两位同志的大字报得到很大的启发。我这个人的缺点很多，几个月来，这样那样的错误也是有的。大家都知道，我现在还来不及总结我在这个时期的工作，在适当的时候，应该作出总结，汲取教训。错

① 陶铠等：《走出现代迷信——真理标准讨论始末》，载《钟山》1988年第3期。

了就改，我决心改正工作中的错误。希望同志们在这方面帮助我，督促我，教我！

熊　复

一九七八年十一月二十五日[①]

熊复的这个答复很巧妙，既表示接受大字报的批评，又避开了真理标准讨论问题，把大字报中的实质问题即如何对待真理标准的讨论，轻巧地挡回去了。

不久，中共十一届三中全会召开，会议对实践是检验真理的唯一标准问题的讨论作了高度评价。《红旗》对这一问题的"不介入"态度也就到此为止了。

3.大字报的历史终于画上了句号

进入20世纪80年代后，在中国风行了20多年的大字报，终于寿终正寝，从中国大地上消失了。

大字报自1957年夏开始广泛使用以来，虽然其作用被夸大到无以复加的程度，先是被作为反右派运动的重要武器，接着又被用为发动"大跃进"的工具，被称为只有社会主义才有的民主方式。到了"文化大革命"，对待大字报的态度更是上升到了是"革命派"还是"保皇派"分野的高度，成了"暴露一切牛鬼蛇神的照妖镜"。但是，大字报从严格意义上讲，仍属于"非法"性质，因为在时的任何一部法律中，都没有允许使用大字报的条文。好在这些年月法制名存实亡，领导人的一句讲话、《人民日报》的一篇社论，都可以作为人们的行动准则，就不在乎"合法"、"非法"了。

到了1975年，大字报已成了强弩之末的时候，却被写进了堂堂的《中华人民共和国宪法》里。

1959年和1965年的二届全国人大和三届全国人大，都没有对宪法进行修改，也没有关于"四大"的条文。虽然早在1957年大字报就成了家喻户

① 陶铠等：《走出现代迷信——真理标准讨论始末》，载《钟山》1988年第3期。

晓、国人皆知的东西。1975年1月，一拖再拖的四届全国人大一次会议终于召开了。这次会议的议题之一便是修改宪法，而修改宪法的一个重要“成果”，便是在宪法中增加了人民群众“有运用大鸣、大放、大辩论、大字报的权利”①。大字报堂而皇之赫然列于宪法条文之间，由“非法”而合法了。

1978年3月，五届全国人大一次会议召开。此时，中国还没有摆脱“左”的阴影，拨乱反正尚在艰难跋涉，所以在宪法中，“四大”依旧被充分肯定，五届全国人大一次会议通过的《关于修改宪法的报告》中，就有这样一段话：

> 我们党从来主张在广大人民中充分发扬民主，包括必要的时候运用大民主的形式。毛主席教导我们：“民主是一个方法，看你在谁人身上，看干什么事情。我们是爱好大民主的。我们看好的是无产阶级领导下的大民主。”宪法修改草案中规定公民“有运用‘大鸣、大放、大辩论、大字报’的权利”，就是为了保障无产阶级领导下的大民主。②

于是，以大字报为主要内容的“四大”再次在宪法中得到肯定。

然而，随着时间的推移，人们对“文化大革命”反思的深化，大字报的弊端也逐渐为人们所认识。

在1980年的五届全国人大三次会议上，谭震林在书面发言中深刻指出了大字报这种“大民主”的本质。他说：“‘四大’根本没有民主的意义，而是文革小组强有力的棍棒。文革小组需要打击谁，一夜之间满城大字报。受到大字报揭发、批判、打击的同志，个人任何辩论的大字报，不管写了几张，是贴不出去的，即使贴上了，也立即被别的大字报所覆盖。因此，不能说它是‘大民主’，不能说取消‘四大’，就取消了‘大民主’。”③

在“文化大革命”中，曾出现过一些矛头指向林彪、江青集团的大字报，这并不是大字报本身的功绩，而是人们对林彪、江青集团不满和反抗的不得已方式。况且，这些大字报的张贴者，几乎都受到了不同程度的迫害，

---

① 1975年《中华人民共和国宪法》第十三条规定：“大鸣、大放、大辩论、大字报是人民群众创造的社会主义革命的新形式。国家保障人民群众运用这种形式，造成一个又有集中又有民主，又有纪律又有自由，又有统一意志，又有个人心情舒畅、生动活泼的政治局面。”

② 《人民日报》1978年3月8日。

③ 《人民日报》1980年9月11日。

至于在粉碎“四人帮”后诸如中组部和《红旗》杂志社的大字报，表现出来的是广大干部对“两个凡是”、对个别部门领导人在拨乱反正过程中具体错误的不满，在当时党内民主尚不健全、国家法制尚不完善的情况下，采取的不得已而为之的措施，其所起的积极作用，自然应该充分肯定。但是，这种积极性毕竟是局部的，与大字报在它20余年间所起的消极作用相比，并不能改变大字报总体作用的消极性。

在拨乱反正的过程中，也有一些人从右的方面，打着“四大”的旗号，用张贴大字报的方式和别的方式，散布对社会主义制度的不满，否定中国共产党的领导，1978年前后的“西单墙”事件便是一例。在社会主义民主逐渐扩大，法制日趋健全的情况下，人民群众的意见、要求、建议，完全可以通过正常的渠道反映，而再不需要使用大字报这种方式。如果再使用大字报，不但容易引起社会的不稳定，而且也有可能为个别别有用心的人所利用。

人们在对“文化大革命”的认识逐渐深化的时候，对“四大”，尤其是大字报的认识也不断深化。

在1979年6月的五届全国人大二次会议上，不少代表个别或联名向大会提出了关于修改宪法第四十五条，取消该条文中的有关“四大”规定的提案。

在1979年11月的五届全国人大常委会第十二次会议上，许多常委在讨论“西单墙”问题时，又提出了这一要求。

1979年12月6日，北京市革命委员会发布通告，作出暂行规定：（一）今后凡在自己单位以外张贴大字报，一律改在日坛公园内的大字报张贴处，禁止在“西单墙”和其他地方张贴。（二）在大字报张贴地点的附近设大字报登记处。大字报张贴者必须在张贴前登记自己的真实姓名、职务、住所和所在单位。登记处对大字报内容不加审查。（三）大字报的张贴者应对大字报的内容负政治、法律责任，不得泄露国家机密，不得捏造事实，进行诬陷、诽谤和其他非法活动。（四）在大字报张贴处不得无理取闹、寻衅滋事，违者依法处理。

1980年1月中旬，在中共中央召集的干部会议上，邓小平作了《目前的形势和任务》的报告。在讲到“四大”问题时，他指出：

> “四大”，即大鸣、大放、大字报、大辩论，这是载在宪法上的。现在把历史的经验总结一下，不能不承认，这个“四大”的做法，作为一个整体来看，从来没有产生积极的作用。应该让群众有充分的权利和机会，表达他们对领导的负责的批评和积极的建议，但是“大鸣大放”这些做法显然不适宜于达到这个目的。因此，宪法有关“四大”的条文，根据长期实践，根据大多数干部和群众的意见，党中央准备提请人大常委会和全国人大审议，把它取消。[①]

在1980年2月召开的中共十一届五中全会上，中共中央正式作出决定：向全国人民代表大会建议，取消公民“有运用大鸣、大放、大辩论、大字报的权利”的规定。

这年4月8日，五届全国人大常委会第十四次会议在北京召开。在一个星期的会议中，讨论中共中央关于取消“四大”的建议，成为一个重要议题。

在这些人大常委中，对“四大”的危害可谓有切身的体会，谈起当年那些“炮轰”、“勒令”的大字报，委员们会依旧心有余悸，不寒而栗。

在发言中，人大常委会法制委员会副主任杨秀峰，从法律的角度阐述了取消“四大”的四条理由：

一、宪法中已经明确写明“公民有言论、通信、出版、集会、结社、游行、示威、罢工的自由”，这些规定保障了公民应该享有的民主权利；而“四大”却相反，妨碍了公民应当得到的正当的民主权利。

二、把“四大”写进宪法中，使少数坏人在法律上有了可乘之机，一些别有用心的人打着“四大”的旗号，制造事端，向无产阶级进攻，妄图推翻共产党的领导。

三、把“四大”写上宪法，会使一些人利用来大搞派性，制造混乱，破坏正常的工作、生产、教学和生活秩序，不利于四化（即四个现代化）建设。

四、搞“四大”容易泄露党和国家的重要机密。从“文化大革命”到“西

---

① 《邓小平文选》第2卷，人民出版社1994年版，第257页。

单墙”，一些坏人正是利用大字报泄露了不少党和国家的核心机密。

胡愈之说，“四大”从实践来看，不但不利于发扬民主，而且还破坏民主。在“文化大革命”中，“四大”被利用来搞所谓大民主，宪法被践踏，公检法机关被“砸烂”，造成了大量的冤假错案。

许涤新说，从十年“文化大革命”的实践看，“四大”实际上是野心家、阴谋家打击好人的工具，是压在全国人民头上的四块石头、四根铁棍子。搞“四大”不可能使社会主义民主和法制得到保证。大家忙着搞“四大”，就没有时间和精力去搞业务，势必使生产受到破坏。林彪、江青集团利用“四大”制造派性，天天大吵大闹、大批斗、大围攻，就不可能有安定团结。总而言之，“四大”是社会主义的对立物，如果不取消，对国家和人民都不利。①

参加会议的人大常委们，几乎是异口同声地赞同取消“四大”，提请五届全国人大三次会议审议决定。

1980年9月五届全国人大三次会议作出决定，修改《中华人民共和国宪法》第四十五条，取消所谓“四大”的规定。

1982年11月下旬至12月上旬的五届全国人大五次会议上，通过了修改后的《中华人民共和国宪法》。在这部宪法中，有关“四大”的条文彻底消失了。

大字报终于成了历史的陈迹。

---

① 《人民日报》1980年4月15日。

结　语

大字报的盛行，始于1957年那场后来被称为“严重扩大化”的反右派运动。起初，中共中央和毛泽东在发动整风之时，并没有想到要用大鸣、大放、大辩论、大字报的方式。相反，在《中共中央关于整风运动的指示》中，明文规定整风要采取既严肃认真又和风细雨的座谈会、小组会、同志间的谈心等方式进行。可是，社会上一些人觉得这样不够，提出要“大鸣大放”，结果鸣放出了各式各样的大字报。

其实，大字报这种形式并不只是在反右派运动才有的。1957年2月，新华社关于天津棉毯厂用批评与自我批评的办法，对工人进行政治思想教育，出勤率上升浪费减少的报道中，就有“工会组织、青年团组织在墙报和大字报上，着重指出违反劳动纪律……”等语。同月，《人民日报》的一篇报道中，也讲到山西阳泉矿务局二矿的青年监督岗用大字报对科室工作提出批评。就在1957年5月19日北京大学贴出大字报的同一天，《人民日报》在介绍农业科学院的整风时指出，农科院曾将科学家在整风座谈会上的发言，刊登在该院的大字报上。[①]可见，大字报这种形式，在1957年反右派运动前就已经有了。

---

① 《人民日报》1957年2月11日、27日、5月19日。

不过，反右派运动前的大字报，只是星星点点。到这年6月初《人民日报》发表《这是为什么》社论时，偌大一份《人民日报》，在近半年的时间里也就只有上面三处提到了大字报。

大字报产生于何时？在1958年3月的成都会议上，毛泽东在谈到农村推广大字报的好处后说："中国自子产时就产生了大字报。"①子产是春秋时期郑国人，如果这样的话，大字报的历史可谓久矣。从其形式上讲，古代的揭帖与大字报颇为相似。揭帖者，就是张贴的启事。要追根溯源，大字报真是源远流长、历史悠久。

话虽如此，但大字报被广泛使用，成为家喻户晓之物，还是在1957年反右派运动之时。此前即使偶尔出现"大字报"一词，但公众对此并不熟悉，就在1957年5月19日北京大学贴出第一批大字报后，与其相距不远的人民大学的学生，还称其为"大字告示"，并有人仿效北大，在人大本部所在地铁狮子胡同一号大院内也贴出了"大字告示"②。在得风气之先的北京，对时局极为敏感的学子尚且如此，由此观之，"大字报"一词对当时的人们来说，还相当陌生。

然而这种"大字告示"却十分适合发动群众"大鸣大放"的需要。第一，它取材简单，一张纸，一支毛笔，一点糨糊即可，它比油印小报来得快，顷刻之间，即可写好贴出。第二，大字报总是贴在引人注目的地方，贴出之后能迅速引起他人注意，产生轰动效应，甚至具有煽动性，容易激化观者情绪产生共鸣，引起响应。第三，它具有广泛参与性。大字报没有篇幅、体裁的限制，署名匿名均可，且什么内容都可鸣放，能满足群众的参与欲与表现欲，尤其是人们的政治热情被鼓动起来后，大字报这种简便、易行的释放政治热情方式，就容易为群众所接受、掌握。加之当时人们认为大字报可以揭露问题，暴露右派，锻炼群众，利多害少。于是乎，大字报在很短的时间里便迅速蔓延全国。

大字报兴起之后，毛泽东只看到了它发动群众的一面，而没有认识到

---

① 李锐著：《"大跃进"亲历记》，上海远东出版社1996年版，第195页。

② 鲁丹著：《70个日日夜夜——大学生眼中里的1957年之春》，光明日报出版社1996年版，第104页。

大字报所产生的负面作用。在反右派斗争之后，他一再强调大字报是个好东西，是一种极其有用的新式武器。由于得到毛泽东的肯定与提倡，大字报作为“只有社会主义国家才有”的大民主的形式之一，被普遍推广，并成为后来历次政治运动的惯用方法。

到了“文化大革命”时期，大字报发展到了登峰造极的地步，其恶劣作用也就充分暴露出来，造成无穷祸害。

“文化大革命”被认为是“触及灵魂的革命”，还被预言“今后每隔七八年再来一次”。但是，经过十年浩劫，人们痛定思痛，深深地认识到了这场“大革命”的危害。恐怕除了极个别人，都不愿这样的“大革命”再来一次。

所谓“文化大革命”，同“四大”（大鸣、大放、大辩论、大字报）是分不开的。“文化大革命”为“四大”的使用提供了广阔的舞台，而“四大”又使“文化大革命”造成的动乱局面不断加剧。事实证明，大字报看上去有利于揭露矛盾，实际上容易被一小撮野心家、阴谋家所利用，当作篡党夺权的工具。以大字报为中心的“四大”，不但没有发扬民主，反而使民主与法治都受到严重破坏，造成了全国范围的大动乱。当年流行一句颇为自我安慰的话，叫作“天下大乱，达到天下大治”。前半句很快实现，后半句却成了空中楼阁。当年还有一句流行语，叫作“‘文化大革命’看起来是乱了自己，其实是乱了敌人”。实际上，不论是“看起来”，还是“其实”都是地地道道地乱了自己，真正的敌人躲在旁边，中国大乱他们才高兴呢！

大字报表面上看来谁都可以使用，但事实绝非如此，且不说那些已被划出人民队伍之外的所谓“牛鬼蛇神”没有张贴大字报的权利，就是对“文化大革命”有不同看法，对权倾一时的中央文革小组稍有不满，或对有些掌了权的“造反”新贵有些看不惯，但还是位列于人民内部的人，一旦把自己的看法、不满用大字报表达出来，顷刻之间就变成了“反革命分子”，发配到了“地、富、反、坏、右”的行列中去了。在“文化大革命”中，人民代表选出的堂堂国家主席，在受到诬陷的时候，贴出一份答辩的大字报，不是眨眼之间被撕成了碎片么？

大字报的最主要功能，一是揭露，二是批判。前者可以无中生有，断章取义；后者可以随意上纲上线，乱扣帽子。不论哪一种功能，基本表现方式都是片面和不实之词，容不得被揭露、被批判者的申辩与反驳。所谓用大字报的方式开展大辩论，实则是大轰隆的大批判，大量的冤假错案就是这样制造出来的。

“文化大革命”期间的大字报几乎有一个固定的格式，先是以语录开篇（当然是择其所需），接着写一通形势大好，然后笔锋一转，抓住被征讨者的只言片语，或断章取义，或张冠李戴，或无中生有，或牵强附会，再佐以“砸烂”、“横扫”等“革命”语言，随意上纲上线，任意口诛笔伐，欲置被征讨者于死地而后快，用当时的时髦语言说就是要“打倒在地，再踏上一只脚，叫其永世不得翻身”。可以说“文化大革命”导致了大字报的恶性发展，而大字报的恶性发展，又加剧了“文化大革命”的大动乱局面。

大字报所产生的各种消极作用，除了其本身这种形式不足取外，更主要的是由于它被用来发动政治运动，进行政治斗争，成为达到某种政治目的的手段。而这种政治运动，又是在“左”的指导思想下发动起来的。正因为如此，大字报除了人为地制造阶级斗争，破坏人民内部的团结外，很难起到什么好的作用。至于“文化大革命”中那些直接受命于林彪、江青集团的大字报，更是他们打倒老一辈革命家，实现其篡党夺权阴谋的工具。

大字报表面上是发动群众，发扬民主，实际上是利用群众，压制民主。大字报的盛行，与中国政治舞台上大刮“左”风是密不可分的。什么时候“左”病厉害，什么时候大字报便行情猛涨；什么时候“左”的东西有所收敛，什么时候大字报便萧条不景气。一部大字报兴衰史，就是一部“左”病对中国的危害史。

诚然，在个别问题上，大字报发挥过积极作用，甚至在“文化大革命”期间，大字报也曾被人们利用来作为反对林彪、江青集团的武器。但是，大字报作为所谓体现社会主义民主的“四大”的最主要方式，从总体上讲，其消极和破坏作用，要远远大过它的积极作用。

民主，为我辈孜孜以求，但我们不需要大字报这样的“大民主”。

主要参考书目

1.中共中央文献研究室编：《建国以来毛泽东文稿》第6—13册，中央文献出版社1992—1998年版。

2.中共中央文献研究室编：《建国以来重要文献选编》第10、11册，中央文献出版社1995年版。

3.迟蓼洲编：《1957年的春天》，学习出版社1958年版。

4.《首都高等学校反右派斗争的巨大胜利——中国人民大学、北京大学、清华大学、北京师范大学反右派斗争材料选辑》，北京出版社1957年版。

5.《整风和反右派斗争学习参考资料》第1—5辑，广西人民出版社1957年版。

6.中共中国人民大学委员会社会主义思想教育办公室编：《高等学校右派言论选编》，1958年编印。

7.《批判右派分子谭天荣等论文集》，中国青年出版社1957年版。

8.朱正著：《1957年的夏季——从百家争鸣到两家争鸣》，河南人民出版社1998年版。

9.马齐彬等著：《中国共产党执政四十年》（增订本），中共党史出版社1991年版。

10.陆键东著：《陈寅恪的最后二十年》，生活·读书·新知三联书店1995年版。

11.牛汉、邓九平主编：《原上草——记忆中的反右派运动》，经济日报出版社1998年版。

12.中共中央文献研究室编：《周恩来年谱（1949—1976）》下卷，中央文献出版社1997年版。

13.金冲及主编：《周恩来传（1949—1976）》下卷，中央文献出版社1998年版。

14.金冲及主编：《刘少奇传》下卷，中央文献出版社1998年版。

15.中共中央文献研究室编：《刘少奇年谱》下卷，中央文献出版社1996年版。

16.黄峥著：《刘少奇冤案始末》，中央文献出版社1998年版。

17.陈明显著：《晚年毛泽东》，江西人民出版社1998年版。

18.刘树发主编：《陈毅年谱》（下），人民出版社1995年版。

19.杜易著：《大雪压青松——“文革”中的陈毅》，世界知识出版社1997年版。

20.王年一著：《大动乱的年代》，河南人民出版社1988年版。

21.席宣、金春明著：《“文化大革命”简史》，中共党史出版社1996年版。

22.黄峥编：《刘少奇的最后岁月》（1966—1969），中央文献出版社1996年版。

23.周明主编：《历史在这里沉思——1966—1976年纪实》第1—3册，华夏出版社1986年版。

24.《毛主席的红卫兵》编写组编：《毛主席的红卫兵》，中国少年儿童出版社1972年版。

25.图们、孔第著：《共和国最大冤案》，法律出版社1993年版。

26.张佐良著：《周恩来的最后十年——一位保健医生的回忆》，上海人民出版社1997年版。

27.萧克等著：《我亲历过的政治运动》，中央编译出版社1998年版。

28.戴煌著：《胡耀邦与平反冤假错案》，中国文联出版公司、新华出版社1998年版。

29.汪东林著：《十年风暴中的爱国民主人士》，中国文史出版社1998年版。

30.《丙辰清明纪事》，人民日报出版社1980年版。

31.沈宝祥著：《真理标准问题讨论始末》，中国青年出版社1997年版。

32.《中共党史研究》编辑部编：《风云七十年》下卷，解放军文艺出版社1991年版。

33.《人民日报》《光明日报》《文汇报》《中国青年报》《北京日报》《新华半月刊》《新华月报》《时事手册》《炎黄春秋》《百年潮》等报刊。